U0928382

本书为

浙江大学宁波理工学院经济与贸易学院“一化三型”人才培养工程教学成果

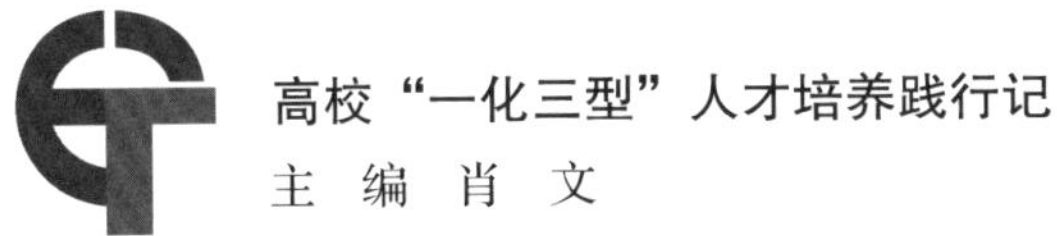

高校“一化三型”人才培养践行记

主 编 肖 文

股神点将台

朱孟进　孙伍琴　刘　平　编

ZHEJIANG UNIVERSITY PRESS
浙江大学出版社

图书在版编目（CIP）数据

股神点将台／朱孟进，孙伍琴，刘平编．—杭州：浙江大学出版社，2016．7

（高校“一化三型”人才培养践行记／肖文主编）

ISBN 978-7-308-15824-4

Ⅰ．①股… Ⅱ．①朱… ②孙… ③刘… Ⅲ．①股票投资—经验—中国 Ⅳ．①F832．51

中国版本图书馆 CIP 数据核字(2016)第 101043 号

股神点将台

朱孟进　孙伍琴　刘　平　编

责任编辑　蔡圆圆

责任校对　杨利军

封面设计　续设计

出版发行　浙江大学出版社

（杭州市天目山路 148 号　邮政编码 310007）

（网址：http://www.zjupress.com）

排　　版　杭州金旭广告有限公司

印　　刷　杭州余杭人民印刷有限公司

开　　本　710mm×1000mm　1/16

印　　张　13.5

字　　数　235 千

版 印 次　2016 年 7 月第 1 版　2016 年 7 月第 1 次印刷

书　　号　ISBN 978-7-308-15824-4

定　　价　38.00 元

序

为适应现代经济社会发展对高素质应用型人才的需求，践行“抓学科建设，促教学质量，上科研水平，办高水平应用型大学”的办学理念，贯彻“应用型、复合型、创新型”的人才培养目标，浙江大学宁波理工学院经济与贸易学院结合自身特色、创新教学模式，探索出一条具有“经贸特色”的人才培养道路。2013年，经贸学院开启了“一化三型”人才培养工程，即“应用型、复合型、创新型和国际化”人才培养，以课堂教学为基础，拓宽学生理论视野；以学科竞赛为抓手，培养学生团队协作；以暑期实习为支点，提高学生实践能力；以海外游学为载体，丰富学生人生阅历，拓展学生国际视野，培养学生国际化、多元化文化理念和思维习惯。通过“践行悟道”，力争培养“品德高尚、知识广博、专业精深、知行合一”、具有国际视野的优秀人才。

“一化三型”人才培养工程是经贸学院教书育人的“品牌活动”，亦是学院教学实践改革的有益探索。本系列书以“一化三型”人才培养工程实践为基础，记载工程实施第一阶段的系列成果，其中《经行天下——外贸企业实践篇》记载了国际经济与贸易专业学生在外贸企业认知实习和专业实习的点点滴滴，从学生的“悟道”体现实践教育的重要意义；《股神点将台》聚焦专业课程“证券投资”的实践教学成果，以此展现金融专业人才培养的特色，正所谓“一课堂一专业”；《电商大课堂：点击创业梦》记录了电子商务专业学生在创业之路上的酸、甜、苦、辣，充分展示了电商学子创业的激情与风采；《盛夏—流年—收获：宝岛台湾游学记》则主要记载了学院学生台北游学之行的点点滴滴，记录了他们的感悟、收获与成长。

“十年树木，百年树人”，人才培养是立校之本。“一化三型”人才培养工程紧跟当前经济发展形势，把握现阶段人才需求，以课堂教学为基础，以实践教学为抓手，培养“应用型、复合型、创新型和国际化”人才。从工程实施第一阶段来看，有四点经验值得肯定，也值得在高等院校人才培养过程中进行推广。

第一，重视实践教育，专业建设“特色更特”。专业建设不仅需要校内课堂，也需要社会课堂，只有两者结合才能使学生具有全局意识。“纸上得来终觉浅，绝知此事要躬行”，加强课堂教学与社会实践对接，以暑期社会实践、企业认知实习等为抓手，积极鼓励学生“走出去”，参加社会实践等活动，培养学生实践动手、团队合作等能力；同时加快企业“引进来”，让更多的企业能够融入课堂，为课堂教学提供亲身实践的场所。

第二，组织学科竞赛，品牌活动“亮点更亮”。电子商务等专业通过“调研、竞赛、创业”三驾马车，来打造专业实践教学改革、实践能力塑造、实践人才培养的教学体系。在此过程中，学科竞赛起到承上启下的桥梁作用，通过竞赛，既能将学生课堂所学应用于实践，又能为将来职业发展提供新的想法，打下扎实的基础。所以，实践教学体系构建过程中，应当充分关注“挑战杯”“电子商务大赛”“职业规划大赛”等特色活动，打响系列竞赛品牌活动。

第三，鼓励学生创业，人才培养“优势更优”。电子商务专业紧跟当前经济形势下的人才需求，积极调动学生创业兴趣，《电商大课堂：点击创业梦》一书中记载的学生创业的点点滴滴，为创业优势人才培养提供了宝贵经验。所以，人才培养应当把握当前人才需求现状，尤其注重现阶段紧缺的创新型、创业型人才。通过开设创业指导课程，帮助学生联系相关机构，为学生创业提供咨询，激发学生的创业热情和激情，使得专业人才培养优势更为明显。

第四，突出学生国际视野，用特色化与国际化“两条腿走路”。学院通过积极拓展海外交流平台，鼓励学生走出国门，通过游学结合，增学识、长见识、开眼界，与国内教学形成互补，使学生自觉加强国际意识，主动参加国际化学习活动，不断增强自身国际竞争能力。

肖　文

2015 年 7 月 15 日

前　言

笔者担任证券投资课程的教学工作已经十多年了。从2001级浙江大学宁波理工学院金融专业的第一届学生开始，笔者非常有幸地给历届金融专业的学生开设此课程。回首这十多年来的历程，总有那么多可爱的面孔、那么多探索的乐趣、那么多成长的喜悦萦绕在笔者的脑海，给笔者温暖的记忆，激励笔者认真教书育人，鞭策笔者不断改革创新。我们的课程有幸被评为浙江大学宁波理工学院专业核心课程，我们培养的学生也曾获得世华财讯全国大学生模拟炒股大赛的冠军。“十年磨一剑”，经历了十多年，我们确实感觉到已经积淀了许多宝贵的资料和素材，有必要好好地总结其中的成败得失，以利于今后的人才培养，也为下一个阶段的不断提高奠定基础。当然，本书所说的“股神”，并非真正在股票市场上创造财富神话的人，而是我校参加模拟炒股大赛的优胜者们。他们用自己所学的金融理论、技术，在虚拟股市中创造了一个个小小的“神话”，做到了学以致用、理论联系实际。

本书内容分为三部分：一是股神的秘籍，即股神的炒股心得；二是股神的养成，即学生在证券投资课上的习作；三是股神的成长，即对已经毕业的股神或从事证券行业的毕业生的采访。

本书的编写过程中，孙伍琴老师编写了第一章“股神的秘籍”，刘平老师参与了第二章内容的编写，其余部分为笔者编写。金融专业的学生杜旭浩、姚丽萍、袁文华、虞慧、章吟爽、叶晨晨、何倩若、吴盼贤、全梦莎、顾玲丽、费徐芳、陈渊渊等对毕业生进行了采访并撰写采访报告。在此一并表示真诚的感谢！

朱孟进

2015年8月20日

目　录

第一章
股神的秘籍

第一节　历届股神介绍

本书所说的“股神”，是指校园模拟炒股比赛中的优胜者。校园股神脱颖于一次次的炒股大赛，这些大赛有证券投资实验课的模拟炒股比赛、全校范围内的模拟炒股大赛（被冠名为“股神点将台”）、世华财讯全国大学生模拟炒股大赛、大智慧杯全国大学生模拟投资大赛，等等。

2001 年，浙江大学宁波理工学院为第一届金融专业学生开设证券投资课程，学校对此投入大量的经费和精力，创建了金融模拟投资实验室，使得历届学生有条件参与模拟炒股演练。模拟炒股比赛既激发了学生的学习兴趣，也培养了他们的投资能力，产生了一批在校园里有些名望的股神。由于篇幅有限，表 1-1 列示的仅是历次模拟炒股比赛中冠亚军的名单。

表 1-1　历届股神名单（部分）

姓　名	专业年级	项　目	资产增长率（%）	时　间	名　次
蔡　欢	金融 2004 级	世华财讯全国大学生模拟炒股大赛	1594008	2007 年 11 月至 2008 年 1 月	股指期货全国冠军
郑　东	金融 2004 级	课程炒股	47	2007 春学期	专业第一
严秋红	金融 2004 级	课程炒股	27	2007 春学期	专业第二
许瑶雯	金融 2005 级	课程炒股	157	2008 春学期	专业第一
邵　钏	金融 2005 级	课程炒股	149	2008 春学期	专业第二
郑高锋	金融 2007 级	课程炒股	27	2010 春学期	专业第一

续表

姓　名	专业年级	项　目	资产增长率(%)	时　间	名　次
许孔乐	金融 2007 级	课程炒股	21	2010 春学期	专业第二
徐扬扬	金融 2008 级	课程炒股	56	2011 春学期	专业第一
施佳丽	金融 2008 级	课程炒股	27	2011 春学期	专业第二
苗雨农	金融 2009 级	课程炒股	18	2011 秋学期	专业第一
汪俊豪	金融 2009 级	课程炒股	13	2011 秋学期	专业第二
邵晟亮	国投 2009 级	课程炒股	15	2012 春学期	专业第一
俞翡翠	国投 2009 级	课程炒股	9	2012 春学期	专业第二
李宗翰	金融 2010 级	课程炒股	23	2012 秋学期	专业第一
胡汉标	金融 2010 级	课程炒股	12	2012 秋学期	专业第二
赵季惟	国贸 2010 级	课程炒股	11	2013 春学期	专业第一
庄海生	国贸 2010 级	课程炒股	6	2013 春学期	专业第二
李群星	金融 2011 级	课程炒股	31	2013 秋学期	专业第一
王　晖	金融 2011 级	课程炒股	24	2013 秋学期	专业第二
方科奇	土木 2012 级	股神点将台	40	2014 年 3—6 月	冠军
马可欣	金融 2012 级	股神点将台	17	2014 年 3—6 月	亚军

第二节　炒股“秘籍”

一、新手涉股感悟

这里入选的是初涉股海的同学的炒股心得。他们尚没有学过与股票投资相关的专业课，报名参加“股神点将台”大都出于好奇与渴望。好奇与渴望是人类的天性，更是学习知识的原动力。很多同学带着这份好奇和渴望，自学“股票投资 ABC”、了解股市资讯、关注财经新闻，以期尽快明确自己的选股方向，并像看护孩子般关注买进的股票。炒股过程中品尝了种种喜怒哀乐，也形成了自己的投资心得，包括不要怀着侥幸心理去炒股、保持理性、买涨而不贪、时刻相信自己，等等。股市瞬息万变，对初涉股海的同学而言，更是不可捉摸。不可捕捉的股票涨跌不但满足了初涉股海的同学的好奇与渴望心理，还促使他们及时总结操作过程中的得失，并进一步相信学海无涯，付出是不会白费的。

“股神点将台”模拟炒股大赛冠军——方科奇

及时总结得失

炒股和炒外汇一样，必须要有良好的心态，做到赚而不喜、亏而不忧，且不管是赚还是亏都要及时总结操作过程中的得与失。如何树立真正良好的心态呢？比如某只股票符合你的买点，但在涨多涨少问题上你并不知道，充其量你也只能知道大概。当你买了后它开始下跌，这时很多人会觉得买错了，内心会有种挫败感和失望感。其实你没必要紧张，只要认真观察它运动的过程就行了。因为T＋1状态下你是没法当天改错的，到了收市它还没有表现出你买入时的理想预期，此时你就该多看看它的状态。有的人总想买入最低价并卖出最高价，我认为那是不可能的，有这个想法的人不是高手，只有庄家才知道股价可能涨跌到何种程度，更何况庄家也不能完全控制走势。一般我买股票尽量不买高价位的，个人认为买入价位在5到10元的股票最为恰当，因为价位不高的股票跌幅肯定会受限制，即使跌破历史最低位也亏不了多少，跌了我们可以放着做长线，不怕它涨不回来。反而是那些高价位的股票容易受市场影响，例如从一股40元跌到10元，可能性还是蛮高的，所以不建议购买。还有一点就是我们一定要随时关注股价变动情况，不能有丝毫松懈。

炒股看似容易，但是有很多深层的东西在里面。没有一种投资是能够很容易就赚到钱的。所以大家要努力学习，相信付出是不会白费的。

方科奇　土木工程2012级1班

参考财经新闻确定选股方向

报名参加模拟炒股比赛完全是自己的好奇使然，也没想过自己能获奖，只是单纯抱着玩玩的心态来的。在最后名次公布的时候，看到自己的名字有点惊讶。

回想两个月之前报名的时候，我对股票市场的运行方式和机制完全不懂，更别说什么K线图、上影线等技术分析专业术语了，可以说从未听说过。直到现在我还是看不懂K线图，大量专业名词也不懂。买股票完全是凭感觉，真要说什么心得的话，就是在决定买股票之前，多看看有关财经方面的新闻。举个例子，某个公司准备收购另一家公司，合并之后出台了一系列政策。看到这些信息，你可以去简单判断一下这只股票未来短期内的走向。虽然并不是百分百准确，但至少给你提供了一个买股票的方向。不然当你面对成百上千只股票时，是很难一只一只去分析并做出决定的。在这个活动中，当你买的股票涨了，你的资产变多了，我想每个人都会有一种自我的满足感吧，感觉自己像完成了一件很有挑战性的任务一样。当你买的股票亏了，你也会想办法去补救。所以我觉得这很考验你的心性，你要有耐心、要去思考，不能因为一时的盈或亏而变得不知所措。其实这个活动从头到尾给予的操作时间不多，大部分时间我们都在上课。我记得有一次我的股票涨到了顶点却没有办法及时出手，等到去卖的时候已经从最高点下跌了许多，盈利也变得所剩无几了。

我的心得体会全在这里了，很高兴能与大家分享。

沈华钢　金融学2012级2班

像看护孩子般关注购买的股票

说起我的参赛经历，有点像电视剧里的桥段，但事实真的是这样——我是在某一天陪着室友去食堂门口报名参加炒股比赛的时候被室友鼓动才报名的。

之前一直觉得我才大一，室友好歹还上过投资理财的选修课，而我什么专业课都还没有学过，参加这个比赛不是给自己添堵吗？室友鼓励我说："没关系，就去尝试一下嘛，最后获奖的肯定都是大二、大三的学长学姐，我们只是去打个酱油嘛。"抱着这样的心态，我参加了模拟炒股比赛。刚开始特别兴奋，每天都去了解股市资讯，按照行情去选择并购买股票，然后时不时地关注买的这些股票的涨跌情况。涨了，暗喜一会儿；跌了，会在角落失落很久。感觉我买的那些股票就像是我的孩子，它们的微小涨跌都牵动着我的神经。随着期末复习的到来，虽然没有更多的时间去关注了，但心里还是牵挂着，并且期待着它们的价格能涨上去。当得知自己获奖的时候，真叫人喜出望外，虽然不是名列前茅，但还是使自己增加了不少的自信。投资理财是金融学专业的同学必定会学习到的专业知识和技能，在这次比赛中我学习到了很多知识以及经验教训，相信这对我以后会大有帮助。

不得不承认，这次获奖绝对是运气大于分析判断，但我相信经过一段时间的专业课学习，我的专业知识肯定会比现在丰富。明年我还会参加这个比赛，希望能够挤进前三！

范佳欢　金融学 2013 级 3 班

千万不要怀着侥幸心理去炒股

两个多月的比赛终于结束了，这两个多月的努力使我对股票市场有了更深刻的理解。大一的我报的一门选修课就是关于炒股的，任课老师的思想确实非常实用，但只适合做长线投资，并不适合我们的比赛。我认为模拟炒股比赛还是炒短线更实在。

关于炒短线，我有以下心得：第一，每天晚上必须花一些时间关注各种证券新闻，比如上和讯网或者东方财富网等。资讯的获得是非常重要的，便于你把重点放在那几只与资讯相关的股票上。我也用手机微信上的一些证券交易所的订阅号来了解资讯。第二，一直贯彻“高抛低吸”的原则是非常基础且重要的。每只股票都有其低谷的时候，我们要抓住时机，在相对低的价位买入，待其升至高处时卖出。我在炒股比赛开始的前几个星期一直沿用这两个方法。第一个星期结束，我总资产在20.2万元左右，第二个星期结束总资产在20.56万元，第三个星期结束我的总资产在21.5万元左右。当时我信心倍增，按照这个速度下去，我的月收益率在10%，年收益率在120%，这是多么大的收益率啊。但是好运不常在，就在第四个星期，我被一只股票套牢，这只股票第一次下跌，我不愿亏着钱卖掉，抱着侥幸心理认为它第二天会涨，可是第二天、第三天……我一大半的仓位都在这只股上。余下的四个星期我一直被套着，一直不忍心卖掉。四个星期后，我终于下了决心，把这只股以亏损1.1万元的价格卖掉。这时我才后悔，之前一直不肯割肉卖掉，使我浪费了一个月的宝贵时间。这也给了我一个教训——千万不要怀着侥幸心理去炒股，这是我的第三点体会。

最后一个星期，幸运的我遇上了两只涨势较好的股，它们把我的资产带上了22.6万元，晋级到“股神点将台”的前十。

有奖拿我还是非常高兴的！

胡伟　金融学2013级2班

保持理性

说实话，我是第一次接触股票，是抱着试试看的心态在朋友的怂恿下参加的这次模拟炒股比赛活动，没想到竟然还成了大黑马——拿到了第二名。

“股市有风险，入市需谨慎。”这句话好多炒股大师都会挂在嘴边，我也深有体会。在我参加比赛的短暂时间内，风险的确是无处不在的。而物极必反的理论在股市里也显得尤为重要，在这场没有硝烟的战斗中，追高杀低这种现象是最不可取的。但是人性中与生俱来的恐惧与贪婪却蒙蔽了无数人的双眼，忘记了物极必反。在这样一个追求利益最大化的世界中，我们又应该如何来做出取舍？舍不得也要舍，有舍才会有得。我们无法控制股市的行情，甚至有时无法判断方向，我们唯一能做的就是保持理性，别让非理性冲昏头脑。特别是在彷徨和犹豫之时，不要盲目跟随大流，人云亦云！要有自己独立的思考和判断能力，从正反两面入手，做出对自己最理性的判断。同样，在这个世界，我们不该忘了初心。我们不是为了大量敛财，我们要做的就是止损，只有做到止损，把股票损失降到最低，你才会真正有时间思考如何获得利润。止损，不仅仅能帮你获得利润，更重要的是它给你带来的踏实感受，就像有了依靠一般，会给你带来好心态，帮助你做出利润最大化的理性判断。我所说的理性，不仅仅是做出追求利润的判断，同样也要学会空仓和忍耐，等待最适宜的时机，而不是横冲直撞，迫不及待。

马可欣　财务管理 2013 级 1 班

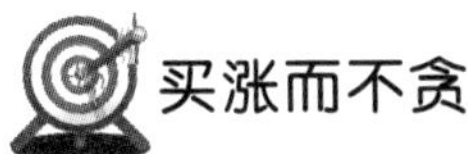

买涨而不贪

模拟炒股大赛能够得到二等奖，我感到非常开心。

我的选股原则是买涨。我买那些 5 日均线、10 日均线、20 日均线、60 日均线都相继往上并依次多头排列的股票。根据这个原则，我尝试性地选了一只股票——廊坊发展。刚进去我就尝到了甜头，第二日股票大涨我便将它抛了。后来我发现这只股票还一直在上涨，我又重新买进，没想到我买入的价格是它的巅峰价格。此后，这只股票就开始迅猛地下跌，我被深深地套住了，总资产由最初的小有赚头转变成了亏损。直到它连跌好几天之后，我觉得不太会有回转的余地，才忍痛割了这只股票。从这只股票中我得到了教训，买涨固然好，但不能贪心，因为你永远不知道它的顶峰究竟在哪，它涨到什么时候会开始下跌。

吸取了这次教训之后，我又用同样的原则选择了一只股票——大富科技。这只股票进去之后，连涨了几天，我就毫不犹豫地出来了，没有像第一只股票那样逗留。接着我就开始了空仓。我觉得学会空仓也是一门学问，要耐得住寂寞，才能看得尽繁华。

从头到尾我都是压在一只股票上操作的，虽然我知道投资的原则是不要将鸡蛋放在一个篮子里，但是我还是没能在实践中贯彻，购买第一只股票时资金被套住也有很大一部分原因是我全押在廊坊发展上。以后再操作股票时，我一定会注意分散风险。

曹艳琴　金融学 2012 级 1 班

时刻相信自己的决策是明智的

在电影作品中，经常看到会炒股的男生特别的帅气、特别的酷，因此我怀着十分浓厚的兴趣报了“证券投资分析”这门选修课。以前，我没有接触过股票，初次接触这门课程，我有点不知所措，面对老师放的PPT里面的K线图、黄金叉、死亡叉等概念性的东西感觉学起来有点吃力。可能是新鲜感的原因吧，即使吃力，我也对这门课程充满了兴趣和信心。于是，我便报名参加了“股神点将台”这个活动。

在这段比赛时间内，我在电脑前看着K线上下的浮动，大喜过也大悲过，也对着一条平稳的K线发呆过。下面我跟大家分享一下我的炒股心得：第一，按每日股票涨幅榜从上往下选股。当然，我不会简单地看到一只股票涨得很高就以为它会继续涨，或者跌得很低就认为它会反弹。我会选择一些走势跟大盘相似的股票，即跟着大盘走势来做股票，逆水而行是十分困难的，除非你有百分百的信心。其间，我会十分关注它的一个星期和一个月的K线图。太平稳的股票一般我不会选择，因为比赛时间不长，等它涨起来需要一定时间。第二，关注股票的均线。因为在我看来，股票价格的均线具有明显的支撑和阻力作用。第三，设置一个止损点。这点很关键，因为炒股这门艺术考的就是买、卖家的心理，对于一些贪得无厌的人是不利的，所以理智的买家总会设定一个自己能接受的最大亏损点，一旦超过了这个点就抛。第四，抛了的股票不再关注。因为当你抛了的股票一旦涨起来了会让自己信心下跌，心情闷闷不乐，从而致使自己做出错误的抉择。因此，我认为这点相当重要，要时刻相信自己抛了这只股票是明智的做法。第五，正确面对得与失，不要患得患失。

罗嘉泉　市场营销2013级3班

二、课程炒股心得

这里入选的是参加课程学习同学的炒股心得。在课堂教学的同时安排模拟炒股，旨在增强学生对股票投资的感性认识和实务操作能力，并进一步激发同学的自主学习热情。课程炒股心得充分展示了同学对模拟炒股的所思所想，包括“根据自己个性决定炒股风格”“关注财经新闻”“边学边实践”“区分长线和短线”“技术分析对我帮助最大”等；通过对首战失败、前赚后亏、前平后赚等过程的感悟，剖析了“亏损主要来自于贪心”“股市里最大的敌人和救星都是自己”“自我感觉是最不可轻信的工具”等炒股过程中普遍存在的人性弱点。更为难能可贵的是，通过模拟炒股，同学们不仅悟到了“纸上得来终觉浅，绝知此事要躬行”的真谛，还进一步探讨了“股票投资的本质”“群体博弈”“如何将知识转化为智慧”等由感性认识升华到理性认识层面的问题。

2008 级金融专业参加证券课程模拟炒股学生合影

根据自己的个性决定炒股风格

一个学期很快过去，种种炒股的经历仿佛还在眼前，从最开始的像犯了毒瘾一般的整天趴在电脑前选股，并赚到第一桶金(资产增加到 52 万元)，到后面“绿不停，不停绿”(资产下跌到 44 万元)，我犹如遭遇梦魇般惧怕股市，并进入了买了就跌、卖了就涨的死循环。

直到朱老师请来的那位经理给我们上了一堂课后，我才大梦初醒。在那节课上，我记住了一句话：“每个人都有自己的性格，你们应该根据自己的个性去决定怎么炒股。要是喜欢冒险的同学运用基本分析方法去炒股，而喜欢稳健的同学用技术分析方法去选股，那无疑就是个灾难！”原来我就是进入了这个死胡同。刚开始，我的炒股策略是不涨就卖。但股票就像故意跟我作对一样，一旦我把股票卖了，它就要涨好几天。如宏发股份，我买进 2 天它一分也不涨，等我抛了它却连涨 2 周。因此，炒股心得第一条，也是最重要的一条，就是要根据自己的性格去选择合适的炒股策略。

在运用技术分析时，我也做不到时刻保持淡定的心态。我在某天上午以52元价格买入了掌趣科技，第二天上午开盘该股就跌到了46元，我马上就卖了。谁知之后该股一路疯涨，一直涨到70元。可见平和与冷静的心态是非常重要的，特别是炒庄股的时候。

因为我喜欢做短线，所以不看基本面，不然会影响选股的效果。股市不好时可以休息。每个月总有那么几天整个大盘都在下跌或者盘整，这时候可以适当休息几天，放松紧绷的神经。

陈泽辉　国际经济与贸易2010级1班

关注财经新闻对购买股票有很大的帮助

上学期在朱老师的带领下，我们上了一学期的证券实验课和“证券投资分析”，也进行了一学期的模拟炒股，使我对股票交易有了更深的认识。

刚开始在模拟平台上做交易的时候，我随意地购买了一些股票，结果很多都是亏的，后来我才明白“股市不能有冲动”的真正含义，这点老师已经在课上强调过了，可我还是犯了大忌。于是从后面的股票交易开始，我都会在一些股吧或股票网站上看一些专家介绍的股票，进行挑选并购买，买回来有亏有赚，虽然总的来看是盈利的，但是我也认识到了，炒股不能人云亦云。大家都买的时候也许是卖的好时机。而反之，大家都卖的时候，可能恰恰是多头的时机。听过同学课后的讨论，加上自己的分析，我发现股市比天气变得还快，前一天涨停，也许后一天就跌停了。股市里也不要贪心，盈利了之后不要总想着还能再多赚一点，盈利就卖，适可而止。同时，我们也要为自己的股票设置一个止损点，不能让一只股票一直亏到底，免得亏损过多以致自己大部分资金被套牢。因此，在购买股票的时候要多多分析行情，避免盲目地追涨杀跌。

在炒股的时候，不应该偏听偏信，更不应该迷信专家和指标。炒股应该全面分析，不仅仅要认识K线和MACD等技术指标，还应该了解该公司财务状况、行业发展趋势和宏观经济。对一只股票进行综合分析后，看准时机马上下手，切忌优柔寡断。

比较而言，我认为炒股最重要的是对行业信息的敏感程度，就好比当年的三聚氰胺事件，有很多人因为没有及时关注信息而让自己手中乳制品行业的股票一跌再跌。最近一些新兴行业板块涨势都很好，这跟国家的产业政策不无关系。因此，关注财经新闻对购买股票有很大的帮助。

高一奇　金融学 2011 级 1 班

我的选股依据

根据开学时老师给我们做的测试，我发现我是一个保守的投资者，自然在选择股票时也持一种谨慎的态度，我宁可不赚钱，但是绝对不可以亏钱，这是由我现在的风险承受能力决定的，可能以后有一定的资本了，心态会随之改变。目前在知识与资本的双重约束下，我选股的依据主要有四个：

第一，锁定成长期和稳定期的行业。根据行业分析理论，运用书上讲的方法，先将行业分为初创期、成长期、稳定期和衰退期。我旨在选择目前处在成长期和稳定期的行业。

第二，用每股净资产判别公司。在已选定的行业中，我常用每股净资产和市盈率两个财务指标判别候选公司。通常每股净资产越高越好。价值规律中说到产品的价格总是围绕其价值上下波动，同样如果把每股净资产看成是股票的价值，那么股价就是股票的价格，股票的市场价格要始终围绕每股净资产上下波动，如果偏离太远就违背了价值规律，所以在选择公司股票时我一般都选择每股净资产与股价偏离不是很远的股票。

第三，优中选优。在已筛选出的最后几个公司中，再对各个公司的财务状况和发展前景进行对比，最后择优选择。

第四，信息的可获得性。比如，我在这次模拟炒股时最终选了“好想你”，不仅是因为这个产业正处于行业生命周期的稳定期，更重要的原因是年关到了，年货的需求量会很大。我可以根据以往的数据来推断公司销售量和盈利情况。

盛璐儿　金融学 2011 级 1 班

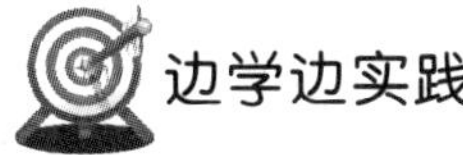

边学边实践

经过一个学期的“证券投资分析”的学习，我感觉学到了很多。以前觉得炒股似乎是一件高深莫测的事情，在经过相关理论的学习和上机模拟之后我才发现原来证券股票这个东西果然“风云莫测”。

慢慢接触股票之后，我才发现止损点的确立尤为重要。很多时候我们在股价涨了的时候希望它还会再涨，在它跌的时候又觉得它应该会涨回来，于是最终的结果就是吊死在这只股票上面。一开始，我买了凯迪电力，开头它涨了一个礼拜，让我得到了些回报，但是在接下来的一周时间里连跌不止，而且幅度越来越大，当我觉得这个阶段应该已经跌到底该回升了的时候，它还是不断下跌，而且亏损的金额已经超过了之前赚取的金额。后来没办法，我在亏损3000元的情况下将这只股票抛掉。经过这次惨败之后，我发现炒股如果是像我们这样做短线的话，要时刻盯盘，不要太贪心，也不要固执地认为它接下来是要怎么走，股票走势的变化无论是谁都无法确定。

由于上市公司众多，选择哪只股票无疑是一件头疼的事情。刚开始我只会傻傻地买一只股票，后来发现经济学家们说的那句“不要把鸡蛋放在一个篮子里”是有道理的，我就开始尝试在不同的热门板块中寻找股票，后来才知道这在证券里面叫作组合投资，即在可行区域里面的最佳投资策略在左上角的边缘线。但是真正实践起来的时候我也做不到像课本里面讲的那样，去计算各种价值或系数，我反正就是在不同的行业里面各买一两只股票，而且最好是看上去没有太大关联系数的行业，因为它们在同领域的话，会一荣俱荣、一损俱损的。后来我就买了蓝宝石概念的安泰科技、新汽车概念的山水文化、铁路修建的首钢股份、机场建造的中土岩化。当然，在选择热点股的时候，要结合时事热点来进行筛选，进入的时机也是一大关键。上面的股票我都是用来做短线，只有那只安泰科技我一直保留着，因为我十分看好新材料行业，而且在持有期间该股一直在波动上升。其他的股票我是配合着热点选好时机买入，再看5日、10日均线来判断它们上涨或下跌的速度怎样，并在学习了技术分析之后，看看KDJ指标、MACD指标等，寻找是否在有利区域出现了金叉或死叉。但是这些技术指标只是一个参考，像双钱股份、禾盛新材、上海石化等在如此操作的时候，竟然在金叉区域出现了下跌。不过后来我在认真思考后发现，在那一段时间里股票的成交量没有放出来，所以前期的上涨有可能是庄家造势，甚至有的股票也不排除“老鼠仓”的可能。当然，我并不是认为技术分析就不管用了，毕竟对我大部分的选股操作它还是起作用的。

最后，K线图的分析也是至关重要的。但是K线组合太多，我一时半刻也记不住，所以很多时候我的K线分析是不太准确的。我主要从公司基本面来进行分析，是否受国家政策利好，是否最近营业业绩有所上升，是否并购重组，再看财务报表、市盈率、行业排名等基本面信息。其实那次行长的讲课给我最大的感受就是如何选股。选股票前先选行业，新能源、新材料、新汽车，或者环保、化工、信息在未来势必前景良好。在关注行业时，不仅要关注领头的那几个，也可以分析一下行业里面比较差的股票，进行一下对比也许可以发现更多有用的信息。

以上就是我这段时间学习“证券投资分析”和模拟炒股的小小收获，谨以分享。

林倩男　国际经济与贸易 2011 级 2 班

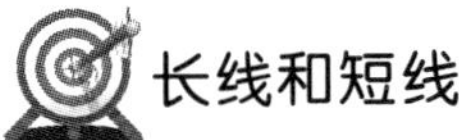

长线和短线

炒股分长线和短线。个人认为长线的投资更为合理和稳妥，是真正的价值投资。而短线投资则比较投机，风险也比长线投资大。所以如果我将来有机会投资股票，我会选一些业绩比较好、发展前景好的股票进行长线投资。当然也不是那么绝对，如果我这段时间很看好一只股票，那我也会考虑做短线，也就是高抛低吸，赚取差价。这种方式有好也有坏，好处是可以短期持有并赚点差价，坏处就是风险比较大。

在选股的时候要先看股票的基本面和技术面。上市公司盈利是否在增长是重点，另外市盈率也需关注。同时，要分析 K 线图，一个良好的上涨趋势是必需的，再结合 MACD 和 KDJ 等技术指标。如果几项指标都比较好，那么我会买入这只股票。

我发现一个规律，就是如果一只股票要上涨，在上涨之前一定会有震仓。比如说我买入的聚飞，下午要上涨，早上刚开盘通常会小幅下跌 2 或 3 个点，等一些散户抛出后主力就会开始拉升。所以大家炒股要稳，不能一有风吹草动就盲目操作。

林腾　国际经济与贸易 2010 级 1 班

技术分析对我帮助最大

在这个学期开始之前，我从没想过自己也能炒股。因为我非常惧怕风险，哪怕亏损 100 元也会觉得无法承受，要为之疯狂。但一个学期结束后，我学到了一些，也试着做了一些，最后竟然以盈利收尾。

初期我们获得了50万元的虚拟资金，我给自己定的目标是盈利5%，止损比例是10%，选择中长线。第一批我选择买进了六只股票，主要从各种经济新闻报道中捕风捉影，每种股票买入的量也很小，基本不会超过1000股，然后盯着两位数的盈亏提心吊胆。

随着课程的推进，我渐渐看懂了K线，看懂了炒股软件上的走势图，开始根据走势推测接下来的发展。到后来，我终于学到了对我的模拟炒股帮助最大的方法——技术分析。技术分析给我的感受就是更加明确具体，非常直观。我用同花顺软件的“机会”这个版块，自动筛选出MACD或KDJ金叉的股票，再逐个详细地去看近期走势、公司具体的业务、行业情况如何，从中选出适合马上买进的股票和需要再等等看的股票。对于适合马上买进的股票，我一般会根据价格买进10000～20000股，然后从第二天起，每天用手机同花顺密切地关注它的涨跌。

在这个过程之中，使我印象比较深刻的有三只股票：中信证券、中国联通、新大陆。中信证券在我第一次买进的股票之列，之前大概听说过这个名字，曾经在排行榜上看见过这只股票，就贸然买进了。而后来中信证券确实十分给力，在两周之内就获得了15000元以上的盈利。其实，这已经超出了我当初设定的盈利目标，但根据技术分析，认为其上涨的动力还很充足，因为贪心并未及时卖出，最后盈利下降到11600元的时候才卖出。对中信证券的买卖，使我明白在股票交易中不能太贪心。

后来的中国联通，几乎就是验证了这个道理。中国联通买进上涨后，盈利曾一度达到5000元以上。根据技术分析，我觉得当时的情况与中信证券最佳卖出时机的情况极其相似，于是我准备卖出这只股票。系统提供的参考价是3.36元/股，而我突然而起的念头将股价定到了3.37元/股，谁知在这之后的几天里股价一路下跌至3.17元/股，而我持有的中国联通，就因为我当时多赚一分钱的贪念而没有及时卖出，从盈利变成了亏损。在亏损之后的几天，我日日等着、关注着卖出的时机，最后终以481元盈利卖出。

与上述两只股票不同，新大陆这只股票教会了我静待时机。买进新大陆时，它的绿柱峰看起来快要走完，MACD快要金叉，而KDJ在低位。然而在买进新大陆后，它并没有像想象中那样大涨，而是股价持续走低，亏损甚至达到了五位数，已经远远超出了我的止损点。但是根据对新大陆的基本面和技术分析，我坚定地认为自己买进的时机并无大错，股价确实应该有大幅上涨。于是我选择了坚持，并没有仓皇地抛掉股票。终于在过完端午节的第一天，新大陆在盈利9000多元后被卖出。

总的来说，我认为对炒股十分重要而我并未做好的几点：一是切莫贪心，应该果断；二是严格执行自己定的交易规则，达到盈利目标卖出，达到止损点卖出；三是合理的分析能够预测股票未来的走势，无论是买入还是卖出，都要谨慎地等待时机。

林鸣璐　国际经济与贸易2011级2班

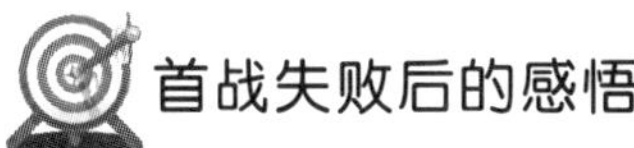

首战失败后的感悟

这学期我学习了“证券投资与分析”的课程，并进行了模拟炒股的训练，在手机和电脑上都下载了同花顺炒股软件，从一个对股票毫无概念的人，变成了有点心得的人。在老师和同学的教导和帮助下，我有以下心得与大家共勉。

刚开始买股票的时候，难免有些兴奋与紧张。既有对赚钱的渴望，又有需承担亏损的紧张，所以我总是犹豫不决，最后只是选了几只当日涨势较好、成交量比较大的股票。结果表明，这几只股票只是当日的走势比较好。所以我在首次战败以后，懂得了一些道理。

随着课程的深入，我渐渐认识到了对行业进行分析的重要性。我们可以从个股在行业中的排名情况看其是否还有上涨的动力，以及从纵向、横向的对比，可以看出整个行业的竞争态势，分析这个行业是否具有投资的价值，综合考虑这些因素可以让我们在模拟炒股中游刃有余。

选择个股时既要进行技术分析，又要重视公司基本面分析。这是我自己犯了错误后才深深体会到的。我曾购买过的海正药业，因为其之前一段时间一直处于下跌趋势，又根据公司质与量的指标信息，我觉得股价的最低点应该出来了，后期会有较大的反弹趋势。但现实情况并非我想象和分析的那样，这一错误的判断使我亏损颇多。这就告诉我们，在对一只股票进行投资的时候，应该先画一个下降的轨道线，在突破下降的轨道后再买入，切勿认为它将出现反弹而盲目买入。再退一步说，一旦发现自己买错，应及时纠正，切勿抱着侥幸心态，对其进行长期的观望，那只会让你亏损得更多。

另外，还有一些小技巧要与大家分享。比如，你可以把同花顺打开，一只股票一只股票地往下看，选择个人觉得比较好的股票设定为自选股，这有利于你观察股票的整体行情，因为加入自选股的都是你认为有潜力的股票，你可以在股市低迷的时候逢低买入，这是非常有利的买入时机。再者，就是我个人比较看好高科技股，我买的股票中天喻信息、大富科技、安洁科技，都属于新兴产业的高科技股，最终都实现了盈利。

徐丽丽　国际经济与贸易2011级1班

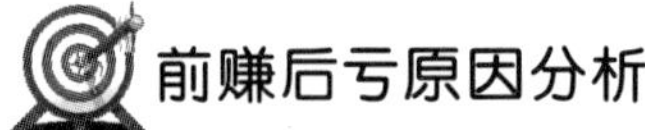

前赚后亏原因分析

一个学期的模拟炒股给予我一个良好的将书本上学到的知识应用到实践的平台。期间，我共完成“15进15出”，其中有10只股票盈利，5只股票亏损。前期多数为盈利，后期亏损较严重，将赚到的钱也亏了进去。

对于这种盈亏状况，我分析了其中的原因。

前期操作较为谨慎。由于刚刚开始炒股，买的股票较为单一，数量也较少。由于不敢冒险，也使收益不怎么可观，但至少没有亏损。

中期操作开始运用一些技术分析，开始关注热门板块，判断当下行情，同时涉及多种股票，每种股票的下单数量也逐渐增加，收益与风险同在。

后期操作中心理压力较大。后期大盘不景气，而我在中期时已基本满仓，以致之后的一段时间里我天天面临亏损。亏损带来了很大的心理压力，买卖时点把握就不到位了。

现在看来，由于我们炒股时间短，多数是短线操作，所以要学会控制仓位，尽量不要满仓，最好是半仓或者三分之一的仓位。同时要设定止损点，到了止损位就坚决卖出。炒股最忌讳贪，我在操作过程中深受教训。在盈利时，希望等再高点再抛，而犹豫的过程带来的是更大的风险。收益总是伴随风险，如果有雄厚的资金实力和扎实的专业知识，可以长期关注有较好发展前景的股票。

无论盈利还是亏损，其中带来的经验教训才是最宝贵的，对我们以后的具体实践有很大的指导和借鉴意义。

辛璐芳　国际经济与贸易2010级1班

前平后赚原因分析

总结这学期的炒股经历，我觉得可以分成两个阶段。

第一个阶段是刚开始炒股的两个月，我基本没赚钱。抛开股市本身行情好坏不说，从我自身操作来讲，主要原因有二：一是盲目跟风，买涨卖跌。一开始不太了解，都是听别人说哪只股票好，我就买，或者从网上看到一些消息就买进。但是当我买的时候，往往已经涨得很高了，然后一进去就套牢。二是持股时间太短，换股频率太高。我一开始的想法是挑一只当天涨势很猛、成交量很大、有大量资金流入的股票买入，然后第二天高抛，这样能保证每天赚一点。但是后来我发现这想法有点天真，能保证不亏已经很好了。

第二个阶段则是我后来开始稳定赚钱的一段时间，那时我基本上遵照书上讲的选股依据和买卖时机进行操作。我的炒股软件上的自选股一般都有10多只，平常没事我就会找找股票，只要觉得值得观望的，我都会放入自选股里。我认为个股一般都是随上交所、深交所和创业板整体行情走的。所以我每天都会看这三个大盘的K线走势。如果确定哪个板块行情比较好，那么我就从自选股中挑选这个板块具体的股票来进行个股分析。举个例子，在5月19日，我发现创业板K线图的KDJ发生背离，而在周K线中发现当时K线的位置处于本轮上涨以来的0.382重要支撑位。这些特殊的数字比例都有重要的止跌意义，所以我确定创业板开始反弹了。我选了一只易华录(300212)，因为该股当时底部形态已经成立，即将开始反弹。我就在20日买入，后来涨了2元多点卖出。

那么，对于已选定股票具体应该怎么把握买进时机呢？我的方法是看60分钟K线的KDJ，金叉时即可买入。至于合适的卖出时机，说实话我经常把握不好。至少有4次因为我卖得晚了而导致盈利严重缩水。

最后还是要讲下心态，因为这个很重要。自己要定一个能承受的盈利和亏损的范围。我经常听到有人说"早知道我就早点卖掉了"，或者说"早知道我迟点卖"。我们要放平心态，没必要去后悔、遗憾。虽然股市风云难测，但是我觉得在各种技术分析中，我们还是可以得到一些警示的。股市是一波一波的，当遇到一波牛市时，我们可以操作股票；当遇到一波熊市时，我们可以暂退股市进行观望，等待下一波牛市。

李观强　国际经济与贸易2010级1班

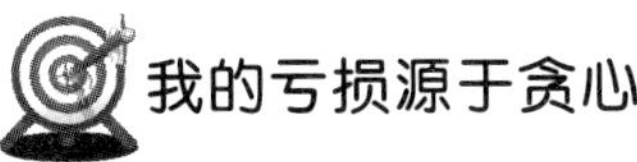

我的亏损源于贪心

通过这一段时间的炒股，我从一个完全不懂股票的人成为现在能够有所分析、有所选择的炒股者，感觉到了自己水平的提高，也总结出了一些心得。炒股操作固然重要，心态也是很要紧的。我的亏损其实大多来自于心太贪，好几只股下手后前期都是赚的，但是一直不肯抛，之后的一路下跌导致自己亏损很多。当然技术分析也是很重要的，要能正确地识别出买入卖出的信号就要靠分析指标和形态了。以下就是我总结的一些个人心得：

第一，不要过于小心翼翼，下手要快狠准，手数要够量。刚开始学习炒股的人，大多都小心翼翼的，就怕投入大了无法承受其亏损。但是要真正地步入炒股起码要有一定的买卖量，不然即使赚了钱还不够抵补手续费呢。

第二，选股的时候要注意对基本面和技术面的分析。决定大盘走势的往往是政策，大牛市和大熊市都因政策而起，因此要实时关注政策导向，再在其导向下看准有关板块。当然要选好股，还要多从网上调查，调查该公司所处行业排名以及公司在所在城市上缴利税的情况，研究公司的年业绩增长率、行业成长性、公司在该行业的竞争优势如何等。选好了股票还要把握下手时机，要注重各种技术指标的综合运用，例如MACD（金叉死叉）、KDJ（大于80卖出信号，小于20买入信号）、K线图的支撑位与压力位等。

第三，设定止损点，避免大风险的操作。要有自己的止损点，给定一个底线，以避免无止境地持有下去。止损说来很简单，但要止损得恰到好处还是很难的。同时为了避免大风险的出现，应该多选取几个板块，秉承鸡蛋不可以放在一个篮子里的理念，减少板块大跌带来的影响。同时一个板块也不可过于散买，尽量选取其中的龙头股，少买、精买，关注热点，减少风险。

李允熙　国际经济与贸易2011级1班

股市里最大的敌人和救星都是自己

经过一个学期的模拟炒股练习，我这样一个对股市一无所知的新手也逐渐学到了一些本领，当然，期间也曾经历过很大的失利，还一度对模拟炒股失去过信心。失败也使我有所领悟，我的总结如下：

树立正确的投资理念。要学会多看、多想，学习不怕、不贪，不因市场的短期波动而惊慌失措。在炒股的过程中，我曾经历过很大的失利，有过丧失信心的时候，结果都以惨不忍睹而告终。没有将自己的心态及思想调整到一个良好的状态，是这一次经历中的一大败笔。买卖股票是对人性缺点的最大考验，

我们要沉着、冷静分析，要有耐性，相信自己的判断力，在形势不利的时候还是要冷静面对，尽量将损失降低到最小。

选股前要对各股进行基本面与技术面分析。在选股时要多关注一些财经新闻，了解国家最近颁布的政策，选择“政策利好”领域的股票，这对“熊市”里的股票操作尤其重要。因为“熊市”股票波动很大，尤其易受消息面的影响。不要买自己不熟悉的股票，选择几只股票作为自选股，坚持每天观察其走势图，利用K线、成交量以及MACD、BIAS、KDJ等技术指标进行分析，关注该公司的公告信息，运用专业知识判断公司的生产经营状况以及发展前景，再决定是否买进。股市是有风险的地方，如果想要取得收益，那也就等于是在向风险进行正面挑衅。

要学会止损止盈。要想赚钱，前提条件是不亏钱，盈利时也要懂得知足常乐。根据课堂上的理论，MACD、ZLJC、KDJ、DKX、PSY、RSI等都是很有参考价值的指标。但事实上没有哪只股票的技术图是完美的，在看技术图时要结合多种相关要素进行综合分析，设立合理的止损止盈点。

股市里最大的敌人是你自己，最大的救星也是你自己。因此，要有耐心、毅力和努力，不断地超越自我。只有相信自己才能在复杂的股市里保持清醒的头脑，做出正确的判断。通过这次模拟炒股，我实现了从理论到实践的过渡，巩固了证券投资专业知识，了解到不少上市公司的状况，对整个市场经济也有了更深入的了解。相信只要我保持这样的理念，一定会在真实的股市中如鱼得水。

郭沈璐　金融学2011级1班

自我感觉是最不可轻信的“工具”

虽然一直到学期末尾也没有较大的收益，但是“证券与投资分析”这门课给我提供的模拟炒股机会让我得到了很多收获和体会。

在学习这门课之前，可以说我对炒股的概念仅限于低价买入股票、高价卖出股票从而赚取差价这样的基本认识，但在自己实际操作之后，深切地体会到了“股市有风险，入市需谨慎”这句话。

首先，我认为保持一个良好的心态是十分重要的。我开始买的那几只股票都是在不太懂行情的情况下，经人或者一些网站推荐购买的。但是买入之后一直处于亏损状态，不过我坚信它们会有上涨的一天，所以一直没有抛售。行情时好时坏，直到临近期末的时候，几只亏损较大的股票才开始转亏为盈，虽然收益不大，但至少没有亏本。

其次，热点新闻要结合K线图、成交量等技术指标一同分析。我跟过不少热点新闻，但是各个网站的发布时间都有所差异，而且公布信息的股票背后必然存在看涨和看跌两种投资者，因此适时地观望行情，分析技术指标，多找一些买卖信号，这样才能把握投资时机，盲目跟进未必能带来良好的收益。

最后，我认为自我感觉是最不可轻信的“工具”。在实验课上不少同学都有“买入时觉得应该不会再下跌了，因为已经跌得很低了”这种看法，但股票不会带有任何感情色彩，资金的进出是它唯一的表现，我们永远不知道一只股票是否跌到了谷底。

此外，在模拟炒股时还应适时、谨慎，相信自己并果断购买。在掌握较多的上涨信号时应及时购买，而且下手应胆大果断。因为许多股票我只购入了1000～2000股，部分甚至只有500股，所以带来的收益也相对较小，高风险必然伴随着高收益，因此“胆大”也是十分必要的。

张怡佳　金融学2011级2班

炒股将促使我更好地学习投资理财知识

以下是我这段时间模拟炒股的一些心得体会：

第一，投资需要保持良好的心态，不可贪。

第二，要树立正确的投资理念，做到适可而止。在市场整体趋势向好之际，不能盲目乐观，更不能忘记了风险而随意追高。股市风险不仅存在于熊市中，在牛市行情中也一样有风险。如果不注意，即便是行情较好的时候也同样会面临亏损。这时候就应当对股市涨跌背后的原因进行深入细致的分析，然后再做判断。

第三，需要考量专业投资机构对股市的点评。既要参考专业评价机构的点评，总结他们的评价依据、评价结果，又要结合自己的实践经验，这样有利于做到熟能生巧，在股市发布利好消息和不利消息之间果断买卖。

最后，敢于逆势而行和长期持股。巴菲特的投资哲学即是长期持有公司股票，因为从长远来看，好公司总会成长的。但是这样的做法建立在深厚的专业知识和雄厚的资金实力基础之上。

总之,通过对证券投资知识的学习和对模拟炒股的操作,我初步学会了如何运用所学知识分析股票,并较好地掌握了炒股的基本流程。尽管所学的知识还不够深厚,炒股操作还不够熟练,但我已经感觉到了学习这门课的必要性。炒股过程中体会最深的就是总感觉自己的知识不够用,这将促使我今后更加努力地学习投资理财知识。

庄海生　国际经济与贸易 2010 级 1 班

虚拟炒股与纸上谈兵何异?

在老师的带领下,这学期我们上了几个星期的实验课,加深了对相关理论知识的理解,提高了动手和实践能力。

刚开始,我只是通过与同学们一起讨论、聊天进行股票的选择,总感觉大家的方向应该是没有错的,所以我买了很稳健的股票,如中国石油之类的。后来才发现这些都是"空"啊,没赚没亏的就和放在银行里没什么区别。于是我开始听从老师的指导,去尝试着选择比较热门的板块,并且选择其中几家公司的股票买入。刚开始买了 3 只股票,并且都买了 30000 股以上,其中的一只股票达安基因比较好,居然让我赚了 3 万多,但是其他两只股票各亏损了 2 万多元,所以总体还是亏的。不甘心激发了我对炒股的兴趣,并且通过课程的学习,也逐渐能将课堂上所学到的理论运用到炒股实践中,如 MACD、KDJ 等,也慢慢学会了看形态图。同时认识到股票也是生活中的一部分,选择股票要和实际生活联系起来,比如有段时间的雾霾天气比较严重,所以环保板块就比较热门,我在其中选择了一只叫万邦达的股票,因为踩着了热点,获得了良好的收益。

古有赵括纸上谈兵,今有余模拟炒股。模拟,假钱一堆尔。若因模拟成功而沾沾自喜,则将后患无穷。金融市场是一场没有硝烟的战争,不经过残酷的考验和失败的体验,不经过实战的历练和不断的总结,光靠模拟的买进和卖出,与赵括何异?最终,我还是要尝试真金白银的实战。

胡天科　金融学 2011 级 2 班

纸上得来终觉浅，绝知此事要躬行

“纸上得来终觉浅，绝知此事要躬行。”模拟炒股旨在巩固证券投资分析书中的技术分析、公司分析等知识。我在这次模拟炒股中，多的一日净赚1万多，但最终50万本金还是亏了5万多元。以下是我总结出的几条心得：

第一，要学会止损。虽然我一开始就设置了止损点，但是因为舍不得割肉或者长期看好所选股票的原因没有具体遵照执行。我在10月9日买入远东股份(000681)，因为当时看好传媒业，并且远东又是深沪两市中唯一的视觉股，在美国纳斯达克股票市场表现良好，股价冲破了100美元，导致我从股票开始下跌到亏损3000元再到亏损17000元而迟迟不抛，这在实际交易中是十分危险的。炒股过程中不可能每次都赚钱，一旦错了就要及时止损。

第二，多关注时事热点以及政策变动。在实践中，我发现股市受国内外政策及热点消息影响变动很大。我买友阿股份(002277)时主要是受国家发布开放民营资本进入金融行业的一系列政策的影响；买冠农股份(600251)是因为有消息传出发改委正在制定关税下调政策。我从这几只股票中赚了不少钱。我认为利用政策炒股是适合短线交易的，一旦获利达到预期就要马上抛，因为市场上每天都会有新热点。除了上海自贸区相关概念股受政策消息影响时间相对较长外，我买的其他股票受政策影响时间均不超过3天。还应补充的是，买卖股票的时候应关注技术指标，例如金叉、死叉等。

第三，持有的个股数量不要太多。我最多时同时持有了8只股票，最后发现持有太多股票会分散注意力，无法确定最佳卖出时机。所以，我觉得把一两只股票做好就能赚了。

张天蟲　金融学2011级2班

从成功与失败中总结经验

在一个学期的模拟炒股中，我主要获取了以下几点经验、教训：

第一，关注财经新闻。炒股必须要关注财经新闻，不管是选股还是在个股的持有过程中都必须每天关注财经新闻。像光明乳业(600597)，我是4月9

号晚上通过财经新闻看到“光明乳业与澳洲 PACTUM 集团签订战略合作协议，将由 PACTUM 乳业集团为光明乳业代加工 UHT 牛奶”的消息，并判断该消息在短期内会拉升股价后，于是 10 号早上股市开盘就以每股 18.23 元的价格买入，之后在涨到每股 19.21 元时将其卖出，每股赚取了约 1 元。另一点，在个股持有过程中，也必须密切关注财经新闻。像汤臣倍健(300146)，我是在该公司除权后低价买入的，本以为会持续拉升，但在之后由于公司涉嫌造假，进入司法程序，令股价一路下跌，我也因获得消息滞后，导致没有及时止损。

第二，公司的基本面分析比技术分析更重要。在炒股过程中，我持有的福田汽车(600166)在股价抬升至每股 5.5 元左右后出现下跌趋势，但由于 K 线图上出现金叉，因此我又大量买入，之后便一路下跌至每股 4.95 元左右，到现在为止股价都在这个价格上下小幅移动。其实分析该公司实际状况可以发现，他们主要生产卡车，净资产收益率近三年持续下降，公司增长能力弱，再加上今年国内对卡车内需并没有增长趋势，可判断该公司股价出现抬升是新闻消息的短期利好。因此，不要迷信金叉，在技术分析的同时更应该关注公司的基本面分析，再判断相关技术指标能否信赖。

第三，做到及时止损。止损是非常重要的，要给自己定一个止损点。我在炒股过程中虽然已经给自己定下止损点，但由于“该个股一定会反弹，还有抬升空间”等心理因素的影响，没有做到及时执行止损，导致被套牢。因此，止损是炒股过程中非常重要的风险防范措施，定好止损点就要严格实施，理性炒股。

第四，炒股可短期和中长期相结合。我认为炒股过程中可以选取 1～2 只个股进行中长期投资，如我认为文化产业今后肯定具有发展潜力，加上因为拥有国家持续的政策扶持。因此，我选取了公司规模较大、发展较稳定的弘业股份(600128)进行中长期投资，但中长期投资收益较缓慢。在此期间可以炒短期股，如房地产板块、新疆板块(丝绸之路)等热点板块，在受到国家政策扶持或利好消息的影响下，该板块个股及其周边产业股短期内股价都会出现不同幅度的抬升，因此，可以在股价上涨过程中或之前进行短期投资，获得收益。但不要在股价已抬升至高点时进入市场，如房地产板块大热时，我选取万科 A(000002)进入市场，此时该股票股价已被抬升至较高点，没有太大的上涨空间了，因此，我在进入后便一路亏损。

第五，选取的个股要适量，相关性要低。选取个股应该尽量选取相关性低的 3 只左右的股票进行投资，以此来分散风险。我在新疆板块大热的时候选取了两只相关性较高的个股，没有做到分散风险，导致亏损。另外，不要投资太多只个股，资金过度分散也存在风险，要选取适量个股(我认为3只为宜)进行投资。

郑茹　国际经济与贸易2011级1班

不可盲目跟风

这个学期，我们在朱老师的指导下开始了模拟炒股。在这次模拟炒股中，我的成绩虽然一般，但还是对股票有了较深刻的认识，这是一次非常好的经历。

刚开始炒股时，我比较随意地选了一只股票，当时只是看它当天的涨幅还不错就买进，结果后来一路下跌。慢慢地我认识到学好技术分析的重要性，想想如果连K线图都看不懂怎么炒股。于是，我去图书馆借了两本有关股票技术分析的书，完完整整地看了一遍，觉得炒股其实也不难。研究了很多只股后，我根据书上所说的“买入点”买入，可还是一直亏损，买进的股票几乎没怎么涨过，当时特别羡慕那些赚了钱的同学。

朱老师在每一节课上都会让当时赚得比较多的同学向大家分享自己的经验，我听了受益匪浅，于是开始结合大家的经验和书上所学到的知识选了几只股票，终于实现了盈利。但是由于自己的贪心，在股票开始下跌时还不舍得卖掉，最后总体上还是处于亏损状态。但这小小的成功却鼓舞了我，我对炒股开始充满兴趣，几乎每天只要有空就会打开太平洋证券看看自己买的股票，同时我也不断反省着，提醒自己不能太贪心！

但是无论自己再怎么分析，赚的始终不多。我咨询了班里赚得比较多的几位同学后，发现他们的共同点就是都关注财经新闻，于是我也向他们学了起来。新闻里常会对近期的股票进行点评和预测，当有某只股票大涨的消息时，我就会迫不及待地卖掉手中的股票，赶紧跟进。这么跟了好几次，虽然也赚过，但是也亏了不少。例如，听说酿酒业今日大好，整个板块要开始上涨什么的，我就会连买2只酿酒板块的股票，但是到了第二天，它们却又开始下跌。这些教训给我的启示是，财经新闻可以参考，但不一定都是对的，所以不可盲目跟风。

我在失败中不断地汲取经验，也在成功中不断地总结方法，以期更好地形成适合于自己的炒股方式。直到现在，对于炒股我已经有了自己的认识，分享如下：

第一，打好基础。选择个股时，要学会看K线图，每日均线以及各种指标如MACD、KDJ、BOLL等。同时，还要学会分析公司的财务状况及财务报表。

第二，经常关注财经新闻，关注时事热点和政策变动情况。股市很容易随着热点新闻及政策变动的影响而上下波动。华尔街有句名言，“不要和趋势抗衡”，所以要顺着最新的趋势和政策来买股票。同时也不能过于相信网上的股评报告，它们只能作为一种投资的参考，最重要的还是得靠自己的分析。

第三，不要同时持有太多只股票，但也不能把所有的钱都放在一只股票里。持有的股票太多，资金会比较分散，每只股所能买的数量就会减少，要赚也不会赚太多，而且注意力容易分散，不能很好地掌握卖出时机，导致亏损。而假使将资金都投入到一只股票中那么风险又会比较大。

第四，选择已经出现上涨势头或者可以肯定会出现上涨势头的股票。股票走势多变，光凭感觉和猜测是非常不安全的。

第五，不能太贪心，炒股应保持良好的心态。

沈思婷　国际经济与贸易2011级1班

赔钱是教训　赚钱是经验

经过一个学期的学习，我学到了很多有用的知识，同时经过模拟操作，积累了一些炒股经验，对股票交易有了更深的认识。

虽然模拟炒股不像真正炒股那样用的是真钱，但是对于老师的嘱咐我还是很认真地去做了，包括如何进行K线图分析，如何观察大盘，何时买进卖出，等等。当然，更深层次的东西需要我们下苦功夫自己去分析、去钻研。

刚开始在模拟平台上做交易的时候，我非常兴奋。手中握着那么多的钱，但我还是不敢买太多，只尝试性地买进了宋都股份、中国银行、金地集团等股份，每只股票也都只敢买5000股以下，买卖依据主要来自于新浪财经行情中心和一些知名博主的推荐。刚开始这几只股票都让我亏损了，但我又不甘心把它们卖掉。之后的几天这几只股票走势都很不错，盈利了3926元，我很后悔当初买入的股数太少了。这次遗憾让我下定决心：看中一只股后至少买入10000股。由于当时还没学股票的技术分析理论，所以很多股票都是凭感觉买进卖出，结果总共亏损了59239.5元。

随着课程学习的推进，我开始认真观察K线图、MACD与KDJ等一些指标，并且对照着书上写的情况进行分析，还与同学们一起讨论各自的股票，在此基础上，我又买了几只，有亏有赚，但是总体来看还是亏损较多。痛定思痛，我认识到炒股不能人云亦云。大家都买的时候也许是卖的好时机，反之大家都卖的时候，可能恰恰是多头的机会。同学们的课后讨论及其在课堂上的分享也印证了这一点。股市比天气变得还快，前一天涨停，也许第二天就跌停了，因此，即使盈利了也不要贪心，适可而止。有一只股票是在我感觉跌得差不多的时候买入的，不出所料，当天就赚了几百元，我很开心，想着也许明天会赚更多，但是两天之后居然赔了几百元。我赶紧卖出，但卖出后它又大涨。所以炒股不能只贪图短期利益，要把眼光放长远。

经过这次模拟操作，我学到了很多。首先，在这个市场，我们一定要头脑冷静，不能盲目地惊讶于股市的大涨大跌而失去思考能力，以至于错误地杀跌或追涨，如果没有良好的心态是无法承受由于亏损所带来的压力的，同时亏损很容易使我们丧失理智，难以做出明智的决策，难以在卖与留之间做出正确的抉择。其次，不能盲目跟风。每当我们看到一只股票涨得很快，即使大盘跌它也还在涨时，心里就忍不住了，也想着买入。事实上，这个时候最需要我们深思熟虑、仔细分析一下该只股票为何可以逆势上涨，不能糊里糊涂掉进庄家的陷阱，接了他们的盘而不自知。

就我的模拟炒股过程而言，赔赚都有，但是赔的比赚的多。虽然这些钱都是假的，只是个实验，但感触却不少。赔钱是教训，赚钱是经验。这些以后我都会牢记。最后，感谢朱老师为我们上了如此有用的“证券投资分析”课。

蒋愫　国际经济与贸易 2011 级 2 班

炒股是利用智慧赚钱

经过一个学期的证券投资理论学习以及模拟炒股的实践，我觉得自己对炒股有了与以往不同的想法。在没有接触这门课程以前，我一直认为炒股是一种投机行为，是赚快钱的一种捷径，但现在看法改变了。

在学习了一定的理论知识后我发现，炒股其实是一种智慧的赚钱方式。在进行个股的选择时，要学会看 K 线图、每日均线，以及诸如 MACD、KDJ、BOLL 等技术分析指标。同时，还要对公司的财务状况进行分析、要学会看财务报表。在日常浏览网站、接收各种财经新闻时，要学会判断和领悟该新闻背后的信息以及对公司未来股价走势的影响。学习了各种知识后，我觉得在选择个股时最重要的一点是观察大盘的走势，如果大盘整体好，我觉得可以选择多只股票。反之，则静观其变。

总之，在我现在的观念里，我觉得炒股是一种利用智慧赚钱的方式，虽然有时会靠运气，但这只是小部分。一个学期的课堂学习与模拟炒股下来，我觉得自己学到了很多知识，获益良多。

陈碧莲　国际经济与贸易 2010 级 1 班

买股票的本质是投资

一个学期的模拟炒股交易中有赚有赔，使我对炒股有了更深刻的认识。

刚开始模拟交易时我异常兴奋，第一次用老师给的 50 万元虚拟资金炒股，所以毫不犹豫地买了知名度很高的股票，例如新东方、华谊兄弟等。因为之前做过风险承受能力测试，我属于保守型，所以买的时候数量基本控制在 1000～5000 股。真心感觉股市的变化之快，很难把握好买卖点。很多时候我都是有点盈利就卖掉，但卖掉后还在涨；有时候看到跌了就卖掉，卖掉后突然又反弹，结果赔了很多。所以购买股票的时候要认真了解发行公司背后的情况，不能因为知名就觉得好。很多知名公司的股票缺乏成长性，企业名气不能代表企业股价未来的走势。所以股市交易不能盲目。

经过对包括基本分析、技术分析和各种软件操作方法的学习，我开始对股票投资及操作软件有所了解。在第二次虚拟买卖过程中，我看了大智慧和同花顺等软件上的指标，观察了 K 线图、MACD、KDJ 和 RSI，并对照书本上写的原理进行分析。在课余时间也常与同学讨论各自购买的股票及走势，常上相关网站查看有关专家推荐的行情好的股票，精心选股和选时。但结果还是亏了不少，所以说炒股不要偏听偏信，更不能机械地根据书本知识寻找所谓的黄金买卖点，在掌握分析技术的基础上，还要对企业、行业、宏观经济等基本面因素进行全面分析。

总之，炒股不能贪图短期利益，把眼光放长远才是最重要的。表面上看，你是在买卖股票，但本质是你对上市公司的投资。因此，你需要的是对你所投资的公司进行分析与持续关注，而不是盲目地关心眼前的涨跌。

吴秋艳　金融学 2011 级 2 班

股市是一个群体博弈场所

股票市场明天会怎么样,只有市场说了算。两个月的模拟炒股比赛,使我深深感受到了股市里的风险与挑战。第一次和证券市场零距离接触,由于我经验有限,只能边操作边学习。

在大盘整体形势不佳的这段时间内,要选出几只值得投资的股票实属不易。由于苹果公司的手机面板使用蓝宝石玻璃材质,而安泰科技与美国的蓝宝石供应商GT Advanced合作密切,在GT Advanced的NASDAQ的股价由于此题材股价翻倍,故我认为安泰科技应该处于股价飙升的好时机。但我是一个保守的人,求稳是我的基本原则,我只使用了少部分资金介入此股票。巴菲特曾经说过,买股票的秘诀在于,买进以后把它锁进箱子里不管它,然后静静地等待。对于我们初来乍到的新手来说,看准和坚持更为重要,不要频繁换手,更何况我们并没有足够的时间和精力去关注股市变化。按照这一炒股思路,我买入了安泰科技,并长期持有,一直到模拟炒股比赛结束。

通过这次比赛我体会到股市是一个群体博弈的场所,我们的交易结果不只取决于自身的策略和市场条件,也取决于其他人的选择策略,买卖股票是对人性缺点的最大考验,我们要做的就是不怕、不贪、不以市场的短期波动而惊慌失措,沉着冷静分析,要有耐性,相信自己的判断力,炒股也绝对不是"低位买进,高位卖出"那么简单,对于我来说未来还有很多东西要去学习。

蔡妙妙　国际经济与贸易2011级2班

炒股需要知识、智慧和运气

本学期开设了一门"证券技术分析"课,在学期开始时朱老师介绍了这门课的要求。当老师告诉大家这门课程需要大家上机操作、用虚拟的资金买卖股票时,我就觉得这门课程比较新鲜,觉得它比其他的课更具实战性。

我对炒股的向往可能是源于股神巴菲特的各种传说,巴菲特可不仅仅是我个人的偶像,毕竟他也是证券交易领域神话级的人物,他敢称第二就没人敢称第一,而我能够接触到炒股这一领域就有了一种“高大上”的感觉。但是通过一个学期的学习与实践,我身心俱疲。在开始的几个星期里,我的兴趣还是特别高的,虽然还欠缺技术,但是总能赚到那么一点钱,而且每天一到开市时间,我也会及时地关注自己所选股票的走势,新浪网上的股票推荐我也经常去看。然而,随着时间的推移,随着对证券知识及分析技术的逐步了解,我越发觉得自己对证券领域的了解简直就是冰山一角,知识学得越多就越觉得这一领域的浩瀚,原来炒股并非我想的这般容易。在接下来的时间里,我的股票就没赚过,一直亏损,尤其是唐山港(601000)和力帆股份(601777)这两只股,差不多亏了 40000 元。总结一下亏损原因,主要还得归因于自己在股票分析时看得不全面、不长远,没有过多关注股票的基本面,特别是公司近期的财务状况等;而在技术面上也没花太多心思,只关注股票的日线走势,忽视了 MACD 线上的金叉、死叉出现时间,以至于错过了最理想的抛售时间。而在巨额亏损之后自己又十分不甘心,总认为如果自己长期持有下去,股票走势肯定会好起来,等到 MACD 线上出现金叉后就可以降低亏损,甚至获利。然而,长期的等待之后自己的想法并没有成为现实,亏损仍在继续加大。

一个学期炒股实践下来,我发现炒股不但是一个技术活,而且需要一定的智慧及运气。更为重要的是,在炒股过程中你也得不怕苦、不怕累、不怕乏味,不仅要花大量时间在证券分析技术的学习上,也要花大工夫在市场行情的研究上。

“不是什么人都可以炒股”,这话一点也不假,我从自己身上就有切实体会。不论是自己的技术、知识还是运气,我都和一个合格的股民差太远,我觉得自己要走的路还很长,在没有掌握海量知识及专业技术之前我是不会轻易踏入股市的。

姜武　国际经济与贸易 2011 级 2 班

三、获奖股神体会

这里入选的是历届股神的炒股心得。炒股就是赚钱,什么股票都能买,海纳百川,只要能赚钱。他们不一定比别人更聪明,也不敢说他们已掌握了炒股精髓。事实表明,他们的选股、买卖策略也与他人大同小异,包括合理评估自己的风险承受能力、树立良好的心态、密切关注新闻与政策、设计止损止盈点、顺势而为,等等,但他们一定在某个方面比别人更投入、更关注,从而比别人懂得更多,最终比别人更精准地把握住了机会。他们更强调从惊心动魄的炒股经历中学习领会投资知识，以期在股市中进退自如；他们要求自己系统掌握投资知识，但又不拘泥于书本知识，强化在实践中灵活运用理论知识；他们醉心于细心观察、潜心研究，为的是精准捕捉机会，果断行动。选股和买卖策略，旨在观察、研究某个标的股票的价格变动方向和对应时间，没有放之四海而皆准的答案，从三大排行榜中选股不失为一策，但又绝不能画地为牢，因为卖比买更难，更需要精力集中、知行合一。

实践中灵活运用理论知识

在上“证券投资与分析”课之前，可以说我对股票一无所知，唯有当我父母说到他们买的股票今天亏了多少、涨了多少的时候才略有耳闻。这个学期也是因为要上这门课我才开始了模拟炒股，我最大的体会就是：股票市场投机性很强，有时候真的是需要运气的。当然，理论知识还是能够在投资者的投资过程中起到一定的作用的。以下是我根据自己这个学期的炒股经验总结出的几条心得。

买股票不能与趋势作对，而要顺势而为。总的来说，今年的股市行情较前几年受金融危机影响的时候要好很多。在过去的这几个月中，稀土行业一直是涨得很好的一个行业，适时地选择稀土板块的股票无疑会取得较理想的收益。最好的例子就是包钢稀土(600111)，虽然它的价格有点高，但是给股民带来的收益却是很大的。我虽然一直在关注这只股票，但因为价格的关系迟迟没有买入。事实上在选择是否买入一只股票的时候不能只看价格的高低，关注成交量也是很重要的。因为价与量共同构成了趋势。最后，我以 68 元的价格买入 10000 股，除息除权后现在的价格是 44 元左右。尽管与其他股票相比，每股 44 元的价格显得略高，但因为有成交量的配合，拿着很放心。

物极必反的原理适合炒股。我觉得炒股不能看哪只股涨得厉害就跟风买哪只，股市比天气变得还快，今天涨停，也许明天就跌停了。我的做法是找跌得最厉害的那只股票，然后以尽量低的价格买入，也许一天两天涨不起来，但跌也不会跌多少了——这或许只适合像我这种类型的炒股者。最重要的是，当再次涨的时候，不能太贪心，赚得差不多了就赶紧出手，这就是所谓的波段操作。我是 4 月底入市的，先是买了一只中国人寿(601628)，买入价是 16.94 元。刚开始关注这只股票是因为某财经网站的推荐，那时的价格是 19.24 元左右，由于刚开始炒股我也不懂，以为专家推荐的准没错，于是在另外一个模拟炒股网站上买了6000股。结果,刚买入不久就一下子跌到了16元,亏了6000元,又不忍心卖掉。人性有恐惧与贪婪,这也是散户投资者最大的死穴。我当时想股价从19元多跌到了现在的16元多,都已经跌了3元了,总该涨了吧,于是在世华财讯上又买进了5000股。令人高兴的是,之后果真涨了,等到它涨到接近我最初关注它的价格(19元多)时就出手卖掉了。

2009级国际投资班炒股亚军——俞翡翠

技术指标不是万能的,但它却是股海中的救生衣。当中国人寿出现连涨势头后,我开始松懈,没有每天关注,结果等到我5月7日再去看的时候,已经开始跌了。根据KDJ指标,5月4日那天其实出现了死叉,应该抛出。不过我还是期望着它能有所反弹,不过到了5月10日,根据KDJ线的趋势,我认为是时候抛出这只股票了。

此外,炒股还需要专业的宏观面分析和技术面的分析,理论与实际相结合才能万无一失。但我觉得最重要的还是要有良好的心理素质,要树立一个正确的投资理念,不能因为市场的短期波动就惊慌失措。毕竟谁也不能做到百分之百赚钱,只有过硬的心理素质,才能让我们在股市浮沉中保持百战不殆的姿态。

俞翡翠　国际投资求是实验班2009级

两次惊心动魄的炒股经历给我的三点体会

学习证券投资课程快一个学期了,我最大的收获就是在炒股方面达到了入门级的水平。不敢说我在炒股方面是最好的,但我是相当认真地在学习股票投资。通过平时老师课上的理论指导和课后的实践操作,我逐渐掌握了炒股的基本技术。

叩富网是展现我炒股水平的一个平台。自从2月底开始模拟炒股以来,我就天天关注股市动态,及时了解各方面的资讯,并根据市场走势及时调整我的投资策略。我想通过两次惊心动魄的股票买卖过程来总结我的炒股心得。

在刚接触炒股的前几天，我什么也不懂，仅仅根据自己的喜好，买入了少量股票，亏了，第二天就排到班级的倒数了。后来，我挑了一只连续3个涨停板的安诺其，看它天天在涨，于是我就买下了它，期望它能够继续涨。不负所望，它真的涨了。我在3月7日以11.4元的成本价买了它，第二天就以11.88元卖出了一部分，因为中间出现下跌，且担心它会进一步下跌，所以我以11.75元的价格又一次卖出。在之后的四天里我天天关注它，它天天在涨，我就追涨。直至3月13日，它的收盘价为13.73元，我仍旧持有，没有抛掉。但是到了3月14日那天早盘它涨到了最高价15元。下午我没有守在盘前。当时正值"两会"时期，温家宝总理说房价远未回归合理水平，于是整个大盘直接暴跌。安诺其走势与大盘一致，导致当日收盘价与头一天收盘价差不多。我为自己没守在大盘面前而感到后悔不已。第二天，我以13.4元卖出了它。至此，我退出了安诺其这只股票的买卖。这只股票不但使我的排名从班级的倒数瞬间升到了前三，还让我掌握了股票买卖的若干技巧，如要结合大盘走势、宏观政策及时买卖股票，且何时止损也是非常重要的。就像游击战那样，打得赢就打，打不赢就走，保存实力是投资的首要之道。

三个月的模拟炒股期间，我认为投资最成功的案例是购买了温州金改的龙头股——浙江东日。3月29日以来浙江东日连续四个交易日封涨停板。我于4月10日关注该股票，并以8.08元的价格大笔买入了20000股。第二天涨势良好，于是又买进10200股，达到满仓。待到13日十点半左右该股票价格开始下跌，由于担心股价会暴跌，于是决定全部卖出，净赚了54480元，可谓是大满贯啊！而此时我的名次也飙升至了班级第一。

而在接下来一周的首个交易日，该股又冲击涨停板，我又以11.44元的价位满仓买进该股。随后我查了该股的资料和牛市的原因：让浙江东日连续暴涨的正是温州市金融综合改革试验区的出炉。3月28日，温家宝总理召开国务院常务会议，温州市金融综合改革试验区获批。浙江东日因为参股温州银行而被视为板块领头羊。次日，浙江东日应声"一字涨停"，从此拉开涨停序幕。各路资金闻风而动，纷纷大笔买入浙江东日，3月29日该股报收6元，成交金额较之前放大了十多倍，近1亿元。接着连续3个涨停板，至4月6日，股价报收7.99元。该股在4月9日经过一天的休整之后，再次连续出现4个涨停板。尽管4月12日，深交所提示投资者慎重追买连续涨停股票，但浙江东日股价依旧冲天，截至4月25日，该股报收17.41元，创历史新高，短短一个月股价翻了三番。我也于25日以15.93元的高价成功逃顶——尽管它的最高价为17.41元，为历史新高。

浙江东日让我感悟到要想多赚钱，有时候也需要将所有鸡蛋放在一个篮子里，这样虽然风险大，但收益也大，只是在投资前，要充分对大势、基本面、资金面、技术面有详细的了解和预判，以审慎的态度来对待投资。

上述两只股票的买卖经历使我悟到很多，我想从心态、止损、顺势而为这三个方面谈谈我的炒股心得。

心态。想要炒好股票，必须要有良好的心态，要有赚而不喜、亏而不忧的正确态度，不管是赚还是亏，都要及时总结经验和教训，并牢记操作过程中的得与失。什么是真正良好的心态呢？比如某只股票符合你的买点，但能涨多少你并不清楚，只能知道个大概。买后它跌了些，这时很多人都会觉得自己买错了，内心会有一种挫败感和失落感。其实这些都没必要，这时只要认真观察它变动的过程，包括它的形态，5 日与 10 日等均线处于什么状态，量比、内外盘量的大小等，同时，还应注意成交过程中每笔交易量的大小，这些观察对于把握第二天的走势很重要。另外要多多观察分时 K 线中的 5、15、30、60 分钟 K 线形态以及技术指标处于何种状态，若感觉图形还好，第二天操作要关注它开盘 10 分钟到 20 分钟是外盘大还是内盘大，若外盘大于内盘，走势自然较好，同时你还得把注意力集中在现价和均价线上，如在涨升过程中感到涨升无力，就应及时了结，如果卖出后股价又超出了你的卖出价，千万不要后悔，只需总结自己错在哪里，这才是正确的心态。

止损。止损说起来很简单，但要做到恰到好处是很难的，一般来说止损要看处于什么样的市道，个股的形态，涨升了多少，自涨升以来量的总和、换手率，每天的内外盘变化情况以及移动均线和 K 线的距离。据我的经验，一般跌幅要控制在 3%以内，回落了 3%以上的个股，当天走势往往不会太好，很难再创新高。但这也不是绝对的，是卖还是留，还得看个股的形态、量、量能线、量比、内外盘以及换手率，还要看它已经涨了几天。需要指出的是，止损和投资人的经验、心态有着密切的关系。

顺势而为。顺势而为的含意就是顺着市道而为之，先要看大盘处于强势还是弱势。比如大盘刚由强势转入弱势并破位的头几天，投资者不应急着买入，即使有很丰富的看盘和选股经验。在大盘刚转入弱势时买入的股票有可能当天上涨，但由于是 T+1 的原因，即便涨了你也无法当天卖出，第二天很有可能跳空补跌，那样会得不偿失。一个真正有经验的投资者是不会乱冒风险的。

希望我的三点炒股心得对同学们有所启发。

邵晟亮　国际投资求是实验班 2009 级

如何使自己在股市中进退自如

在这个学期，我开始学习“证券投资分析”这门课，在这门课程中，我开始了模拟炒股。幸运的是，我取得了不错的成绩，并且得到了授课教师朱孟进老师的认可。我在这次模拟炒股中受益匪浅。

首先，合理评估自己的风险承受能力。在进入股市之前，我们一定要做的就是对自己投资风险承受能力进行一个评估。虽然只是模拟炒股，但也能充分体现出一个人的个性。所以在开始前，朱老师也让我们对自己进行了测评，看自己是保守型的还是风险型的。我的测评结果是风险型，即我适合短线操作，不适合对一只股票进行基本面分析，然后结合很多因素再进行那种长线操作。古人云“放长线，钓大鱼”，不过我觉得短线操作也是能够有很可观的收益的，当然我也坚信“二八定律”，就是在股市中永远都是少数人挣钱，大部分人都在给那些少数人送钱，我应该努力成为那少数人中的一员。

其次，系统掌握常识性投资知识。当我们确定了适合自己的投资类型之后，就要对股票有一个基本的认识，要明白股市中的常识性知识和一些常用的专业词语，比如A股、B股、H股、K线、MACD曲线等，这些都是在股市中常见和常用的术语。对于一些很重要的曲线，还要知道怎么运用它来分析个股走势等，如果什么都不知道就进入股市，你很有可能成为“二八”里的“八”。

第三，深刻领会“炒股”的实质。当前面的准备都做好了之后，我认为，就可以真正地进入股市了。当然我说的进入股市的意思，不是直接就开始买卖股票，我只是说可以开始看股市了，可以开始通过自己之前掌握的知识对个股进行趋势分析，并检验它是否按自己的预想走下去。经过这一段时间的实践，我们能更好地理解各个指标的作用，并合理地利用它们。如果做到上述这些，我认为基本上满足了初入股市的要求。何为“炒股”？我认为最主要的就是这个“炒”字，就像炒菜一样，一定要倒腾锅里的菜，炒股也要倒腾手里的股票，不能买一只觉得它会涨，就一直放着，跌了也不管它，这样是不会挣钱的。所以应该像炒菜一样，看跌的话，就适当减少手中的量，看涨的话，就适当地增加手中的量，这样就可以尽量减少自己的损失并且增加自己的收益。我认为，在炒股的过程中一定要定止损点，这样可以尽量避免自己被套牢，当股价降到自己定的价位的时候，一定要果断地抛掉，不能犹犹豫豫，要不然会越陷越深。设定止盈点也同样重要。我自己在实际操作的过程中，总是忽略掉这个止盈点，为此也吃过一些亏。设定止盈点可能会让自己的盈利变少,但至少这样做不会让自己亏掉,因为股市是瞬息万变的,对股市能造成影响的因素多种多样。

第四,密切关注新闻与政策。以上几点都做得很好还是不够的,因为股价变动的不确定因素很多。我认为,想挣钱的话,一定要好好地关注新闻,每天抽出一点时间来看看最近有什么很重要的新闻和政策,比如说去年年底的莫言获得诺贝尔文学奖,就带动了传媒股一段时间的上涨。宽松的货币政策有利于股市的发展,而紧缩的货币政策是不利于股市的。这些都会对股市的涨跌造成一定的影响。前者是局部的影响,后者是整体的影响。所以关注时事新闻是很重要的。

第五,心态最重要。不管是涨还是跌都要保持良好的心态,该割肉时果断割肉,该买入时坚决买入,要果断坚决,否则可能因为你的一个犹豫,一个涨停板就被你错过了。当然模拟炒股和实盘操作还是有一些区别的,最大的不同就是心态,因为实盘用的是真金白银。从我自己的感受来看,实盘操作时心态肯定变得保守很多,由于保守也容易错失很多机会。所以在股市里心态是最重要的。

当上述几点都做到了,股民在股市里就可以做到进退自如,至少不会成为一个输家。

李宗翰　金融学 2010 级 1 班

不拘泥于书本知识

通过对证券投资分析课程的学习以及模拟和实盘交易系统的操练,我对股票市场的认识较之前有了极大改变。首先,我的证券技术知识的加深毋庸置疑,通过系统的学习使得之前碎片化的理解得以有机串联。其次,模拟炒股交易使我获得了课堂学习之外的交易经历与心得。

拥有良好的交易心态。如何顶住压力抛出被自己看空的股票;如何能在一片看涨烟雾中抑制贪欲进行理性投资,拥有一个良好的心态是决胜的关键。赚而不喜、亏而不忧,及时总结经验教训,牢记操作过程中的得失,始终执行投资战略便是良好交易心态的体现。

学会合理地分配精力。虽说我们提倡不把所有鸡蛋放在同一个篮子里,但我也绝不认同为降低风险将鸡蛋放在过多的篮子里——因为你只有两只手。分散化投资方法能降低账户的风险，但控制力与精力的不匹配也会增加非系统风险，一旦变盘时不足以控制手头所有的股票，导致顾此失彼、最后造成亏损的经历想必大家都不愿体验。就我而言，模拟交易时同时持有股票数不会超过4只；实盘则控制在2～3只以内。

技术指标不是万能的。技术指标有上百种，指标间的相互印证能为我们提供选股指导，但技术指标不是无所不能的“万金油”。技术指标很重要，但并不是股票买卖的全部，因为毕竟我们是在炒股实战，而不是在做技术指标研究。

李群星　金融学2011级1班

多观察，少犹豫

原本参加模拟炒股大赛，我只是抱着随便玩玩的心态，但是在模拟炒股过程中我发现自己对股票挺感兴趣。因此，我在课余花了一些时间和精力来研究它，也慢慢摸索和悟出了一些门道，总结如下：

第一，不能盲目跟风。不要跟着同学们炒股，不能尽信一些机构评级，要自己去选择、分析。

第二，善于选股。通过一些股票网站的介绍以及近期出台的政策等，针对较热门的个股进行筛选，从宏观层面先初步筛选，选择换手率较高，市盈率、市净率较低，总市值较大，外盘大于内盘的股票。再从技术层面筛选，分析K线图、MACD、KDJ、BOLL等，将看涨股票放入自选股。

第三，多观察，少犹豫。买卖股票盈亏常在一瞬间。有时候你刚买入的股票立马大跌，刚卖出的股票立马大涨，股市变幻莫测，但是我们可以通过观察个股的长期走势来判断买卖的选择。在选中几个自选股之后，要多观察几天，看其走势是否与自己心里预测的大致一样，然后在合适的时机果断买入，不要犹豫。在已经买入个股但又大跌的情况下，首先需要分析之后会不会反弹，假如从多个层面分析都没有反弹动力的话，应当及时止损，不然就会越亏越多。

第四，每天都要关注股市行情。我们模拟炒股的期限不长，做不到长线投资，所以应当经常关注自己所购买的股票，否则几天不去看可能原本盈利的股票就变成了亏损。

第五，提高对新闻的敏感度。很多炒股软件会有一个消息推送，将近期可能对股市造成影响的事件或政策整理出来，并对某些受影响的板块或者个股进行预测，此时，我们就应该关注这些最新消息，并且及时分析这些板块中的个股。

康春燕　国际经济与贸易2011级2班

潜心研究，果断行动

我在炒股大赛中赚的第一笔钱是从青岛啤酒(600600)来的。其实我对这只股票的关注从大二上证券课就开始了，慢慢地，我发现该股走势还是挺有规律的，既不存在所谓“庄股”的现象，周期性也相对容易把握。上学期我开始关注这只股票是在它从39元到49元的一波大涨中。这波行情也不是一蹴而就的，伴随着涨涨落落，最后慢慢到了49.9元的高点，之后便是一波比较清晰的下跌行情，从49.9元到了37.74元。其实这个学期青岛啤酒还是处于调整阶段，但从它的历史走势图可以看出来，股价总体走势是向上的。我买的价位在39元以上，谈不上是相对低的点，但是我觉得相对于这波上升行情来说，39元是一个可以进入的点，而后的行情也证实了我的想法。所以我的第一条心得是持续关注个股，等出现上升信号就果断进入。

之后我买的股票是奥飞动漫(002292)和中颖电子(300327)，这两只股票是我关注的动漫产业和电子信息类的股票。从以往这两只股票的价格变动表现来看，个股与它所在的那个板块涨跌联动性还是很大的，呈正相关。5月末这两个板块走势都很强劲，因而我这2只股票价格走势也很好。所以我的第二条心得是找一些和板块联动性比较大的股票，当板块有利好消息的时候就果断买入。

我在这次炒股大赛中一开始并没有买什么股票，因为当时有很多消息对股市都很不好，事实也是如此，大盘一度掉到了2000点以下。因此我的第三条炒股心得是当基本面不好的时候绝不要急于入市。

朱慧兰　金融学2011级1班

从三大排行榜中选股

华尔街有个说法：“你如果能在股市熬十年，你应该能不断赚到钱；你如果熬了二十年，你的经验将极有借鉴的价值；如果熬了三十年，那么你退休的时候，定然是极其富有的人。”此外，我知道华尔街还有句名言叫“不要和趋势抗衡”。

通过学习及模拟炒股，我掌握了一些股票的基本常识。炒股赚钱最为关键的是研究股票价格的变动方向和对应时间，虽然没有放之四海而皆准的答案，但我的体会是“从三大排行榜中选股”。

在涨幅榜、量比榜和委比榜上均排名居前的个股，往往表明已经开始启动新一轮行情，是投资者短线追涨的重点选择对象。具体的分析技巧如下：

研判涨幅榜上个股迅速上涨的原因。投资就要海纳百川，什么股票都能买，只要能赚到钱。在这样一个买卖主集聚的市场，能位列涨幅榜前列，一定是有原因的。对于刺激股价迅速扬升的各种传闻、消息、题材等，要具体情况具体对待。对于受到朦胧利好消息刺激的个股，在消息没有兑现前，可以积极介入，一旦消息兑现，则需要根据消息的具体内容另行分析。要特别花精力研判涨幅榜上个股是否属于当前热点板块中的一员。如果是，表明该股上涨符合市场热点的潮流，投资者可以积极关注。

通过量比榜研判量能积聚程度。量比是当日成交量与前五日成交均量的比值，量比越大，说明当天放量越明显。股市中资金的运动决定了个股行情的性质，资金的有效介入是推动股价上升的原动力。涨幅榜上的个股在未来能否继续保持强势，在很大程度上与之前的资金介入状况有紧密的联系。所以，热点板块的量能积聚过程非常重要，只有在增量资金充分介入的情况下，个股行情才具有持久性。而量比的有效放大，则在一定程度上反映了量能积聚的程度。

通过委比榜研判买卖强度。委比是用来衡量一段时间内买盘与卖盘相对强弱的指标。它的计算公式是：委比＝(委买手数－委卖手数)/(委买手数＋委卖手数)，委比值越大，说明市场买盘相对比较强劲；委比负值越大，说明相对来讲市场的抛盘比较强劲。

说说容易做起来很难，我将继续努力实践。

黄浩东　金融学 2011 级 1 班

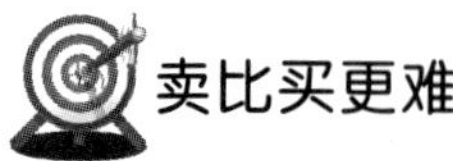

卖比买更难

经过三个多月的模拟炒股，我深深感受到炒股的风险和挑战。开始的时候，我买了一只股票，仅仅只买了100股，并且紧紧盯住它0.01元的上涨和下跌，谨小慎微，最后卖的时候是亏的，现在看来它却是一只潜力股。由于开始时的谨慎和弱承受力，我的资金总额也一直在亏损5000～10000元游走。

通过慢慢地摸索，并尝试对股市行情进行分析，我选择了自己比较了解的两只本土股票（买自己熟悉的股票），持股数也从之前的100股增加到10000股（如果你想拥有较高的盈利水平，就该承受较大的风险，我建议大家以一万股起家）。果然，这两只股票使我的资金转亏为盈，后来我的胆子也越来越大，甚至借钱在买——当然是带着模拟的心态，为了锻炼自己的心理素质，只是想看看走这一步资金的反应，而不是赚多赚少或者是排名的问题。当我们摆正自己的位置，成为一个真正“玩”股票的投资者，那就得道了。

对于卖股，我想多说几句，因为我觉得卖比买更难。股市有风险，你无法确定你卖的总是最高价。比如我的海亮股份，亏的时候我并没有卖，观察了一段时间后，它又转亏为盈；华天科技，同样亏的时候我还是没有卖，结果它越亏越多，两天后我终于在它亏了3.4万元时止损，真可谓“辛辛苦苦大半年，一夜回到解放前”。因此，要学会具体情况具体分析，如何选择卖点及时止损是股票买卖中必须坚持探索的要点。

王晖　金融学2011级1班

精力集中，知行合一

我是一个保守的投资者，在我看来，股票虽然是一门永远不可能做到完美的艺术，但是也需要操作者敏捷、果断、不迟钝。最佳买卖机会稍纵即逝，迟钝就会被动，要想做到精益求精，需要精力集中，知行合一。

炒股所得的收益无非就是你向风险挑战所得的补偿，赢就得利，输就亏损。如果你没有树立良好的心态是无法承受由于亏损所带来的压力的，同时，亏损很容易使我们丧失理智，难以做出明智的决策，难以在卖与留之间做出抉择。这时候，就需要有一种果断的精神，快速根据形势做出反应，因为多耽搁一分钟，可能随之而来的就是巨额的损失。特别是追涨型买入，一旦发现判断失误，我们应果断卖出股票以止损。同时最好分清自己是搞短线操作还是中长线操作，如果搞短线操作则更要懂得及时止损，及时使自己的损失最小化。

从去年接触股票以来，我自己的第一个体会是确定性上涨的市场环境才可以选择确定性上涨的股票，当前不是确定性上涨的市场环境，所以选择的股票上涨的概率就只有50%。其次，我比较关注银行股，银行表现不好大盘难起色，反弹常常以银行券商股票的企稳而展开，又以银行股票的反弹结束而结束，再以银行证券股票的筑底成功再次拉升而展开新的征程。再者，总是有人谈什么短线和长线。其实我个人觉得不存在短线和长线，因为线的长短我们说了不算，只存在机会的长和短。最后，在大盘不好的情况下选股，我会盯准庄股。大多数人觉得跟庄不安全，其实不然，关键还是在于心态。庄家的动向你的确抓不准，但你自己的期望是可以调整的。大盘向下，庄股坚挺，我跟进去，从来不会留很久，不贪。个人习惯跟两到三天，得了便宜就走，因为庄家的动作太快，别想着等到最高点再抛，更何况你根本预测不到哪个点才是最高点。

当然，充分了解一只股票的投资价值也很重要。不要随便买自己不熟悉的股票，选定了的股票就要坚持每天观察其走势。

赵季惟　国际经济与贸易2010级1班

第二章 股神的养成

第一节　证券投资课程培养体系

课程简介:证券投资课程属于金融专业必修课。开设本课程的目的是使金融专业学生系统、全面地掌握证券市场的基本知识,了解证券市场的各个运作环节,学习并掌握证券投资分析的基本原理和方法,并能够运用所学知识服务于政府部门、金融机构和企业的投融资活动,以及个人的投资实践。

课程教学目标和能力要求:本课程教学目标是让学生掌握证券市场的基础知识和基本理论,熟悉证券市场的架构、交易工具、运作机制和运行规律,掌握证券投资的收益、风险之间的关系和有价证券的定价原理,熟悉证券投资的分析方法和管理方法。通过课程学习,学生能熟练运用证券投资分析的方法和技术,对股票和债券投资进行判断和预测;能初步掌握证券组合分析的原理和方法,并以此规划投资方案。

课程教学方法:在讲解基本概念和基础理论时,采用启发式教学、情景教学等方式,以提高学生的关注度,激发学习兴趣;在讲解现行的制度规则、工具方法时,注意联系实际,采用案例教学以深化对理论的理解;在实践环节,针对不同对象,分小组做专题研究、社会调查、课堂讨论等。同时本课程开设实验课,以实验教学支持理论的消化和巩固。

课程特色:实践教学方法贯穿整个教学过程。一是开设实验课。本课程借助浙江大学宁波理工学院金融实验室,运用世华财讯模拟炒股软件,为学生创造模拟炒股的环境和条件,培养学生实际动手能力;二是设置了多个实践环节,目的是促使学生了解、接触真实的证券市场,积累专业知识,接触专业证券机构和业内专家，了解人才需求形势，为毕业后尽快融入社会、适应工作需求打下一定的基础。课程安排的实践、实训环节见图 2-1。

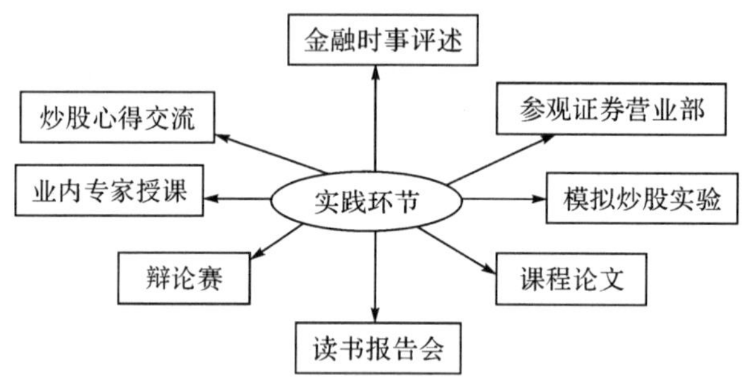

图 2-1　课程实践环节示意

第二节　学生探究证券知识案例

历届学生在学习证券投资课程的过程中，都被要求以小组合作的形式完成课程论文。整个过程包括：论文选题、文献梳理、框架搭建、实证分析以及论文撰写，教师通过召集小组讨论会、课外答疑等形式，全程参与辅导。最后，学生制作课程论文 PPT，上台演讲展示，接受教师和其他同学的提问、评价和打分。

与此同时，一部分学生在模拟炒股实验进程中，为了更深入地了解上市公司，拓展自己的视野，积极主动走入上市公司，与公司的董事长秘书、证券事务代表等积极沟通，虽然取得的资料有限，但此举较好地推动了学生接触证券市场，获得了课本上无法提供的实践知识。这些同学都撰写了上市公司实地调研报告。

一部分大四学生在毕业论文环节选择了证券市场作为研究对象，通过文献梳理、理论分析、数据采集、实证研究得到相应的结论，或证实已有理论，或解释市场现象，很好地将本科阶段所学的金融知识融会贯通在对证券市场的研究中。

综上所述，通过课程论文、上市公司调研报告和毕业论文环节，学生涉猎了课本以外的证券知识，了解了市场热点和最新动态，追踪了国内外前沿研究成果，锻炼了论文写作能力，培养了团队协作精神。每一届的学生习作中都产生了一些优秀成果，在此选择部分展示给读者。

案例一 行业分析报告

房地产行业板块分析

进入21世纪以来，国内的房地产市场日趋火爆，创造出了一个又一个财富奇迹，在很多地区，房地产业甚至成为当地经济发展的支柱。在这种风潮之下，人们纷纷涌向房地产领域，无论之前做过何种工作，仿佛一旦进入房地产就可以资产翻倍。然而，经过几年盲目的火爆之后，房地产市场的泡沫不断增大，国家和政府也已经意识到了这个问题，一些调控措施不断出台，房地产市场终于开始逐渐回归理性。那么，国内房地产业未来的趋势如何，当房地产企业难以继续获得暴利之后，房地产市场是否会如有些人所想的那样彻底崩盘抑或是逐步走下坡路呢？本文认为对这个问题的思考将有助于今后房地产市场的规范化发展。虽然在过去的几年中房地产市场展现出了不完善的一面，但是我们有理由相信，在国内，作为有充足刚性住房需求的房地产业依然会继续稳定地发展下去。怎么控制好房地产的稳定发展对于中国的国民经济有着极为重要的影响，以下通过对个股研究来分析房地产板块的发展前景和存在问题，同时，我们要控制好房地产的风险，用相应的对策去解决其存在的问题，促进整个房地产板块的发展。

一、宏观经济运行分析

（一）总体态势

根据国家统计局日前公布的数据，2013年中国国内生产总值同比增长7.7%，居民消费价格指数同比上涨2.6%，经济运行总体平稳。2014年将是中国全面深化改革的重要一年，继续保持经济的平稳运行，不仅是宏观经济调控的应有之意，更是推动体制改革，为之营造一个宽松宏观环境的迫切要求。当前中国经济的主要特征是需求衰退周期逐渐转换为供给调整周期，并正由高速增长向中高速增长转换。

（二）GDP

2014年我国经济将保持中高速增长，表2-1列示的是2014年第1季度国内生产总值的数据，预测全年 GDP 增速为 7.6%左右，增速较 2013 年回落 0.1 个百分点。预计第一产业增加值增速约为 3.6%，第二产业约为 7.6%，第三产业约为 8.5%。社会总需求与总供给协调增长，经济结构逐步合理，趋于平衡，经济增长来源于需求刺激并使得闲置的或利用率不高的资源得以更充分利用，从而表明经济发展势头良好，证券市场将呈现上升走势。

表 2-1　2014 年第 1 季度国内生产总值

季度	国内生产总值		第一产业		第二产业		第三产业	
	绝对值（亿元）	同比增长	绝对值（亿元）	同比增长	绝对值（亿元）	同比增长	绝对值（亿元）	同比增长
2014 年第 1 季度	128213.0	7.4%	7776.0	3.5%	57587.0	7.3%	62850.0	7.8%

数据来源：国家统计局。

（三）CPI

2014 年 4 月，全国居民消费价格总水平同比上涨 1.8%。其中，城市上涨 1.9%，农村上涨 1.6%；食品价格上涨 2.3%，非食品价格上涨 1.6%；消费品价格上涨 1.4%，服务价格上涨 2.7%。1—4 月，平均全国居民消费价格总水平比去年同期上涨 2.2%。物价总水平仍然在高位运行，物价上涨的中长期压力不容忽视，2014 年将面临更多不确定性（见图 2-2）。

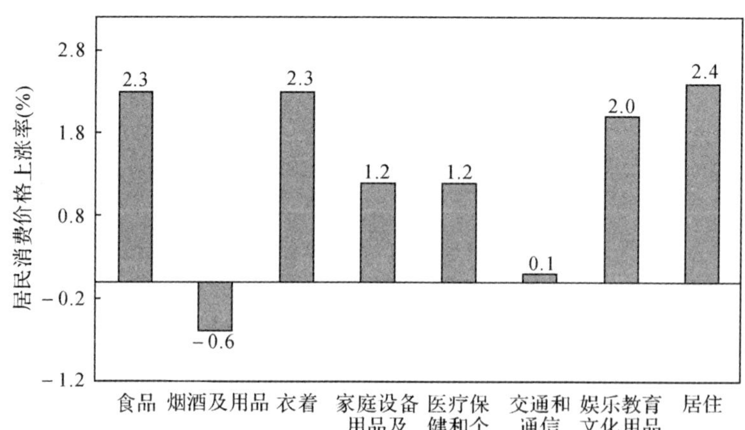

图 2-2　2014 年 4 月份居民消费价格分类同比涨跌幅

数据来源：中国金融信息网。

（四）财政政策

2014年，国家继续实施积极的财政政策，切实做好改善民生各项工作。中央财政预算分别安排教育支出、社会保障和就业支出、医疗卫生与计划生育支出、住房保障支出以及文化体育与传媒支出4133.55亿元、7152.96亿元、3000.05亿元、2528.69亿元和512.29亿元，分别比2013年执行数增长9.1%、9.8%、13.6%、9.0%和9.2%。落实好公租房和廉租房并轨运行工作，多渠道吸引社会资金支持保障性安居工程建设，加大对棚户区改造和农村危房改造的支持力度，推进保障性安居工程预算绩效综合评价工作。

（五）货币政策

2014年，国家继续实施稳健的货币政策，关键是要坚持稳中求进、改革创新，统筹稳增长、调结构、促改革，用好增量、盘活存量，保持稳定的货币金融环境，促使市场主体形成合理和稳定的预期，推动经济结构调整和转型升级，更好地服务实体经济发展。2014年广义货币M2预期增长13%左右，与2013年持平，有利于稳定预期，支持经济持续健康发展，同时也有助于防范通货膨胀，是统筹考虑促进经济增长和保持物价稳定的合理选择。

（六）房地产政策

2014年5月12日，央行召开住房金融服务专题座谈会，要求：(1)合理配置信贷资源，优先满足居民家庭首次购买自住普通商品住房的贷款需求。(2)科学合理定价，综合考虑财务可持续、风险管理等因素，合理确定首套房贷款利率水平。(3)提高服务效率，及时审批和发放符合条件的个人住房贷款。(4)有效防范信贷风险，严格执行个人住房贷款各项管理规定，加强对住房贷款风险的监测分析。(5)建立信息沟通机制，对社会关注的热点问题，及时给予回应。

二、房地产行业分析

（一）市场份额

我国房地产行业起步比较晚，所以房地产企业市场份额一直处于低水平，2012年，市场份额在1%以上的中国房地产企业由5家升至6家；市场份额在2%以上的企业只有万科一家。而美国排名第一的房地产公司市场占有率约为8%,前几名企业总体市场占有率为20%左右。2013年全年,中国房地产百强企业市场份额进一步提升1.7个百分点,达三成;前十名企业占到总体市场份额的12.0%,占百强企业销售总额的39.1%。

(二)市场集中度

行业集中度(CR)一般以某一行业排名前4位的企业的销售额(或生产量等数值)占行业总的销售额比例来度量,表示为CR_4。CR_4越大,说明这一行业的集中度越高,市场越趋向于垄断;反之,集中度越低,市场越趋向于竞争。

计算公式为:

$$CR_n = \frac{\sum (X_i)_n}{\sum (X_i)_N}(N > n)$$

表2-2 2013年中国房地产销售额百亿企业榜

序号	销售额1000亿元以上企业名称	销售额(亿元)
1	万科企业股份有限公司	1776
2	上海绿地(集团)有限公司	1625
3	保利房地产(集团)股份有限公司	1251
4	中国海外发展有限公司	1103
5	恒大地产集团有限公司	1073
6	碧桂园控股有限公司	1068
序号	销售额500亿~1000亿元企业名称	销售额(亿元)
7	大连万达商业地产股份有限公司	844
8	华润置地有限公司	688
9	世茂房地产控股有限公司	683
10	绿城集团	660

数据来源:中商情报网。

表2-2列示了2013年中国房地产销售过百亿企业的销售额。2013年全国商品房销售额81428亿元。由上式计算得2013年房地产企业销售额集中度为:CR_4=0.070675935=7%,CR_8=0.115783269=11.6%。可以看出市场集中度仍处于很低的水平,远远未达到寡头垄断的程度。

对比美国贝恩市场结构分类标准可知,我国房地产业市场结构属于竞争型,要达到独占V型还有很长一段距离，这表明我国的房地产市场有很强的竞争性。

（三）开发投资完成情况

2013年以来，整体开发投资增速呈现回落趋势（见图2-3）。2014年1—4月份，全国房地产开发投资22322亿元，同比增长16.4%，增速比1—3月份回落0.4个百分点。其中，住宅投资15299亿元，增长16.6%，增速回落0.2个百分点，占房地产开发投资的比重为68.5%。

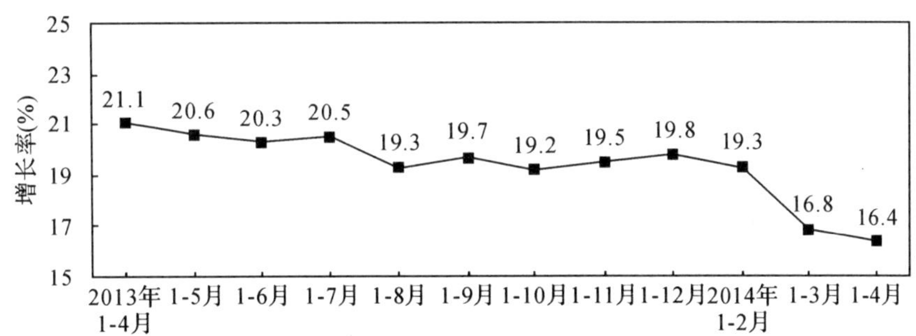

图2-3　全国房地产开发投资增速

数据来源：搜狐证券。

（四）行业壁垒

由于在我国房地产市场几乎不存在沉没成本，也无政策法规障碍和契约壁垒，因此主要分析房地产市场的进入壁垒。以下从资金壁垒、政策壁垒两个方面进行论述。

资金壁垒：房地产业是典型的资金密集型行业，项目的开发一般在几亿元至几十亿元，甚至上百亿元之间。潜在的房产开发商若想进入房地产市场，必须拥有足够的资金，或者能够筹集到进行房产项目开发所必需的最低资本。近两年，随着国家对房地产市场的宏观调控，已有部分中小企业由于融资困难或资金链断裂而退出房地产领域。而且随着经济发展，房地产行业的资本密集趋势日益增大，致使一些实力弱小的企业更难进入房地产行业。

政策壁垒：在我国，政府对土地的出让方式有拍卖、招标和协议三种，拍卖与招标方式较为公平，而协议出让方式较为特殊，由地方政府与开发企业采用协议方式有偿转让特定项目的土地使用权，这种方式无竞争因素，完全取决于开发企业与政府的行为，容易滋生权钱交易的“腐败”现象。在这种情况下，土地资源得不到有效配置，土地的获取也成为房地产企业最大的进入壁垒。

(五)行业景气度分析

房地产行业在2013年景气指数有所回升,但都在100以下,表明房地产行业仍处在不景气的状态中(见表2-3)。景气指数都在97左右,且涨跌幅都未超过10%,表明房地产行业发展比较平稳。2014年4月,房地产开发景气指数为95.79,环比下降0.61点,达到了2013年以来的最低值。业内预测,销售的持续低迷还会带动资金、新开工及房地产投资等多个指标持续下滑,最终或降至95以下的低位。

表2-3 房地产行业景气指数

截止日期	指数	涨跌额	涨跌幅(%)
2014-04-30	95.79	−0.61	−0.63
2014-03-31	96.40	−0.51	−0.53
2014-02-28	96.91	−0.30	−0.31
2013-12-31	97.21	0.83	0.86
2013-11-30	96.38	−0.50	−0.52
2013-10-31	96.88	−0.37	−0.38
2013-09-30	97.25	−0.04	−0.04
2013-08-31	97.29	−0.10	−0.10
2013-07-31	97.39	0.10	0.10
2013-06-30	97.29	0.03	0.03
2013-05-31	97.26	0.00	0.00

数据来源:凤凰财经。

从目前的市场来看,房价降价预期已经形成,购房者观望明显,短期内难以消退,销售的持续低迷还将带动资金、新开工以及房地产投资等多个指标继续下滑,如果没有新的房地产利好政策推动,房地产开发景气指数降低至更低位恐怕在所难免。业内进一步预测称,由于房地产行业上下游关联产业众多,二季度的宏观经济增速有可能受到一定程度的影响。

三、典型公司分析

我们将房地产板块的128家公司按市值分为三类,分别选取其中一家,对它们的2013年年报和2014年一季报进行了比较分析(见表2-4)。

表 2-4　房地产板块分类表

公司分类	分类标准	样本数量	样本公司
一线公司	总市值 250 亿元以上	8	万科 A、保利地产、金地集团、华侨城 A、外高桥、华夏幸福、陆家嘴、招商地产
二线公司	总市值 80 亿～250 亿元	17	泛海控股、荣盛发展、新湖中宝、金融街、世茂股份、浦东金桥、中国国贸、张江高科、新华联、首开股份、大名城、中华企业、北辰实业、泰禾集团、苏宁环球、滨江集团、金科股份
三线公司	总市值 80 亿元以下	103	其他公司

数据来源：同花顺。

（一）万科

万科股份有限公司成立于 1984 年 5 月，以房地产为核心业务，是首批公开上市的企业之一，公司现为国内规模最大的地产开发商。

主营范围包括：兴办实业（具体项目另行申报）、国内商业、物资供销业（不含专营、专控、专卖商品）、进出口业务、房地产开发。控股子公司主营业务包括房地产开发、物业管理、投资咨询等。

1. 市场占有率

2013 年万科实现销售面积 1489.9 万平方米，销售金额 1709.4 亿元，同比分别增长 15.0%和 21.0%。2013 年全国商品房销售总额为 81428.3 亿元，万科在全国的市场占有率为 2.09%。2014 年第一季度，公司累计实现销售面积 415 万平方米，销售金额 542.3 亿元，较 2013 年同期增长 11.7%和 24.2%，万科市场份额达 2.1%，相较于 2013 年有所增加，这可能与其增加了新项目有关系。虽然万科目前的市场份额只有 2.1%，但是在全国 700 多个城市中，万科已进军了其中的 60 个，也就是说，万科还是具有较好前景的。

2. 盈利能力

ROE 分析：ROE 代表了对股东的回报，反映了股东每一元钱的投入会带来多少的利润，ROE 越高，说明公司的盈利能力越强。ROE 的公式如下：

$$ROE=净利润/股东权益$$

表 2-5 显示，2013 年与 2012 年 ROE 并无明显差异，可以说 2013 年盈利能力还是比较好的。而 2014 年首季度与 2013 年同期相比净利润明显减少，

ROE 减少了 0.38 个百分点，盈利能力降低。

表 2-5 万科各年度财务指标

年度	股东权益(元)	净利润(元)	ROE(%)
2012 年	63825553925.30	12511303092.59	19.60
2013 年	76895983339.70	15118549405.78	19.67
2014 年第一季度	73543695950.63	1529479377.61	2.08
2013 年第一季度	65578003059.72	1613904228.33	2.46

表 2-6 万科盈利能力绝对指标分析表

年度	营业利润率(%)	加权净资产收益(%)	每股收益(元)	每股净资产(元)
2011 年	21.9596	19.8300	0.8800	4.8174
2012 年	20.3780	21.4500	1.1400	5.8049
2013 年	17.9158	21.5400	1.3700	6.9800
2014 年第一季度	21.2457	1.9700	0.1400	6.6767
2013 年第一季度	17.1100	2.4900	0.1500	5.9600

从表 2-6 可以看出，万科营业利润率逐年下降，但是 2014 年首季度开始上升且比 2013 年同期上涨，说明企业盈利能力转好；每股净资产逐年增加，说明企业盈利能力增强。总体来说，万科的盈利能力较强。

作为房地产的龙头老大，虽然房地产现状不景气，但自身实力雄厚，所以依然有长期持有的价值。行业低迷时期，龙头企业抗风险能力较强。龙头企业对政策的把控能力、融资能力以及管理能力均位于行业领先地位，在行业低迷时期可实现稳健过渡，具备较强的安全边际。

3. 技术分析

图 2-4 为万科 2014 年 2 月至 5 月 16 日的 K 线图。从图中可以看出自 2 月 26 日开始，股价由较低点的 6.52 元涨到 8.40 元，近期股价较为平稳，5 日均线与 10 日均线在 5 月 16 日发生黄金交叉，有上涨趋势，可以买入。

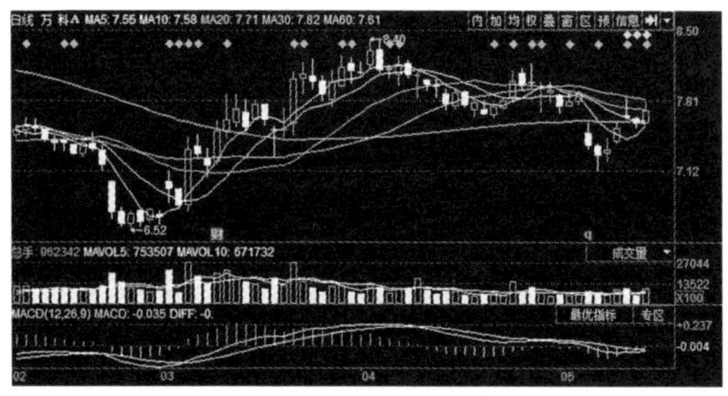

图 2-4　万科 K 线图

综上分析，我们给出的投资建议是买入并持有“万科”。但需要关注的风险是：宏观经济增速低于预期、信贷持续收紧和销售下滑。

（二）中南建设

公司前身是大连金牛股份有限公司，于 1999 年 12 月 8 日向社会募集公开发行人民币普通股 10 亿股，并在上海证券交易所上市。2009 年 7 月 10 日大连金牛股份有限公司在江苏省南通工商行政管理局办理完成公司名称变更手续，公司名称变更为“江苏中南建设集团股份有限公司”。

公司的主营业务为房地产开发、销售，物业管理（以上凭资质经营）及房地产、土木建筑工程、批发零售、服务、交通运输等行业投资。

1. 市场占有率

中南建设现在的项目布局主要集中在二三线城市。下一阶段，中南建设将巩固二、三线城市，拓展一线城市，选择性地进入优质四线城市。对于所进入的城市，中南建设的目标是至少排名前三、争夺第一；目前它在一半以上城市实现了第一，在绝大多数城市能排到前三，部分市场占有率达到 30%。

从全国范围看，2013 年公司房地产全年实现预售收入 156.5 亿元，全国商品房销售总额为 81428.3 亿元。按此标准计算，2013 年中南建设在全国的市场占有率为 0.19%。2014 年一季度，全国商品房销售额为 1.3 万亿元，而中南建设实现营业收入 44.6 亿元，在全国市场占有率为 0.34%。

今年第一季度与去年同期相比，在房地产总体销售低迷的情况下，中南建设的市场占有率有所增加，可以说它的销售情况还是比较好的。

2. 盈利能力

根据计算得出的 ROE，2013 年相比 2012 年减少了 0.31 个百分点（见表 2-7），可见 2013 年盈利能力较 2012 年降低。而 2014 年首季度与 2013 年同期相比，ROE 相差不大。

表 2-7　中南建设各年度财务指标

年度	股东权益(元)	净利润(元)	ROE(%)
2012 年	6473554549.81	1032157935.59	15.94
2013 年	7736538226.64	1209382865.66	15.63
2014 年第一季度	7924291550.63	187753323.99	2.37
2013 年第一季度	6634513065.44	160958515.63	2.43

表 2-8　中南建设盈利能力绝对指标分析表

年度	营业利润率(%)	加权净资产收益(%)	每股收益(元)	每股净资产(元)
2011 年	11.40	15.33	0.80	4.65
2012 年	12.11	17.35	0.88	5.54
2013 年	11.45	17.20	1.04	6.62
2014 年第一季度	6.06	2.79	0.16	6.78
2013 年第一季度	10.45	2.46	0.14	5.68

从表 2-8 可以看出,中南建设 2012 年的营业利润率大于 2011 年和 2013 年,说明企业在 2012 年成本费用控制好、盈利能力强,而 2013 年有所减少。同时,每股收益以及每股净资产逐年增加,说明企业盈利能力增强。总体来说,中南建设的盈利能力较好。

3.技术分析

图 2-5 为中南建设 2014 年 1 月至 5 月 16 日的 K 线图。从图中可以看出中南建设在 1 月 20 日股价上涨迅速,在 2 月 13 日后又有所下降。在 5 月 13 日时,5 日均线和 10 日均线产生黄金交叉,且具有上涨动力。

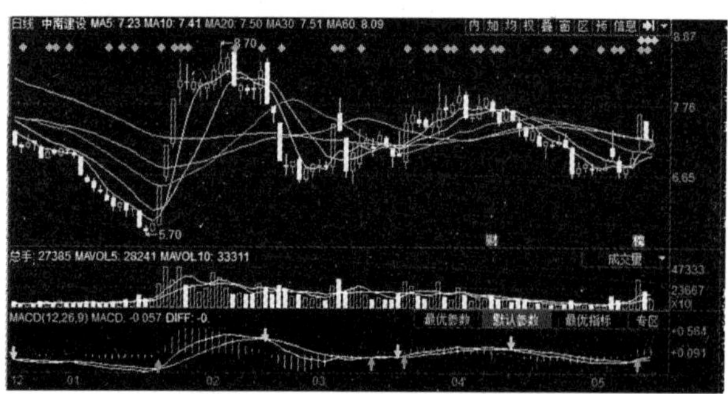

图 2-5　中南建设 K 线图

综上分析，我们给出的投资建议是买入并持有“中南建设”。但需要关注以下风险：企业现金紧张、短期偿债能力弱。

（三）亿城投资

公司系由大连渤海饭店集团公司等三家机构于1993年共同发起成立，以发起人经营性资产和现金投入折为国家股2080万股、法人股600万股，定向募集职工股750万股；1994年12月将渤海集团土地使用权折为国家股320万股；1996年10月22日首次上网定价发行，上市时总股份5000万股。

公司的主营范围是房地产、场地出租、摊位出租；饮食服务业（限分公司经营）、住宿（限分公司经营）；国内商业、物资经销；广告、咨询服务、展览服务。

1. 市场占有率

亿城投资2013年实现营业收入约25.9亿元，同比增长1.3%，实现归属于上市公司股东的净利润约2.1亿元，同比下降34.8%。公司部分结算项目利润率较低，导致净利润同比明显下滑。年报显示，利润率下降主要受行业调控及产品去化速度影响。公司长期以来坚持华府系列产品线偏中高端定位，受调控政策冲击较大，市场份额日渐萎缩。

亿城投资增资后预计持有渤海信托27.93%的股权，对应净利润约1.4亿元，相较于2013年亿城股份约2.1亿元的净利润，渤海信托未来的财务贡献非常可观。未来，亿城股份将逐步减少房地产开发业务，背靠海航集团大踏步向金融投资平台转型，完成从开发商到投资商的角色转变。

2. 盈利能力

根据计算得出的ROE，2013年比2012年大幅降低，可以说2013年盈利能力较弱（见表2-9）。2014年首季度相比2013年同期也大大降低，说明盈利能力并不理想。

表2-9 亿城投资各年度财务指标

年度	股东权益（万元）	净利润（万元）	ROE（%）
2012年	389221.14	32188.91	8.27
2013年	424008.14	21353.92	5.03
2014年第一季度	425716.38	1708.24	0.40
2013年第一季度	398124.73	8903.59	2.23

表 2-10　亿城投资盈利能力分析

年度	营业利润率（%）	加权净资产收益（%）	每股收益（元）	每股净资产（元）
2011 年	24.32	10.05	0.30	3.02
2012 年	17.51	8.27	0.27	3.26
2013 年	9.97	5.38	0.15	2.96
2014 年第一季度	11.71	0.40	0.01	2.97
2013 年第一季度	21.48	2.26	0.07	3.34

从表 2-10 可以看出，亿城投资 2012 年的营业利润率和成本费用利润率逐年降低，企业竞争力下降，成本费用控制不强；同时，净资产收益率、每股收益以及每股净资产变化不大，说明企业盈利能力一般。

3. 技术分析

图 2-6 为亿城投资 2014 年 1 月至 5 月 1 日的 K 线图。从图中可以看出亿城投资自 4 月 14 日起股价一路下滑，虽至 5 月中旬止跌企稳，我们还是应当持观望态度。

图 2-6　亿城投资 K 线图

综上分析，我们给出的投资建议是：观望。

四、结论

对于龙头企业：从年报和季报看，地产板块业绩成长性一路下滑，一季度板块净利润已转为负增长5%，整体毛利率和净利润率逐年下滑。值得注意的是，今年一季度板块整体资产负债表快速恶化，已进入高风险区域，随着销售进一步放缓，部分高杠杆房企资金链问题堪忧。与中小房企相比，一线公司优势突出，有望成为危机中的整合者。

对于中小企业：目前房地产行业竞争格局已基本定型，大公司竞争优势非常突出，留给小公司的空间越来越小。总体来说，中小企业竞争不过龙头企业，但是从中南建设来看，二、三线及以下城市说不定会是中小企业的发展机会。

对于整个行业：对于房地产产业的不稳定发展，需要加强金融监管，促进金融市场建设。在房地产板块中，需要加强内部控制，调整期内不应该追求短期效益，应该确保经营的稳定性，从而促进整个房地产板块的发展。要改善整个房地产板块资金整体紧张的局面，加强股权融资，改善整个行业的现金流状况，结合政府的宏观调控政策，适时地进行阶段性的调整。

周雅丽、冯薇、蒋素玲、蒋烨、徐雅、周云　国际经济与贸易2011级

房地产行业兴衰是近年来的热门话题。学生选择这一行业板块进行分析较有价值。在框架搭建上，宏观经济—行业本身—典型上市公司的研究脉络符合逻辑；在对行业分析方法的选择上，采用了市场集中度分析、行业景气度分析等常用方法，较为合理。最后，典型公司分析从基本面和技术面分别展开，使得分析更加全面、可信。

不足之处是对行业本身的分析不够深入，如行业的生命周期、行业地位、产业政策等未予以很好体现，而且篇尾未注明参考文献。

总体来说态度认真，掌握了一定的行业分析方法，值得肯定。

案例二 个股研究报告

云南白药股份有限公司投资分析报告

云南白药股份有限公司前身是成立于1971年6月的云南白药厂，1993年5月进行股份制改组，同年12月15日在深交所上市(股票简称为“云南白药”，股票代码000538)。1996年10月经临时股东大会会议讨论决定更名为云南白药集团股份有限公司。该公司是云南最大的中成药生产企业，是中国中成药五十强之一，1997年被确定为云南省首批重点培育的四十家大企业、大集团之一。

一、当前宏观经济及未来发展趋势

(一)国内形势

首先，我国发展长远的动力虽然在加强，但是仍很弱，2011年我国经济增长率从一季度的9.3%下降到四季度的8.9%，从这个趋势看，经济增长的动力有逐渐衰减的趋势。今年一季度，经济增长率继续下降到8.1%，增长动力似乎还在减弱，但工业增长率去年四季度是13.3%，今年一季度是14.4%，有明显增强，所以经济增长的动力是有所恢复的。今年以来，政府宏观调控的重点在于反通胀，但反通胀的相关措施也会削弱增长动力，目前这种情况虽然还不显著，但是如果继续加大反通胀的力度，在增长动力已经很弱的背景下我们对投资就应该慎重了。

其次，我国目前的通胀不是货币供给过量的结果，而是由输入型通胀、食品推动的结构型通胀，以及由工资推动的成本推进型通胀等复合因素形成的。这三类通胀的共同特点，都是首先导致企业生产成本上涨，然后企业为保住利润水平，以提价方式向市场释放成本上涨压力，所以这三种通胀，又都可以归结为成本推进型通胀。

最后，输入型与结构型等通胀类型，不会导致恶性通胀，在通胀“破5”之后，政府之所以下决心即使牺牲部分增长也要压住通胀，很大程度上是担心未来的通胀会失去控制，会演变成年率超过10%的恶性通胀过程，其实这样的担心是不必要的，因为由输入、食品与工资所推动的“成本推进型通胀”，与由于货币超发所形成的“需求拉上型通胀”是不同的通胀类型，所以不可能演变成恶性通胀。

（二）国际形势

在次贷危机和欧债危机爆发后，美国及其他西方经济体一直在低谷中徘徊，失业率居高不下，使支撑庞大衍生金融品大厦的基础结构，即那些房贷、车贷、学生贷款、消费贷款等，有更多的人无力偿还；另外，北非动乱是美国金融危机的延续。欧洲始终是美国的心腹之患，如果主权债务危机打不倒欧元，北非动乱也不能动摇欧元的根基，那么下一步制造动乱的方向，可能就是东欧了，这就深入到了欧洲的腹部，必然会对欧洲社会与经济产生重大影响。

未来十年是中美关系的新阶段。中国不仅需要美国的市场，更重要的是中国需要美元这个目前唯一的世界货币，因为中国由于自身资源条件的限制，经济发展越快，对世界资源的依赖程度就越高，越需要一个稳定的世界货币。

二、行业背景分析

医药行业是一个多学科先进技术和手段高度融合的高科技产业群体，集一、二、三产业为一体，是传统产业和现代化产业的结合。医药行业不但与人们的生命健康息息相关，而且是国民经济的重要组成部分，被称为“永远的朝阳产业”，随着人民物质生活水平的提高、人口老龄化的加快、全社会公共卫生体系建设以及医疗体制改革的深化，我国医疗卫生服务的需求将越来越大，据有关专家估计，到2020年我国可能成为仅次于美国的全球第二大医药市场。

医药行业属于防守型行业。从本质上讲，医药行业是与生命科学紧密相关的产业，因此，它不存在成熟期，是一个永远成长和发展的行业。在世界范围内，医药行业的发展速度一般高于其他行业，而且较少受经济危机影响，在世界经济中占有重要位置。当国家经济良好时，个人收入增长将拉动个人药品需求增加；但在相反情况下，由于药品的需求价格弹性较低，因此药品需求并不会有大幅度减少，这在国家经济不景气时表现得尤为明显。国际经验表明，由于医药行业受宏观基本面的影响较小，在国家经济处于不景气周期时，医药行业上市公司的市场表现一般要优于其他行业。

医药行业的特征主要有：高技术性、高投入、高风险、高收益、市场进入壁垒高、相对垄断等。其中，高技术体现在医药行业是一个多学科先进技术和手段高度融合的高科技产业群体；高投入指医药产品的早期研究和生产过程GMP（药品生产质量管理规范）改造，以及最终产品上市的市场开发，都需要资本的高投入；相对垄断是指医药制造业从根本上说，是被以研究开发为基础的大制药公司所垄断，并且这种垄断有进一步加强的趋势。

从医药需求前景来看，目前，我国人均用药水平与发达国家相比相差甚远。随着我国人口的自然增长、老龄化比例的加大、国民经济的持续增长、医疗体制改革及药品分类管理的实施，我国医药行业将持续高速增长。此外，“十二五”规划中对医药行业的扶持和新医改还带来了扩容机遇。“十二五”期间，我国医药行业的发展重点是着重于内涵发展，着眼于技术创新和提高水平、提高质量；投资的重点在于促进结构升级，总体上不追求数量的扩增；重点发展中药、生物工程药物和优势化学原料药。随着我国宏观经济的持续向好及国家基本药物和基本医疗保险药物目录的推行，医药行业将会得到更好的发展。按照这一规划目标，预计“十二五”期间，我国药品需求年均递增速度可达到12%左右。

因此，中医药行业必然吸引大量投资资金，成为21世纪企业投资的一个重要方向。

三、公司基本面分析

（一）公司简介

1902年，彝族名医曲焕章先生集中华传统医学与民族医药之大成，创制云南白药。云南白药问世百余年来，不仅拯救了无数大众百姓的生命，而且在北伐、长征、抗日战争、解放战争等关系中国命运的重大历史事件中发挥了极大的作用，享有“伤科圣药”“药冠南滇”的美誉。

近十年来，云南白药集团业务持续高速增长。主营业务收入复合增长率高达43%，净利润复合增长率34%，利税复合增长率33%。公司业绩突出、盈利能力极强，被媒体和基金经理评为最具发展潜力的公司之一。2011年12月31日公司市值高达360.95亿元，是1993年上市之初的130多倍，稳居医药类上市公司之首。

（二）产品结构

云南白药集团目前涉足中西药原料/制剂、个人护理产品、原生药材、商业流通等领域，产品以云南白药系列和天然药物系列为主，共19个剂型、300余个品种，是拥有两个国家一级中药保护品种（云南白药散剂、云南白药胶囊）、83项自有产品和技术专利的大型现代化制药集团。2011年公司规模、资产运行质量、收益率等指标继续保持行业领先水平。

2002年，“云南白药”（中药）商标被国家工商管理总局认定为中国驰名商标。公司的4个“中央产品”——云南白药胶囊、散剂、云南白药气雾剂和宫血宁胶囊主要定位于3个细分市场：跌打损伤用药、手术止血和妇科用药（消炎）。依照公司的设想，云南白药牙膏塑造口腔科医生的形象，而金口健则突现口腔美容师形象，这两个品牌的树立将有助于未来一系列产品的推出。公司未来三年将大力发展大健康产品。

（三）市场竞争

我们将采用波特五力模型来分析云南白药现在面临的竞争：

1.现有企业间的竞争——中药止血药物的竞争

中药止血类药物是公司的重要产品，主要的竞争对手有西药止血药和其他中药止血药。西药针剂止血快，效果明显，大多数内出血住院病人还是首选西药针剂，而公司的白药胶囊、宫血宁一般处于辅助地位，用于康复期病人或者慢性出血病人优势更明显。总的来说，白药产品因为有多种替代品的存在，而且急危重病人不可能将其作为首选药，因此在医院里面并不具备竞争优势。

2.新进入企业的威胁

医药行业的进入门槛相对来说较高，它属于资本和技术密集型产业，其壁垒较高。但相对较高的收益率和国内市场的不成熟性决定了存在潜在进入者的可能性，包括加入WTO后国际性大企业将以多种形式进入多个领域，国内有实力的集团企业或上市公司凭借雄厚的资金实力，通过兼并收购或参股的方式介入多个领域和具备先进技术和开发实力的科研机构，以产品转化的方式进入。

3.替代产品的威胁

云南白药现在还没有完全替代品，所以这部分的竞争压力还是很小的，主要是指本领域内的新产品可能带来一定的威胁。

4.购买者的议价能力

日化产品和非处方白药系列，由于消费者消费数量、金额有限，对白药的生产、分销成本毫不知情，所以一般消费者议价能力很弱。

5.供应商的议价能力

公司建立了云南白药文山三七种植基地，实现了原材料的部分整合，但是由于供方中药种植的集中程度不高，采购的范围可以很广，白药集团形成了专门的原材料采购部实行大批量采购，白药集团有进一步整合原材料资源的能力。药材生产对白药生产的制约仍很大，因此，公司有必要进一步加大对原材料的掌控。

（四）股本结构

从云南白药股本结构来看，云南白药股份有限公司是值得价值投资的优质股。从表 2-11 可以看到，截至 2010 年 12 月 31 日，云南白药前十名无限售条件股东持股总份额为 62.61%，如果考虑中国有限售条件股东，则前 10 名股东的持股总份额为 71.38%。值得一提的是，云南白药前十名无限售条件股东中有一个是外资，UBS AG 即瑞士银行，外资持股这种现象一方面表明外资对于我国优秀的民族产业很看好，另一方面表明云南白药股份有限公司是价值投资的优质股。

表 2-11　云南白药前十名无限售条件股东持股情况

股东名称	持有无限售条件股份数量(股)	占比(%)	股东性质
云南白药控股有限公司	288284398	41.52	国有法人
云南红塔集团有限公司	85558086	12.32	国有法人
中国银行——大成蓝筹稳健证券投资基金	18200000	2.62	基金、理财产品等其他
融通新蓝筹证券投资基金	11806399	1.70	基金、理财产品等其他
中国建设银行——国泰金鼎价值精选混合型证券投资基金	7400000	1.07	基金、理财产品等其他
中国工商银行——华安中小盘成长股票型证券投资基金	5790000	0.83	基金、理财产品等其他
通乾证券投资基金	4780075	0.69	基金、理财产品等其他
中国工商银行——嘉实策略增长混合型证券投资基金	4511706	0.65	基金、理财产品等其他
上海浦东发展银行——嘉实优质企业股票型开放式证券投资基金	4327852	0.62	基金、理财产品等其他
UBS AG	4085466	0.59	基金、理财产品等其他
前 10 名股东持股份额合计		62.61	
中国平安人寿保险股份有限公司——自有资金	65000000	9.36	
前十名持股情况(除 UBS AG)		71.38	

四、公司财务分析

能否到期偿债是企业生存的根本问题，偿债能力是决定企业财务状况的重要因素之一。下面从短期和长期两个方面来分析云南白药的偿债能力。

（一）短期偿债能力

1. 流动比率

流动比率是公司流动资产与流动负债的比值。云南白药 2004—2011 年流动比率如表 2-12 所示。

表 2-12 云南白药 2004—2011 年流动比率和速动比率

年份	2011	2010	2009	2008	2007	2006	2005	2004
流动比率	2.21	2.10	2.29	2.60	1.80	1.80	1.85	1.88
速动比率	1.15	1.20	1.53	1.84	1.08	1.15	1.11	0.82

注：根据公司历年财务报表计算得到。

云南白药的流动比率为 1～2.5，说明短期偿债能力较强。在短期偿债能力的分析中，流动比率是一个重要指标，该指标保持在 2 较为合适。通过对该公司流动比率的分析可知，该公司历年来的流动比率为 1～2.5，而中国医药制造业的平均流动比率为 1.22。该指标虽有小幅波动，但总体趋势还算稳定。流动比率可以衡量公司流动资产在短期债务到期前可以变为现金，并用于偿还流动负债的能力。通过数据的比较可知，云南白药的流动比率大大高于行业平均水平，企业可适当减少现金持有量，扩大投资，提高资金的利用率。

2. 速动比率

云南白药 2005—2011 年速动比率都高于 1，企业的短期偿债能力非常强。企业该指标与流动比率都能说明企业的短期偿债能力的强弱。企业该指标保持在 1 为好，过大、过小都有负面的影响。云南白药 2005—2011 年速动比率都高于 1，只有 2007 年接近于 1，企业的短期偿债能力非常强，但是大量持有流动资产会导致企业资源未得到充分利用，影响了企业的获利能力。数据显示 2010 到 2011 年有一些回落，这说明云南白药的存货资产在逐步减少，资源利用率得到很大的提升。

（二）长期偿债能力

1. 资产负债率

首先来看资产。为保证长期债务的安全性，企业必须有较为合理的资产结构。图 2-7 为 2011 年云南白药财务报告中的资产结构数据。从中可见云南白药属于稳健型资本资产结构。从图 2-7 中可以看出，资产中流动资产比重大，高于行业平均比重；从历年该公司的财务报表看，公司的流动资产包括货币资金、交易性金融资产、应收账款、预付账款、其他应收款和存货，等等。其中交易性金融资产和存货占了很大的比例。交易性金融资产是长期筹资而得，所以风险较小，属于稳健型资本资产结构。

科目	金额（亿元）	占比（%）
流动资产	80.30	82.00
长期投资	0.30	0.31
固定资产	10.20	10.42
无形资产	2.43	2.47
其他	4.70	4.80
资产合计	97.93	100

注：根据公司 2011 年财务报表得到。

云南白药资产结构图

流动资产
长期投资
固定资产
无形资产
其他

图 2-7　2011 年年末资产结构

其次来看负债。根据 2011 年年末最新数据得知（见图 2-8）：截至 2011 年 12 月 31 日，云南白药的负债总额为 39.5 亿元，其中长期负债比例很低，仅为 4.9%。而现在公司总体的资产负债率为 40.30%，属于债务风险可控型。

科目	金额（亿元）
长期负债	1.94
流动负债	37.50
其他	0
负债合计	39.44

注：根据公司 2011 年财务报表得到。

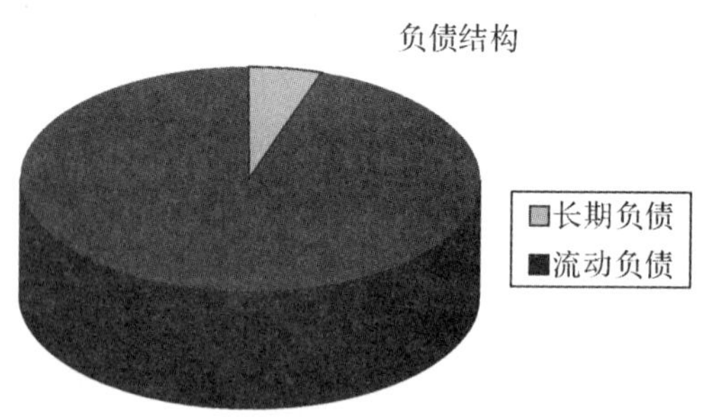

图 2-8　2011 年年末负债结构

2.股东权益比率

表 2-13 2004—2011 年云南白药资产负债率及股东权益比率

年份	2011	2010	2009	2008	2007	2006	2005	2004
负债总额(亿元)	39.40	32.20	23.80	17.50	14.40	10.40	7.07	5.30
资产总额(亿元)	97.93	76.30	60.10	49.40	28.60	21.90	16.00	12.70
资产负债率(%)	40.23	42.20	39.60	35.43	50.35	47.49	44.19	41.73
股东权益比率(%)	59.77	57.80	60.40	64.57	49.65	52.51	55.81	58.27

从股东权益比率来说(见表 2-13),云南白药的财务结构属于低风险型。股东权益与资产总额的比率为股东权益总额/(股东权益总额+负债总额)。在数值上等于 1 减资产负债率,所以得知 2011 年股东权益比率为 61.06%。股东权益比率反映的是所有者提供的资本在总资产中的比重,能说明公司基本财务状况是否稳定。云南白药的股东权益比率相对于行业水平来说比较高,是低风险的财务结构。

(三)经营效率分析

从主营业务同比增长率来说(见表 2-14),云南白药在中药行业中处于比较有利的地位。我们选取九芝堂和浙江医药与云南白药作对比,在主营业务的增长率方面,云南白药的增长率相对于九芝堂和浙江医药总体较高且比较平稳。但相对于 2010 年,2011 年的增速有所放缓。浙江医药的主营业务增长率的幅度相对变化较大,而九芝堂则普遍处于低缓的状态(见图 2-9)。

表 2-14 2004—2011 年云南白药、九芝堂和浙江医药的主营业务增长率

年份	2011	2010	2009	2008	2007	2006	2005	2004
云南白药主营业务收入(亿元)	113.00	101.00	71.10	57.20	41.20	32.00	24.50	18.30
云南白药主营业务同比增长率(%)	12.28	40.49	25.31	39.06	28.60	30.71	33.62	36.25
九芝堂主营业务同比增长率(%)	2.44	1.19	0.74	7.52	8.20	−9.88	2.73	0.38
浙江医药主营业务同比增长率(%)	5.87	8.95	11.24	70.27	0.56	15.55	36.29	22.06

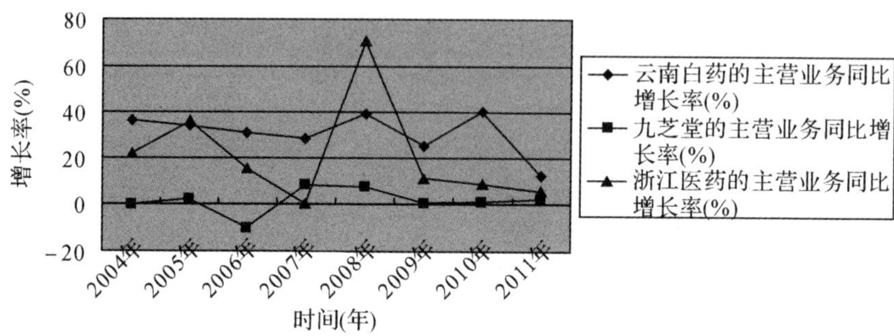

图 2-9 云南白药、九芝堂和浙江医药主营业务增长率对比

(四)盈利能力分析

云南白药销售毛利率稳定增长。从表 2-15 可以看出,云南白药的销售毛利率从 2004 至 2011 年始终保持在 30%左右,处于行业的平均水平以下。相比较而言,九芝堂的销售毛利率可以达到 40%~60%,利润空间比较大;而浙江医药的销售毛利率在 2010 年开始急剧上升,达到行业的平均水平(见图 2-10)。因此,我们得出结论:云南白药的利润空间不是很大,但始终很稳定,可以作为长期投资的对象。

表 2-15 2004—2011 年云南白药、九芝堂和浙江医药的销售毛利率

年份	2011	2010	2009	2008	2007	2006	2005	2004
销售收入(亿元)	113.00	101.00	71.10	57.20	41.20	32.00	24.50	18.30
销售成本(亿元)	79.13	70.22	49.52	39.55	28.43	22.73	17.65	12.73
销售毛利率(%)	29.97	30.48	30.35	30.84	30.99	28.97	27.96	30.46
九芝堂的销售毛利率(%)	53.59	57.47	59.55	55.93	50.95	43.56	38.47	38.98
浙江医药的销售毛利率(%)	45.22	44.57	15.62	17.14	19.83	13.62	13.17	22.66
行业平均水平(%)	44.33	44.57	43.90	41.99	40.05	37.09	36.82	36.73

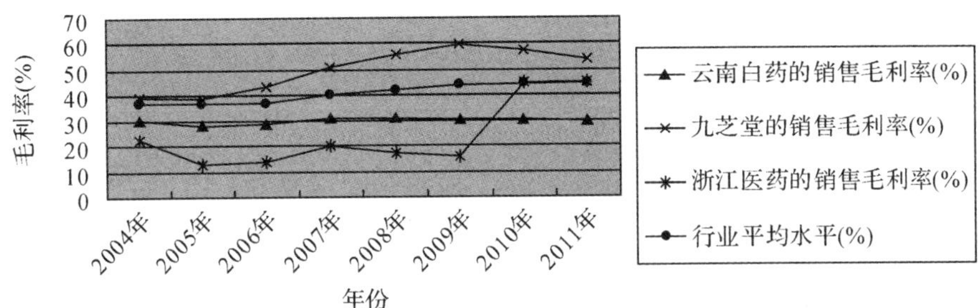

图 2-10 云南白药、九芝堂和浙江医药销售毛利率对比

(五)投资收益分析

云南白药的市盈率与同行业相比处于弱势。表 2-16 反映的是每股市价与每股盈余的比值,反映投资者为获得每股盈余所付出的成本。一般来说,该指标值越低说明股价上涨的潜力越大。目前,云南白药的市盈率为 31.24 倍,与同行业的其他上市公司相比,上升压力大,但与医药行业的历史发展水平来说,处于低位,所以仍可以继续投资(见图 2-11)。

表 2-16 几家医药上市公司的市盈率及行业排名(2012 年 5 月)

	浙江医药	华润双鹤	中新药业	复星医药	国药一致	云南白药
市盈率(倍)	9.83	11.81	12.89	13.93	14.18	31.24
行业排名	1	2	3	4	5	59

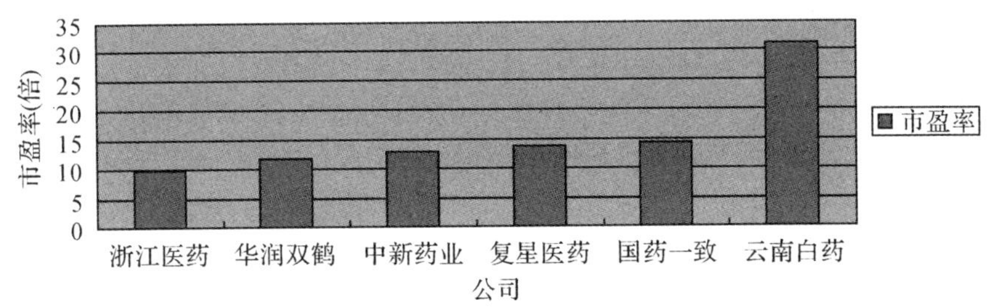

图 2-11 医药上市公司的市盈率对比(2012 年 5 月)

五、技术分析

(一)短期 K 线形态

云南白药的股价短期看跌。2012 年 5 月 9 日的 K 线(见图 2-12)显示,当天阴线实体较长并且几乎没有下影线,成交量较前几天有所减少但没有萎缩。5 月 7 日至 9 日的三根 K 线展示了黄昏之星的 K 线形态,表明买方力量现阶段较弱,市场处于空头阶段,股价短期见顶。另外,从 K 线图中可以看出一条不太明显的压力线,5 月 9 日的 K 线已触及压力线,虽然伴随的成交量不是很多但也不至于萎缩,压力线的判定仍具有一定的参考价值。通过分析 MACD 指标,可以发现短期内将出现死叉,KDJ 指标中 5 月 9 日的 K 值为 72,D 值为 81,BOLL 指标中 K 线处于上轨线附近,可初步判定股价短期看跌。

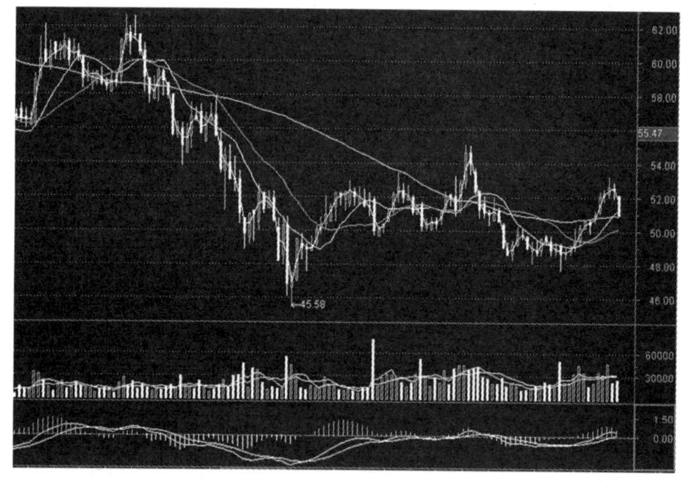

图 2-12　云南白药股价走势

(二)长期 K 线形态

云南白药的股价中长期看涨。从长期 K 线图来看,MA 从下降开始趋于平缓,且股价自下而上穿越 MA,长期看涨。2012 年 1 月至 5 月可以看作是一条平行轨道,其中 3 月 15、16 日的上涨和 3 月 3 日至 7 日的股价加速上涨均可作为轨道线的顺势突破,但这种上涨属于消耗性上涨,不能持久。事实证明 3 月 19 日股价下跌,同理可判断 5 月 10 日股价下跌可能性大。

六、结论

云南白药公司存在投资的价值。云南白药公司是我国中药大健康产业的排头兵，百年老店的品牌力具有投资稀缺性。虽然目前除牙膏以外日化产品的运作仍在探索阶段，但云南白药的品牌认可度与延伸力是值得肯定的。因此，我们应该看好公司，肯定公司布局大健康产业、进军日化行业的战略，相信公司有可能成为我国中药日化航母企业之一。此外，有投资机构维持公司2012—2014年每股收益分别为2.23元、2.83元和3.57元的预测，同比分别增长28%、27%和26%，对应的预测市盈率分别为22倍、18倍和14倍，估值已在底部。经过2010年高速增长，2011年和2012年利润增速依然维持在30%，2012年公司整体搬迁全部完成，新白药大健康战略将稳步实施，2013年增速有望加快，而且我们看好该公司的管理团队，认为云南白药中长期成长空间仍然巨大，是A股医药板块难得的投资品种。

综上所述，云南白药是长期价值投资的不错之选，中国经济目前有陷入滞涨的可能性，选择高成长、低估值的医药股是较为稳妥的投资策略。

濮燕飞、朱佳燕、徐丽芳、王舒阳　国际投资求是实验班2009级

云南白药是中华传统医药的典型代表，选择该公司作为分析对象，体现了学生对民族工业的关注和支持，值得肯定。本文的研究推理符合逻辑，遵循宏观—行业—公司的分析脉络，结构合理。特别值得肯定的是：在财务分析上，选择了从2004至2011年的数据，进行了纵向的分析比较；又选择了同行业多家上市医药公司与云南白药股份有限公司进行了横向比较，态度之正、功夫之深令老师感动。最终得出了“云南白药公司存在投资的价值，是我国中药产业的排头兵”的有益结论，有助于提高投资者的信心，将中华传统文化发扬光大。

本文不足之处是缺少参考文献。

案例三 时事研究报告

新丝绸之路战略对股市的影响

一、新丝绸之路的概念

新丝绸之路，是在古丝绸之路概念基础上形成的一个新的经济发展区域，包括西北五省区（陕西、甘肃、青海、宁夏、新疆）和西南四省区市（重庆、四川、云南、广西）。新丝绸之路经济带，东边牵着亚太经济圈，西边系着发达的欧洲经济圈，被认为是“世界上最长、最具有发展潜力的经济大走廊”。其有两个组成部分：

（一）横贯欧亚的“丝绸之路经济带”

丝绸之路经济带（简称“一带”），以点带面，从线到片，逐步形成区域大合作，这将是一个东起西太平洋沿岸、西到波罗的海、横跨欧亚大陆的新兴经济合作区。它的线路在中亚地区，大体可分为北段、中段和南段三个走势。与古代的丝绸之路相比：首先，它不再是单一的一条狭窄的线路，而是立体的通道，由现代公路、铁路、航空和油气管道组成，其中铁路（即三条亚欧大陆桥）的发展较为成熟，扮演着最重要的角色。其次，它横跨整个欧亚大陆，东端连着充满活力的亚太地区，中间串着资源丰富的中亚地区，西边通往欧洲发达经济体，将东亚、中亚、南亚、西亚、东欧和西欧一并囊括。

这条经济带是 2013 年 9 月 7 日上午，国家主席习近平在哈萨克斯坦纳扎尔巴耶夫大学作重要演讲时提出的。他以一种国际视野为中国确定了一个向欧亚内陆开放的新的战略方向。

（二）面向东盟的“海上丝绸之路”

21 世纪海上丝绸之路（简称“一路”）将中国和东南亚国家临海港口城市串起来，通过海上互联互通、港口城市合作机制以及海洋经济合作等途径，最终形成海上“丝绸之路经济带”，不仅造福中国与东盟，还能够辐射南亚和中东。

21 世纪海上丝绸之路不仅传承了古代海上丝绸之路和平友好、互利共赢的价值理念，而且注入新的时代内涵，合作层次更高，覆盖范围更广，参与国家更多，将串起连通东盟、南亚、西亚、北非、欧洲等各大经济板块的市场链。

建设21世纪海上丝绸之路，是2013年10月习近平总书记访问东盟国家时提出来的。有专家指出，沿着古代海上丝绸之路，弘扬中外友好往来的历史文明，对于如今中国和东南亚各国加深友好合作关系尤其具有重要意义。

二、新丝绸之路的发展状况

（一）能源合作

为保障国家能源战略安全，我国近年来加速推进能源进口多元化战略，不仅继续加强海上能源运输线的保障，也频频扩大陆上能源的战略布局。本次"丝绸之路经济带"的提出，被能源界普遍认为具有深化和中亚能源战略合作、保障国家能源安全的重要意义。

能源合作是中国与中亚国家合作的亮点。中哈原油管道、中国—中亚天然气管道等大型能源合作项目相继建成并投入运营，为区域经济发展输入新鲜血液。全长2800千米的中哈石油管道自2006年正式开通以来，已成为中国同里海相连的能源大动脉，哈萨克斯坦已经累计向中国输送原油5000多万吨。中国—中亚天然气管道年设计输气量为300亿～400亿立方米，自2009年年底到2013年，已累计向中国输送天然气600多亿立方米，相当于中国2010年天然气总产量的一半。

能源丝绸之路的建设会给资本市场带来两大正面影响：一是区域性影响，涉及能源丝绸之路所在区域，推动区域上市公司股价上涨；二是行业性影响，被投资者遗弃的钢铁、煤炭板块重新火热起来，同时激发资本市场对相关产业的投资热情。

（二）经济贸易

丝绸之路经济带建设，可以综合交通通道为展开空间，依托以沿线交通基础设施和中心城市，对域内贸易和生产要素进行优化配置，促进区域经济一体化，最终实现区域经济和社会同步发展。推进贸易投资便利化、深化经济技术合作、建立自由贸易区，是新丝绸之路经济带建设的三部曲。

2014年5月19日，丝绸之路经济带首个实体平台投入了使用。中国（连云港）和哈萨克斯坦在连云港启动了物流合作基地项目。此外，哈萨克斯坦也成了中国首个跨境的经济贸易区和投资合作中心。加上乌鲁木齐海关创新服务理念，优化通关模式，全力推动中哈国际边境合作中心建设和发展，使之逐渐成为丝绸之路经济带的新坐标，吸引了众多投资者的目光。

通过建设丝绸之路经济带与中亚、欧洲等国家加深经贸合作，有助于中国建立“以我为主”的国际贸易和投资网络。从外部环境看，“向西开放”对中国来说也日益迫切。当前，美国正在主导推动新一轮以《跨太平洋战略经济伙伴关系协定》(TPP)和《跨大西洋贸易与投资伙伴协定》(TTIP)为代表的国际区域贸易安排，同时有意无意将中国排除在外。建设丝绸之路经济带和海上丝绸之路，正是我国提出的主动应对之策。

(三)互联互通

创造互联互通的条件和环境是促进陆海丝绸之路建设的关键之举。建设新的丝绸之路经济带，可以推进区域间基础设施在内的各种互联互通，有利于提高区域合作水平，推进区域一体化进程，激发区域内经济增长潜力，为增长缓慢的全球经济注入新的增长动力。

在中国政府优惠贷款和援助支持下，中国企业在中亚地区承揽了公路、电信、电力等基础设施建设项目。中吉乌公路、塔乌公路、塔境内输变电线等一批经济合作项目已经成功启动并在积极落实之中。随着区域内基础设施的不断完善，连接本地区的能源、交通、电信等网络已初显轮廓。

三、丝绸之路经济带相关股票分析

(一)题材板块

自2013年9月丝绸之路经济带概念提出后，部分股票的股价应声上升。其中受益较多的有贸易板块的友好集团、国际实业，油气资源板块的准油股份，油气管道板块的玉龙股份，非金属矿物制造板块的国统股份、天山股份、西部建设、青松建化和土木工程建筑板块的新疆城建、北新路桥。

其他受益相对弱一点的股票还有旅游板块的西安旅游、曲江文旅，基建板块的宁夏建材、建设机械，制造板块的银星能源、达刚路机、新疆众和，电力板块的天富热电。

(二)典型个股之一：北新路桥

1.基本分析

新疆北新路桥集团股份有限公司(证券代码为002307，股票简称“北新路桥”)成立于2001年8月7日，注册资本428713200元，是一家由中国新疆生产建设兵团建设工程(集团)有限责任公司控股的以路桥建设为主营业务的上市公司。

该公司的经营范围为：公路与桥梁工程施工、新型建材开发、生产及销售土石方、工程专业承包，对外援助成套项目A级实施企业资格(新变更后的)，货物运输、搬运装卸(机械)、工程机械设备租赁，承包境外公路工程和境内国际招标工程，派遣实施境外工程所需劳务人员，自营和代理各类商品和技术进出口(国家限定公司经营或禁止进出口的商品和技术除外)，润滑油、钢材、水泥、机械设备及配件、建筑材料、通信器材(专项除外)销售。

北新路桥在互动易平台上的资料显示，公司地处新疆，在与中亚、西亚和南亚各国的经济合作中具有得天独厚的地缘优势。目前公司的涉外项目主要集中在一些国家，如吉尔吉斯斯坦、塔吉克斯坦、巴基斯坦。在多年的合作中，公司与当地政府主管部门建立了良好的沟通渠道，为进一步开辟当地市场奠定了良好的基础。此次我国提出“新丝绸之路经济带”这一概念，将有助于加快公司与相关国家的互联互通建设。此外，“喀什金融贸易区”的建设，也将为当地带来一定的发展机遇，为新疆公司带来相关优惠政策。

由于丝绸之路经济带的开启，为更好地开展亚欧之间的贸易，交通是必不可少的，由此交通建设成了重点，因此包括北新路桥在内的各建筑股受到关注并在往好的方向发展。

2. 技术分析

自2013年9月，也就是丝绸之路经济带提出之后，北新路桥K线图开始大幅度拉升，MACD所表现出的上升动力不断加强，KDJ也处于上升状态，且J线未超过100，这是一个很好的买入信号(见图2-13)。

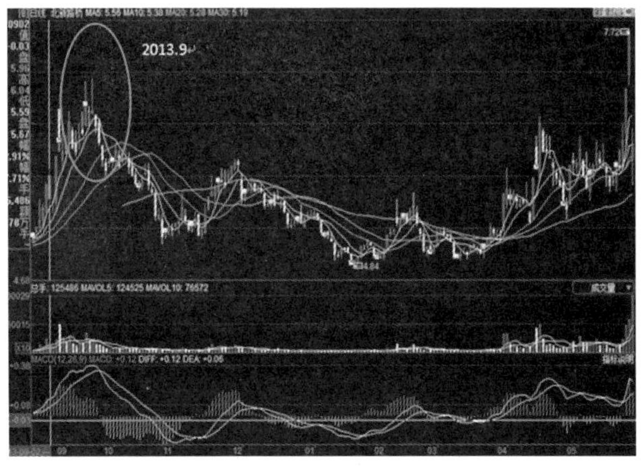

图2-13　北新路桥股价走势Ⅰ

2014 年 2 月，因为“两会”上对丝绸之路经济带的重提，股价再一次发生波动，从谷底开始突破轨道线上升，同时上升动力加强，北新路桥再次受益。2014 年 4 月中下旬，李克强总理在博鳌亚洲论坛对丝绸之路的重提，使得北新路桥又再次受益。至 2014 年 5 月下旬，在亚信峰会上提出了丝绸之路合作，北新路桥又一次受益，且上升动力加强，预测此次受益也将持续半月之久(见图 2-14)。

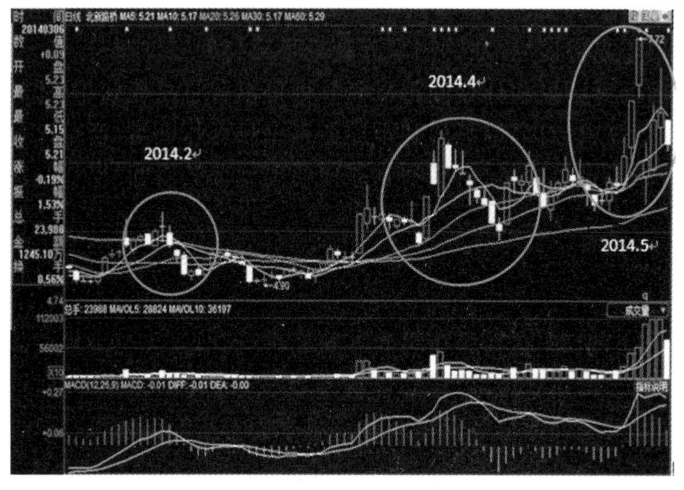

图 2-14　北新路桥股价走势Ⅱ

(三)典型个股之二：青松建化

1. 基本分析

新疆青松建材化工(集团)股份有限公司是以新疆阿克苏青松建材化工总厂为主发起人，联合新疆生产建设兵团农一师塔里木热电有限责任公司、新疆阿拉尔水利水电工程总公司、新疆塔里木建筑安装工程总公司等三家法人单位及自然人刘功大以发起设立方式组建的股份有限公司。公司于 2000 年 11 月 17 日在新疆维吾尔自治区工商行政管理局登记注册，注册资本 12492.75 万元。

青松建化的经营范围包括建筑材料、工业用氧气、无机酸、烧碱、磷肥、复合肥、电力的生产经营，铸钢件、汽车运输、机械维修、硫酸钾、编织袋的生产、销售，钢材、五金交电产品、机电设备(国家有专项审批的产品除外)的销售，汽车维修(仅限所属分支机构经营)，货物和技术的进出口经营(国家限制或禁止公司经营的商品和技术除外),成品油零售等。

油气开发与运输一直是丝绸之路经济带中的一个重要部分,对于油气运输管道的建设更是重点,因此非金属矿物制造板块开始呈上升趋势。

2.技术分析

青松建化在丝绸之路经济带提出的前后,也就是 2013 年的八九月份,其股价开始大幅度拉升,其中不乏涨停的时候,股价从 3.47 元涨到 4.90 元,且上升的动力一直不减(见图 2-15)。

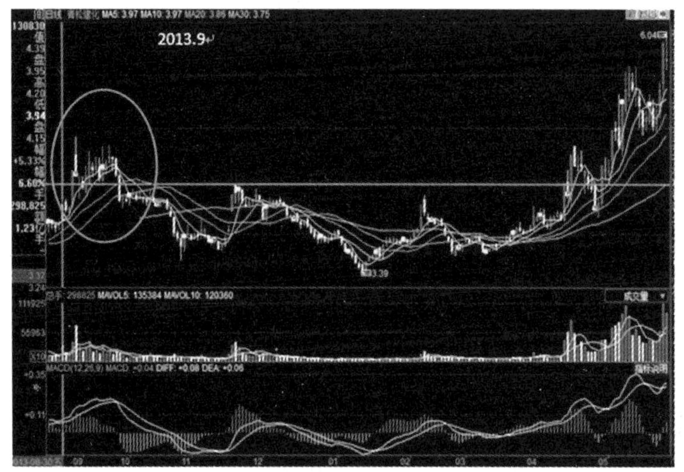

图 2-15 青松建化股价走势Ⅰ

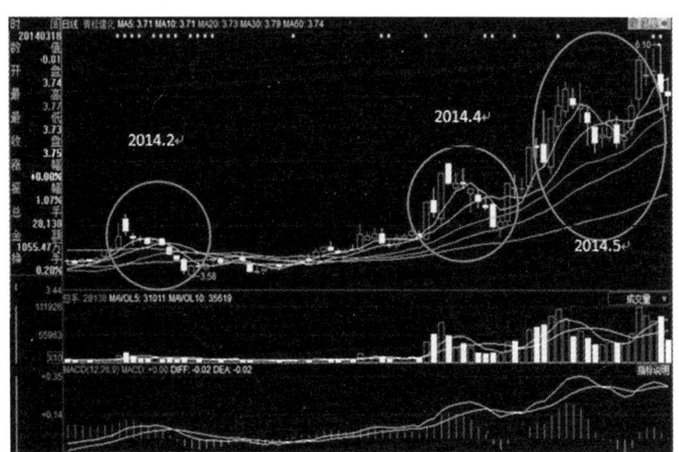

图 2-16 青松建化股价走势Ⅱ

2014 年 2 月的"两会"上再提丝绸之路经济带概念时，股价虽有小幅上升，但相对其他相关股而言，青松建化受到的影响就不是那么强了。到 5 月下旬，青松建化虽然时有下跌，但因为亚信峰会对丝绸之路经济带的影响，总体趋势呈上升状态(见图 2-16)。预测在未来的几天内，其股价或许还会继续呈现上升趋势。

(四)典型个股之三：国际实业

1. 基本分析

新疆国际实业股份有限公司是经新疆维吾尔自治区人民政府批准，由新疆对外经济贸易(集团)有限责任公司等四家公司于 1999 年发起设立，2000 年 9 月在深圳证券交易所发行上市。主营机电设备、化工产品(汽车及国家有专项规定的产品除外)，轻工产品、建筑材料、金属材料、现代办公用品，畜产品、农副产品(粮食收储、批发)，针、棉纺织品的销售，番茄种植、加工及番茄制品的销售，经营进出口业务(具体事项以外经贸部的批复为准)等。

公司长期从事中亚地区能源贸易，在国际能源贸易方面积累了丰富经验，公司按计划积极推进吉国石油炼化项目建设和疆内生物柴油项目的立项工作，积极布局中亚能源市场，例如在哈萨克斯坦设立能源投资公司，计划在中亚地区开辟天然气加注业务，公司先后在哈萨克斯坦、乌兹别克斯坦设立子公司，以投资建设车用天然气加注站为基础，拓展油品批发、零售及废油再生业务，逐步完善公司在中亚地区的油气产业链建设，增强公司产业综合运营能力和盈利能力。在金融领域，公司将其作为利润增长点积极培育。2013 年通过并购实现对公募基金公司万家基金管理有限公司的参股，目前公司已形成资源经营加资产管理双轮驱动的盈利模式。

油气开发增加，同时油气销售也会增加，贸易板块的个股在销售中占据重要地位，因此贸易板块的个股也随势走高。

2. 技术分析

国际实业的股票由于丝绸之路经济带的原因可谓受益良多。2013 年 9 月至 10 月中旬，其股价上升动力不断加强，一路飙升，在此期间股价涨停 3 次，从 6.11 元涨到 9.99 元，KDJ 也一直在高处徘徊(见图 2-17)。

2014 年 2 月开始，也因为"两会"对丝绸之路经济带的影响而小幅上涨长达一个月之久。2014 年 4 月中下旬，李克强总理在博鳌亚洲论坛对丝绸之路的重提，使得国际实业再次受益，大幅上涨。到了 5 月下旬，由于亚信峰会的影响，国际实业一路走红，预计之后一段时间，该股将一直持续上升趋势（见图 2-18）。

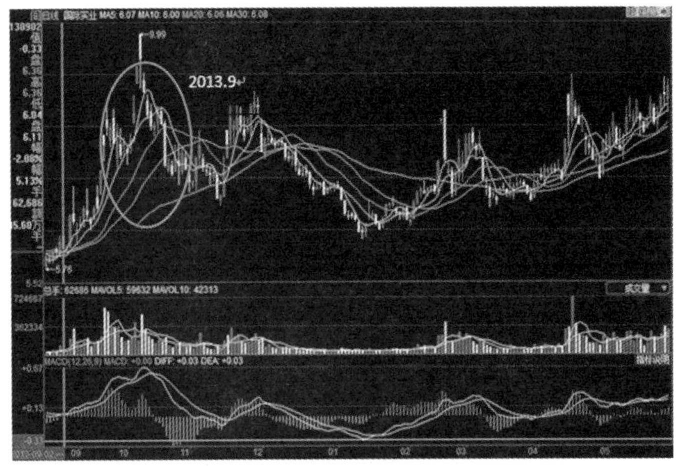

图 2-17　国际实业股价走势 Ⅰ

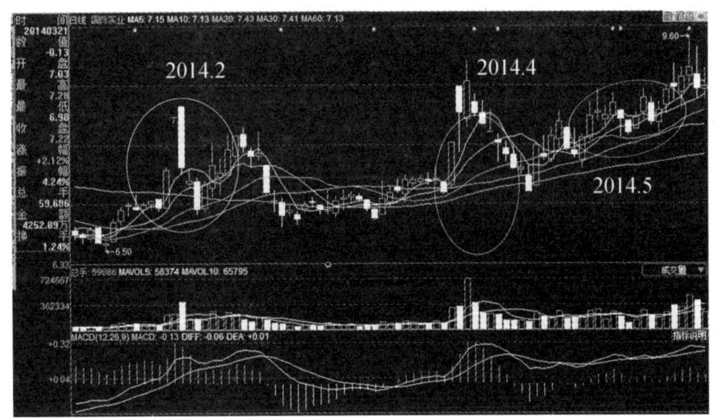

图 2-18　国际实业股价走势 Ⅱ

结论：自丝绸之路经济带概念被提出后，相关个股皆受益，且持续了相当长一段时间。之后虽有一段时间的热潮冷却，而 2014 年 2 月丝绸之路经济带相关事宜的再次提出，使得相关各股的股价又相应上升，从丝绸之路概念板块中可以看出，除停牌中的两只个股外，其他 23 只股票皆因热潮重启而股价上升。此外，从地理区域看，新丝绸之路经济带将为西部带来巨大的经济收益，其中新疆受益最大。

四、海上丝绸之路相关个股分析

(一)题材板块

海上丝绸之路面向东盟,重点区域待定。海上丝绸之路建设的重点是深化中国与东盟的合作,涵盖省份仍在商讨中。但山东、江苏、上海、浙江、福建、广东、广西等多个省市区域均有望在21世纪海上丝绸之路建设这份巨大的市场蛋糕面前获益,而上述地区的港口以及航运概念股将率先受益,主要包括宁波海运、宁波港、上港集团、招商轮船、中海发展、中海集运、渤海轮渡、日照港、连云港、北部湾港、中远航运、珠海港、盐田港、中昌海运、华联控股、中洲控股、天健集团、桂林旅游、南方航空、五洲交通、南宁百货、厦门空港、宁波建工等个股。

从业绩表现来看,上述个股中,2013年净利润同比增长率居前的有中远航运(149.14%)、宁波海运(104.94%)、厦门港务(37.44%)、渤海轮渡(10.22%)、深赤湾A(7.66%)和宁波港(6.10%)。

从市场表现来看,渤海轮渡(14.13%)、宁波海运(12.78%)、中昌海运(8.78%)、北部湾港(8.26%)、宁波港(4.92%)和连云港(3.97%)等个股年内累计涨幅居前,值得关注。

从估值角度来看,上港集团(20.31倍)、渤海轮渡(19.64倍)、深赤湾A(18.19倍)、厦门港务(12.77倍)、宁波港(11.54倍)和日照港(9.98倍)等个股最新动态市盈率均在20倍左右及以下,估值优势明显,未来上涨空间大。

(二)典型个股分析之一:北部湾港

1.基本分析

北部湾港股份有限公司,简称北部湾港,深市代码000582。据北部湾港2013年年度报告显示:基本每股收益0.7元,稀释每股收益0.7元,基本每股收益(扣除)0.35元,每股净资产4.49元,摊薄净资产收益率15.55%,加权净资产收益率16.86%,营业收入37.22亿元,归属于母公司所有者的净利润为5.80亿元,扣除非经常性损益后的净利润为0.71亿元,归属于母公司股东权益37.34亿元。以总股本142122609股为基数向原有股东每10股派发现金股利5.17元(含税)。由以上数据看出,该公司运营状况良好,盈利能力较强,现金流较为充裕,对股东回报态度积极,回报比例很高,属于优良的上市公司。

另外，该公司属于广西北海地区的上市公司，作为国家东盟自贸区战略的重要出海口，有着天然的地理优势，并且因公司所属的港口海运行业直接受益于自贸区贸易往来的扩大，使得该公司的未来发展有了良好的前景与保障。同时作为我国西南地区重要的出海口，该公司还将受益于整个亚太经济合作与贸易往来的发展。

北部湾地处中国—东盟自贸区，面向东南亚，背靠大西南，毗邻粤港澳，是我国大西南地区出海口的最便捷通路。而且，要繁荣海上丝绸之路，必定会带来港口运输的繁荣。因此，随着港口运输行业的繁荣，北部湾港股票也随之上涨。

2. 技术分析

自 2013 年 10 月，也就是海上丝绸之路提出之后，北部湾港 K 线图开始大幅度拉升，虽然时有下跌，但总体呈上升趋势(见图 2-19)。

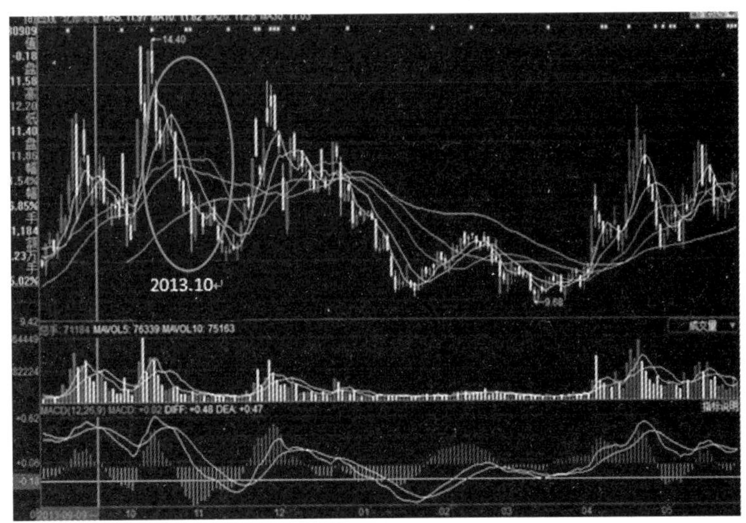

图 2-19 北部湾港股价走势 I

此外，2014 年 2 月，因为“两会”上海上丝绸之路的重提，股价再一次因此发生波动，北部湾港再次受益。至 2014 年 4 月，李克强总理提出了“建设 21 世纪海上丝绸之路”的战略构想，北部湾港又一次受益，且上升动力加强。之后，该股虽时有下跌，但总体呈上升趋势(见图 2-20)。

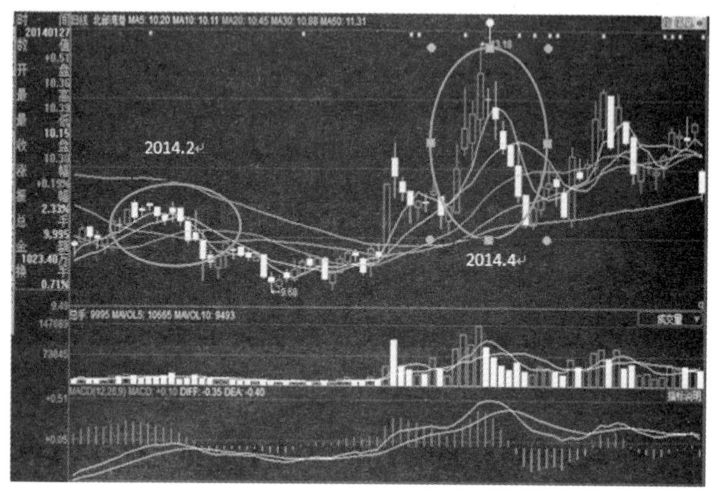

图 2-20　北部湾港股价走势Ⅱ

(三)典型个股分析之二:桂林旅游

1.基本分析

桂林旅游股份有限公司是广西唯一的旅游类上市公司。主要从事漓江游船客运、公路旅行客运、汽车出租、旅行社及景区游览业务。目前公司拥有游船数量 84 艘,约占桂林市漓江游船总数的 36%,是目前漓江上最大的游船公司,接待的内外宾总量分别超过 30%和 80%。控股的桂林山水国际旅行社是桂林市收入最大的四家旅行社之一,整体拥有的旅游客车数量和市场份额在桂林市排名前三。

西南省份和东盟国家有丰富的旅游资源。随着交通运输逐步完善、贸易交流进一步繁荣,人员往来必然更为密切,21 世纪海上丝绸之路沿线的旅游业有望受益,桂林旅游股票也有望随之上涨。

2.技术分析

2013 年 10 月,由于海上丝绸之路刚提出时旅游板块还未受到影响,桂林旅游呈下跌趋势(见图 2-21)。

2014 年 2 月,因为“两会”上海上丝绸之路的重提,股价因此发生波动,从谷底开始突破轨道线上升,上升动力较强。至 2014 年 4 月,李克强总理提出了建设 21 世纪海上丝绸之路的战略构想,桂林旅游又一次受益,且上升动力加强。之后,该股虽然又下跌了一段时间,但由于 2014 年 5 月中下旬的亚信峰会对海上丝绸之路的重提,该股又大幅上升(见图 2-22)。

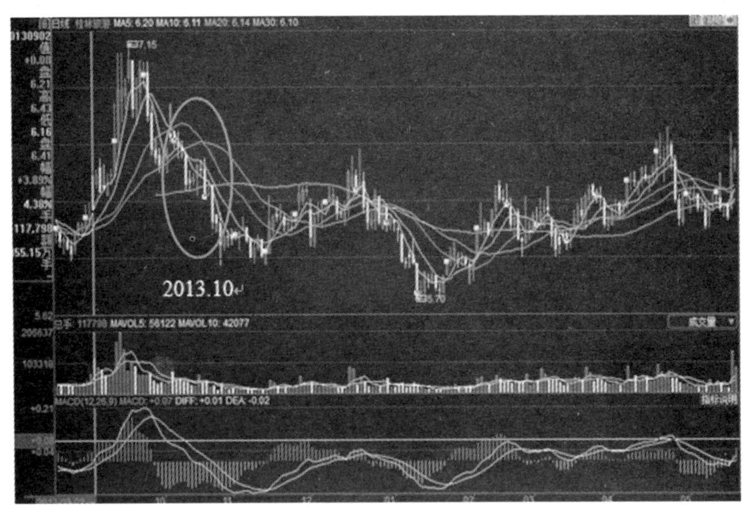

图 2-21　桂林旅游股价走势Ⅰ

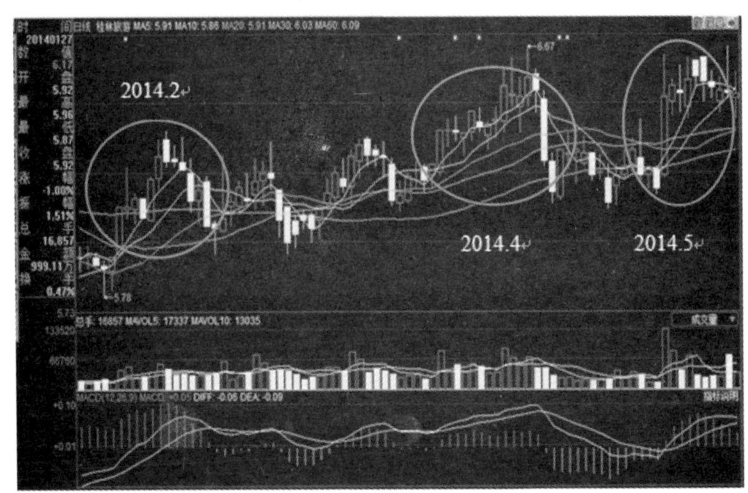

图 2-22　桂林旅游股价走势Ⅱ

结论：自海上丝绸之路被多次重提后，相关个股皆受益，且持续了相当长一段时间。之后虽有一段时间的遇冷趋势，但近两日由于亚信峰会上海上丝绸之路相关事宜再次提出，相关个股的股价又随之上涨。此外，从地理区域看，海上丝绸之路将为东南沿海地区带来巨大的收益，其中广西和宁波受益最大；从行业来看，港口运输业收益最大，其次是基建业。

五、对新丝绸之路的展望

新丝绸之路关于“一带一路”两大倡议，是以中国进一步对外开放，特别是加快向西开放为契机，为自古以来的丝绸之路精神注入新的时代内涵，与各国一道，为亚洲的整体振兴插上两支强劲的翅膀。同时，“一带一路”的主线是经济合作和人文交流，目的是互联互通和贸易投资便利化，方式是平等协商、循序渐进。目标更清楚，就是合作共赢，打造利益共同体。

丝绸之路经济带连接着活跃的亚太和发达的欧洲，但却由于种种原因，中亚地区成为亚欧经济发展带上的一块“凹陷”，它虽坐拥丰富的自然资源，但先天不足(缺少一个出海口)。中亚要使自己与区域经济、全球经济融合在一起，一个重要条件是实现交通的便利。而中国在技术等方面具有优势，正在积极地投入中亚铁路、公路、航空网络等基础设施的建设。交通的便利将进一步推动贸易、投资的增长。

21 世纪海上丝绸之路建设是国家大战略和新布局，不仅会促进大量人才、科技、信息和金融等高端要素集聚沿海城市，还会在对外开放和双向循环中创造区域经济协作效益，而这会促进区域中的人才、商品、资金、信息多向流动，从而构成区域间各经济体稳定发展的基础，促进区域经济一体化。

政策的接连利好，是新丝绸之路概念股自 2014 年起获得资金青睐的主要原因。实际上，该概念股自 2013 年第四季度已经兴起，但一直未获得主力资金的追捧。随着后来政策的不断加码，才吸引了基金公司对丝绸之路概念股的关注。其中，深圳某大型基金公司基金经理称，新丝绸之路板块是基金 2014 年重点关注的板块之一，因为 2014 年行情以主题投资为主。新丝绸之路是这届政府主推的项目之一，相关新丝绸之路商贸股、地产股将迎来利好。

“一带一路”的建设和发展不是短时间内能够完成的，需要长久的政策支持。从区域范围来看，新丝绸之路涉及国家较多，有着一定的不确定性，推进的速度可能没有那么快，还需要各国之间的权衡。新丝绸之路概念股在提出后沉寂了一段时间，之后在政策利好的推动下获资金关注，但是持续力度可能要打上问号了，毕竟光靠消息的炒作，对于个股基本面难以有多大的影响。虽然目前“一带一路”的建设和发展正处于起步阶段，但是，“一带一路”的市场前景还是良好的，建议大家可以在股市中进行中长期投资。

姚垚、张霞、张媛媛、章怡艳　国际经济与贸易 2011 级

教/师/点/评

本文的亮点之一是选择了一个热点的话题——新丝绸之路经济带，通过研究，不仅使学生自己了解了新信息、掌握了新知识、拓展了新视野，而且随着研究小组上台演讲，还能帮助其他同学获取这方面的信息。

本文的亮点之二是得出了辩证的结论：作为股票市场的概念板块，新丝绸之路概念股在政策利好的推动下获资金关注，但是持续力度可能要打上问号了，毕竟光靠消息的炒作，对于个股基本面难有大的影响。但是对于相关经济带建设，虽然目前“一带一路”的建设和发展刚处于起步阶段，但是，“一带一路”的市场前景还是良好的。能辩证地看待实体经济与虚拟经济的关系，体现了一定的经济学素养，为学生鼓掌！

案例四 实证研究报告

A 股市场 ETF 跟踪指数误差分析

自 1993 年 1 月美国推出了第一只 ETF——SPDRs 以来，ETF 以流通快、收费低、透明度高的投资特点在全世界范围内迅速发展起来。截至 2013 年 7 月，亚太地区的 ETF 资产规模也已达 1506 亿美元。中国的 ETF 市场在 2013 年更是得到快速成长，2013 年有超过 30 只的 ETF 上市，不仅在数量上有所增加，种类也更加丰富，新增了黄金 ETF、债券 ETF 和追踪海外市场指数的 ETF。

本文结合理论与实证分析的方法研究我国 A 股股市上 ETF 的跟踪误差。其目的在于：通过 ETF 的跟踪误差来分析 ETF 的风险程度，为投资者选择一只符合其风险承受能力的 ETF 基金，减少纯粹的投机行为，获得市场平均收益。对管理者来说，ETF 的跟踪误差不仅反映了基金管理者的投资运作风险管理能力，更可为开发新产品、调整 ETF 样本股提供实证支持。

一、ETF 跟踪指数理论分析

(一)概念界定

交易型开放式指数证券投资基金(简称 ETF)要求以分散化的投资策略降低投资风险,从而达到复制和跟踪某一市场指数的目的。ETF 作为特殊的开放式指数基金,既汲取了封闭式基金可以当日实时交易的优点,又具有开放式基金可以自由申购赎回的优点,具有交易成本低廉、透明度高的特点。投资者可以多渠道进行投资,不仅可以在二级市场上买卖 ETF 份额,也可以向基金管理公司申购赎回。

(二)市场现状与趋势

1. 全球 ETF 市场

纵观全球市场,自 1993 年 SPDRs 上市以来,ETF 在全球的发展保持上升趋势。2002 年以来,ETF 的发展速度呈直线上升趋势(见图 2-23),虽然 2008 年受金融危机影响有所下降,但是 2009 开始,ETF 又表现出了较快的增长速度。

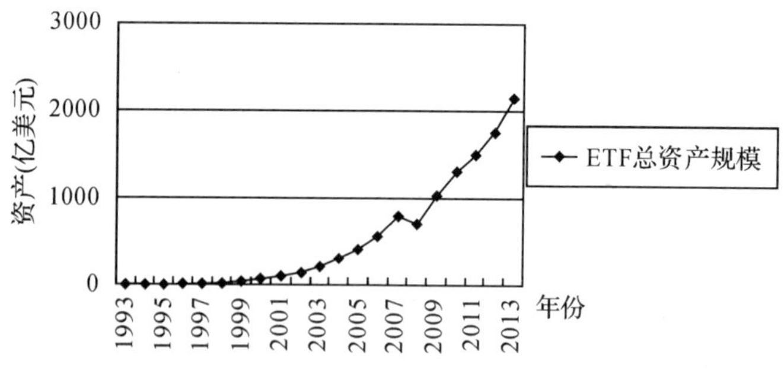

图 2-23 全球总资产规模变动①

从区域分布看(见图 2-24),虽然 ETF 最早出现在加拿大,但是 ETF 是在美国发展起来的。美国的 ETF 资产规模由最初的 4.6 亿美元发展到目前的 1.5347 万亿美元。在 2013 年全球 ETF 资产规模发行地区占比中,美国以 71%占比居全球最高。

---

① 数据来源:1993-2008 年来源于《2008 年全球 ETF 发展报告》;2009-2013 年数据来源于中证网。

全球ETF管理资产截至2013年7月底已达到21614亿美元，其中单以2013年1至7月统计，全球ETF资金的净流入量达到了1433亿美元，资产规模累计净流入已经超过2011和2012年同期净流入量，是2012年全年的1.34倍。如图2-25所示，在区域分布上ETF的资产规模在全球各个地区都呈现增长状态，其中北美地区和新兴国家的增长幅度最大。

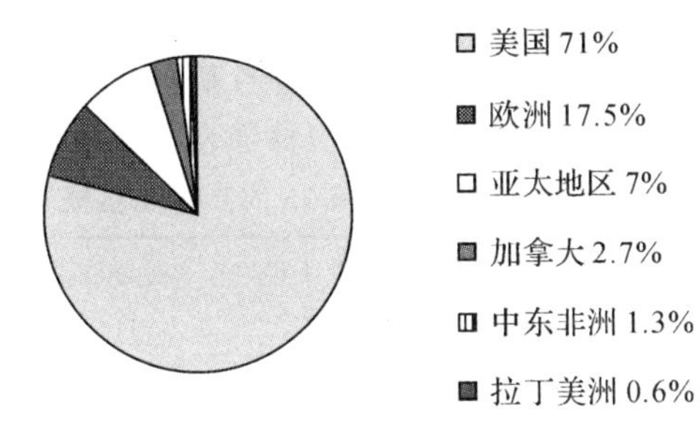

图2-24　全球ETF发行地区资产规模占总规模的比例

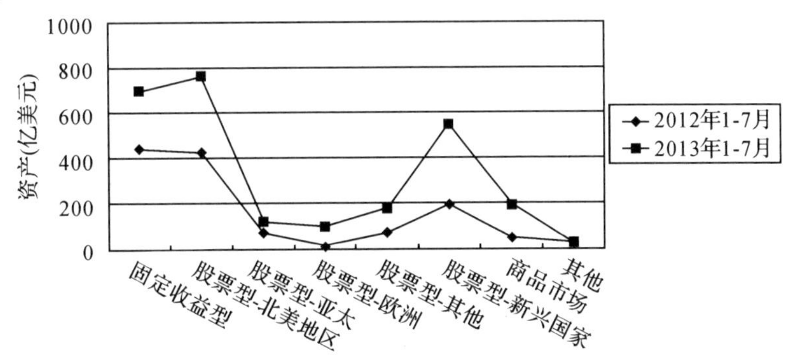

图2-25　全球ETF资产规模净流量[①]

2.国内ETF市场

我国的ETF起步较晚，最早的ETF——上证50ETF是在2004年发行的。到2013年年末为止，我国共有76只ETF基金，资产规模超过了1500亿元，在公募基金总规模中的占比约为6%。根据基金2013年二季报数据显示，主要的基金投资风格为偏股型基金，股票型ETF规模达到了1504.75亿元人民币，占全国ETF规模的95.5%。债券型ETF和商品型ETF的占比较小，分别为3.49%和1.04%。只有3只债券型ETF、2只货币型ETF和2只黄金ETF。

①　数据来源于贝莱德集团。

截至2014年1月3日,沪深两市的ETF基金市场总值为1485.08亿元,当前,市值规模排名前5的ETF基金有嘉实沪深300ETF(159919,275亿元)、华夏上证50ETF(510050,207亿元)、华夏沪深300ETF(510330,192亿元)、华泰柏瑞沪深300ETF(510300,139亿元)、华安上证180ETF(510180,121亿元)。以ETF基金类型划分,当前国内占市场规模最大份额的是宽基基金,总市值约为1274亿元,占ETF市场规模的85.78%。主题基金和行业基金的总市值分别是85亿元和58亿元,各占ETF市场规模的5.74%和3.88%。债券基金虽然是在2013年新推出的,但是其所占的市场份额也达到了2.09%。具体如表2-17和图2-26所示。

表2-17 国内市值占比前15的ETF基金概况

基金代码	基金名称	市值占比(%)	基金市值(亿元)	跟踪指数名称(代码)	基金类型
159919	嘉实沪深300ETF	18.49	274.58	沪深300指数	宽基基金
510050	华夏上证50ETF	13.90	207.41	上证50指数	宽基基金
510330	华夏沪深300ETF	12.92	191.89	沪深300指数	宽基基金
510300	华泰柏瑞沪深300ETF	9.37	139.28	沪深300指数	宽基基金
510180	华安上证180ETF	8.14	120.93	上证180指数	宽基基金
159901	易方达沪深100ETF	7.98	118.56	深证100价格指数	宽基基金
510310	易方达沪深300ETF	3.19	47.41	沪深300指数	宽基基金
510500	南方中证500ETF	3.04	45.07	中证500沪市指数	宽基基金
510510	广发中证500ETF	2.08	30.89	中证500指数	宽基基金
510010	交银180治理ETF	1.38	20.49	上证180公司治理指数	主题基金
159903	南方深成ETF	1.33	19.75	深证成分指数	宽基基金
159925	南方开元沪深300ETF	1.30	19.29	沪深300指数	宽基基金
511210	博时上证企债30ETF	1.13	16.76	上证企债30指数	债券基金
159933	国投瑞银沪深300金融地产ETF	1.03	15.24	沪深300金融地产指数	行业基金
510230	国泰上证180金融ETF	0.99	14.71	上证180金融股指数	行业基金

资料来源:同花顺。

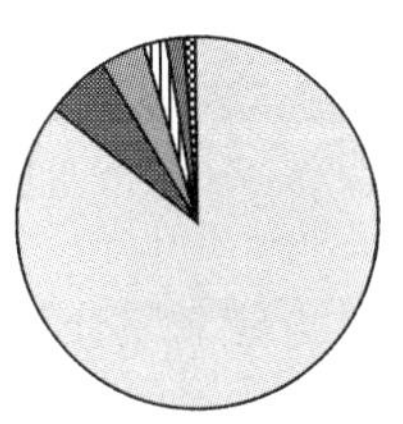

图 2-26 国内各类型 ETF 所占的份额①

（三）从 ETF 构造分析其对指数的跟踪性

ETF 的投资目标是为了资金的投资收益与标的指数收益保持一致，所以一般采用指数化的方法达到投资目标。ETF 是指数化投资，而指数化投资的核心内容就是构造并保持尽量拟合指数收益的跟踪组合。

指数化投资具有目标明确性和过程精确性的优点。相较于主动投资领域，指数化的投资过程中不会涉及个股、行业以及市场内在的价值评估和对未来证券整体趋势的判断，主观因素在投资过程中的影响小。其次，因投资目标的明确性导致可被精确量化并加以管理规范的环节增多，目前可使用统计、数学、计量等量化科学领域方法，并在全部的指数化的过程中运用数量化的投资思考方式。完整的指数化投资的要求包含选择基准指数，确定投资目标，创建初始跟踪，维护跟踪组合，调整跟踪组合、指数化投资业绩评价等多个步骤，是以 ETF 具有了指数化投资的所有功能与特点。

基于不同原理，目前 ETF 的跟踪指数的方法包括完全复制型、抽样复制型。

完全复制型是指基金经理人以某一个指数为参照对象，买入与指数构成完全相同的所有成分股，同时保持投资比例同指数样本中各只股票的比重一致（如全球资产规模最大的 SPDRs），这种复制方法使 ETF 与目标指数保持高度的一致，其特点包括投资的分散性好，跟踪性较强，但是这种方法的优势适用于目标指数成分股较少时。

抽样复制法相对完全复制法要复杂，基金经理人根据个股的行情、市值等各个指标，从某一指数的成分股中挑选具有代表性的样本股，而样本股的组成比例参照指数成分股所占比重设计。这种方法适用于成分股较多或者存在部分成分股流动性差的情况。

---

① 数据来源于同花顺。

二、ETF 跟踪指数实证分析

(一)研究对象及样本数据选择

到 2013 年 12 月为止,我国 A 股市场上共有 76 只 ETF,包括股票型、债券型、货币型和黄金 ETF。其中华泰柏瑞沪深 300ETF、交银 180 治理 ETF、国泰上证 180 金融 ETF 和博时上证企债 30ETF 是截至 2014 年 1 月 3 日为止,在各类型中规模最大的 ETF,因此本文选择该 4 只 ETF 作为研究对象(见表 2-18)。

表 2-18 研究对象的基本状况

	华泰柏瑞沪深 300ETF	博时上证企债 30ETF	交银 180 治理 ETF	国泰上证 180 金融 ETF
跟踪指数的方法	完全复制法	分层抽样	完全复制法	完全复制法
基金管理费(%)	0.50	0.40	0.50	0.50
基金托管费(%)	0.50	0.10	0.50	0.50
风险控制目标	日均跟踪偏离度绝对值不超过 0.2%,年化跟踪误差不超过 2%	日均跟踪偏离度绝对值不超过 0.2%,年化跟踪误差不超过 2%	日均跟踪偏离度绝对值不超过 0.2%,年化跟踪误差不超过 2%	日均跟踪偏离度绝对值不超过 0.2%,年化跟踪误差不超过 2%
业绩比较基准	沪深 300 指数	上证企债 30 指数	上证 180 公司治理指数	上证 180 金融股指数

资料来源:新浪财经、天天基金和同花顺。

华泰柏瑞沪深 300ETF 是复制跟踪沪深 300 指数的,是我国首只以“T+0”方式跨市场交易的 ETF。自从 2012 年 5 月 28 日上市,华泰柏瑞沪深 300ETF 表现出活跃的交投形式。T+0 使得日内高频套利交易成为可能,同时日内高频套利的操作,使得华泰柏瑞沪深 300ETF 在交易市场上折溢价率小,从而使“期现套利”的利润可预测性更强。本文的实证数据分析选取 2012 年 12 月 19 日到 2014 年 1 月 20 日的华泰柏瑞沪深 300ETF 的单位净值与沪深 300 指数的日收盘价。之所以选取 2012 年 12 月 19 日到 2014 年 1 月 20 日分别作为样本数据的起点和终点,是因为华泰柏瑞沪深 300ETF 在 2012 年 12 月 18 日和 2014 年 1 月 21 日进行了分红派息,剔除了因基金分红派息而引起的指数基金收益率波动，避免了跟踪误差的大幅波动。

交银180治理ETF是目前国内市场占比最高的主题基金，是复制跟踪上证180公司治理指数的。因上证180公司治理指数是从上证180指数和上证公司治理指数中挑选规模大、流动性较强、公司治理状况良好的股票，所以兼具了两大指数的优点，作为首支公司基本面选股指数，挑选时注重质地而非根据规模、流动性、行业代表性、风格。本文的实证数据分析选取2009年12月15日至2014年1月24日的交银180治理ETF。从2009年12月15日开始作为样本数据是因为该ETF是从15日起开始申购赎回。

博时上证企债30ETF是目前国内市场占比最高的债券基金。在2013年《亚洲资产管理》举办的亚洲地区资产管理行业大奖中荣获最佳ETF。博时上证企债30ETF更是国内首只企业债ETF，具备了ETF和债券属性，它以"T+0"的交易规则和良好的历史收益吸引了大量投资者，同时具有成本低廉、基础资产与杠杆功能的分离化等特点，深受市场关注。本文的实证数据分析选取自2013年8月16日至2014年2月14日间。从2013年8月16日开始作为样本数据是因为该ETF是从该日起开始申购赎回。

国泰上证180金融ETF是国内首只专注于金融行业的ETF，其所跟踪的上证180金融股指数在沪深两市金融行业拥有高代表性，不仅如此，180金融股指数拥有较好的抗操纵性、投资性、流动性。本文的实证数据从该ETF开始申购赎回日起至2014年1月3日，期间没有分红等重大事件影响。

（二）研究方法

1.跟踪偏离度

跟踪偏离度通过ETF单位净值增长率与标的指数价格的增长率之间的差值来衡量，以跟踪误差偏离度的波动率来表示跟踪误差，计算公式如下：

$$\mathrm{TD}_t = \frac{\mathrm{NAV}_t}{\mathrm{NAV}_{t-1}} - \frac{\text{标的指数收盘价}_t}{\text{标的指数收盘价}_{t-1}}$$

$$\mathrm{TE}_1 = \sqrt{\frac{\sum_{t=1}^{n}(\mathrm{TD}_t - \overline{\mathrm{TD}})^2}{T-1}}$$

其中，NAV表示ETF的日单位净值，TD表示ETF与标的指数收益率的偏差，TE_1表示跟踪误差偏离度的波动率，T表示为样本数据的天数。

2.绝对平均偏差

绝对平均偏差是指跟踪误差的平均值，是以绝对程度来衡量样本区间的

ETF 净值收益率与标的指数收益率偏离状况，计算公式如下：

$$\mathrm{TE}_2 = \frac{1}{T}\sum_{t=1}^{T} |(R_{pt} - R_{bt})|$$

其中，R_{pt} 为 ETF 第 t 日的复权收益率；R_{bt} 为 ETF 标的指数第 t 日的收益率；T 为样本数据的天数。

3. 回归分析

第一步：为了避免伪回归的问题，对 ETF 单位净值与标的指数的价格分别进行平稳性检验。如果时间序列 $\{Y_t, t=1,2,\cdots\}$ 能满足下面的条件，则时间序列是平稳的时间序列。

均值 $E(y_t) = \mu, (t = 1,2,\cdots)$

方差 $\mathrm{var}(y_t) = E(y_t - \mu)^2 = \sigma^2, (t = 1,2,\cdots)$

协方差 $\mathrm{cov}(y_t, y_{t+k}) = E[(y_t - \mu)(y_{t+k} - \mu)] = r(t, t+k), (t = 1,2,\cdots)$

把仅与时间间隔有关、与时间 t 无关的常数记为 r_k，即

$\mathrm{cov}(y_t, y_{t+k}) = r_k, (k = 0,1,2,\cdots)$，当 $k = 0$ 时，$\mathrm{cov}(y_t, y_t) = \mathrm{var}(y_t) = r_0$

第二步：进行 ADF 检验，ADF 检验通过下面三个模型完成：

模型(1)：$\Delta y_t = \delta y_{t-1} + \sum_{j=1}^{p} \lambda_j \Delta y_{t-j} + \mu_t$

模型(2)：$\Delta y_t = \alpha + \delta y_{t-1} + \sum_{j=1}^{p} \lambda_j \Delta y_{t-j} + \mu_t$

模型(3)：$\Delta y_t = \alpha + \beta t + \delta y_{t-1} + \sum_{j=1}^{p} \lambda_j \Delta y_{t-j} + \mu_t$

原假设都是 $H_0: \delta = 0$，即存在单位根。模型(1)与模型(2)(3)的差别在于是否包含了常数项和趋势项。

实际检验时从模型(3)开始，直到模型(1)，即直到检验拒绝零假设($t_\delta < t$)时，为平稳序列，停止检验。

第三步：两个变量的 EG 检验。如果两个变量是同阶单整的，则用 OLS 法估计长期均衡方程 $y_t = b_0 + b_1 x_t + \mu_t$ 得到 $\hat{y}_t = \hat{b}_0 + \hat{b}_1 x_t$，并保存残差 $e_t = y_t - \hat{y}_t$，作为均衡误差 μ_t 的估计值。再检验残差的平稳性，如果残差是平稳的，则变量协整，存在长期均衡关系；如果残差是非平稳的，则变量非协整，不存在长期均衡关系。

第四步：建立误差修正方程，即短期的动态关系。若协整关系存在，在进行 OLS 法估计相应参数时，需要把用第三步求得的残差表示非均衡误差项加入到误差修正方程中。

(三)研究结果及分析

1.跟踪偏离度波动率分析结果

如图 2-27、2-28、2-29、2-30 所示,在统计期间,华泰柏瑞沪深 300ETF 的日跟踪偏离度在 0.2%~-0.05%,大部分数据是在 0.1%~-0.5%;博时上证企债 30ETF 的日跟踪偏离度在 0.4%~-0.8%;交银 180 治理 ETF 的日跟踪偏离度在 0.8%~-0.8%,大部分数据是在 0.2%~-0.2%;国泰上证 180 金融 ETF 的日跟踪误差总体是在 0.1%~-0.1%。由表 2-19 可以看出,该 4 只 ETF 的日跟踪偏离度和年跟踪偏离度均有达到招募说明书中的目标。

表 2-19 样本数据净值跟踪误差计算结果(方法一)

指标 \ ETF	华泰柏瑞 沪深 300ETF	博时上证 企债 30ETF	交银 180 治理 ETF	国泰上证 180 金融 ETF
日 ETF	0.000285605	0.001015472	0.000718464	0.000606379
年 ETF	0.004461290	0.015862174	0.011222772	0.009471949

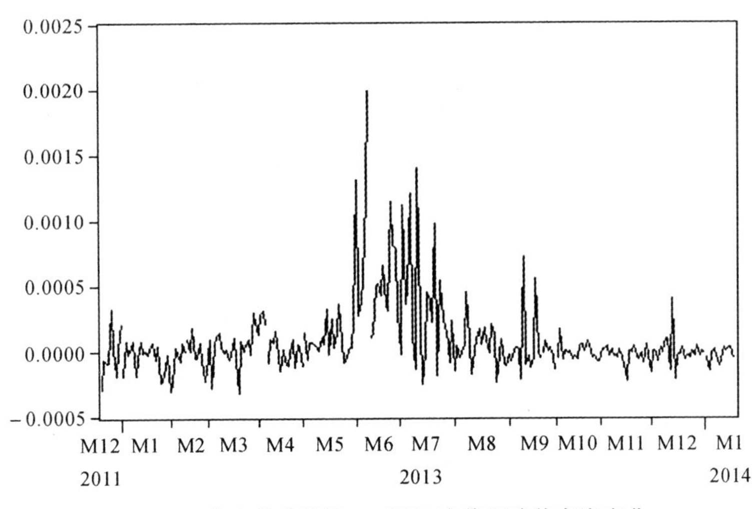

图 2-27 华泰柏瑞沪深 300ETF 净值跟踪偏离度变化

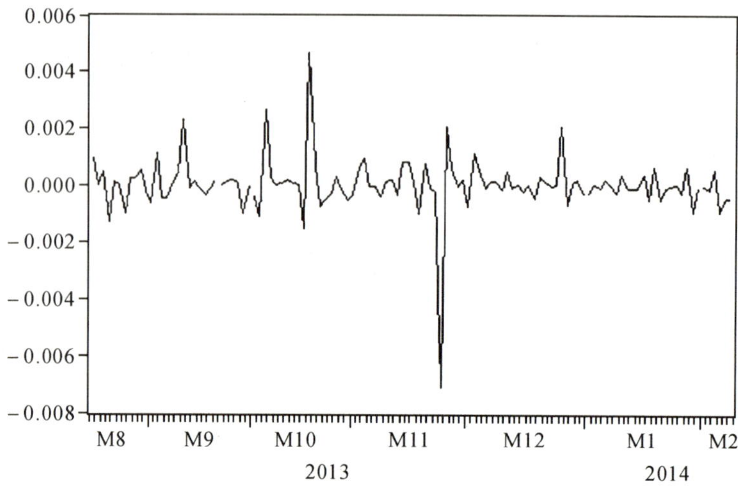

图 2-28 博时上证企债 30ETF 净值跟踪偏离度变化

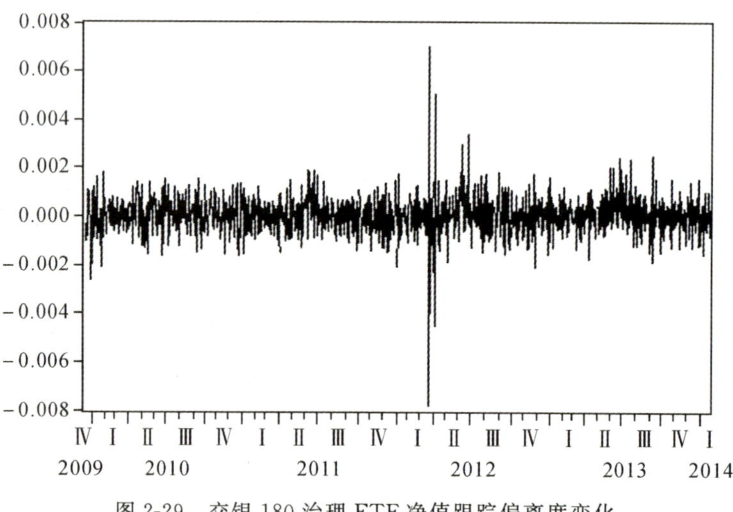

图 2-29 交银 180 治理 ETF 净值跟踪偏离度变化

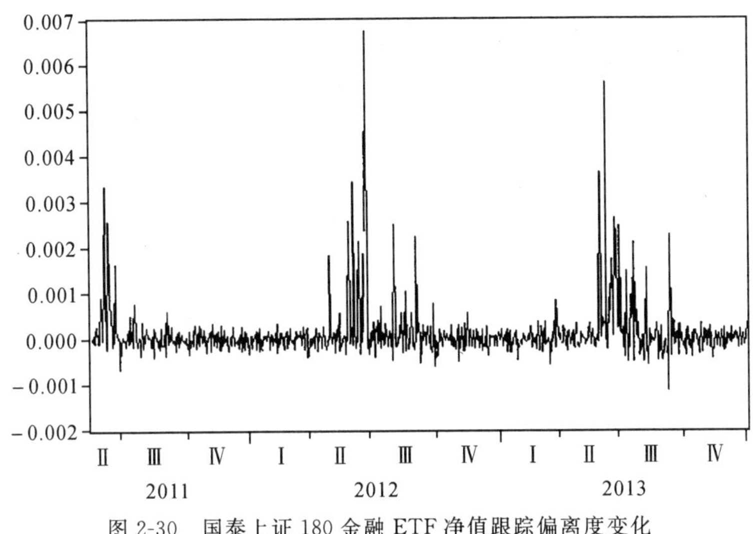

图 2-30　国泰上证 180 金融 ETF 净值跟踪偏离度变化

结合以上图表和文字，可以看出 ETF 没有持续地出现正偏差或负偏差，不存在误导结果。综合 4 个 ETF 跟踪误差结果来看，华泰柏瑞沪深 300ETF 的跟踪误差最小，国泰上证 180 金融 ETF 的误差排在第二，抽样复制的博时上证企债 30ETF 的跟踪误差最大，国泰上证 180 金融 ETF 的误差存在几个波动较大的时段，比较得出在指数复制方法上，完全复制比抽样复制要好。建议投资者可多关注华泰柏瑞沪深 300ETF。

2. 绝对平均偏差分析结果

由表 2-20 中的数据可以看出，采用绝对平均偏差分析得出的博时上证企债 30ETF、华泰柏瑞沪深 300ETF、交银 180 治理 ETF 和国泰上证 180 金融 ETF 的日跟踪偏离度和年跟踪偏离度都比第一种方法更小，达到了招募说明书中的目标。

表 2-20　样本数据净值跟踪误差计算结果(方法二)

指标＼ETF	华泰柏瑞沪深 300ETF	博时上证企债 30ETF	交银 180 治理 ETF	国泰上证 180 金融 ETF
日 ETF	0.00015593	0.000512372	0.00060935	0.000274385
年 ETF	0.002435709	0.008003514	0.009518353	0.004286037

如表 2-20 所示，在采用平均绝对偏差分析计算跟踪误差时，无论是日跟踪误差还是年跟踪误差，华泰柏瑞沪深 300ETF 都比其他三个要小，说明跟踪

性能更好，博时上证企债30ETF排在第三位。将该方法的结果与方法一的结果对比可以发现，4个ETF中仍然是华泰柏瑞沪深300ETF占据优势地位，仍然建议投资者关注华泰柏瑞沪深300ETF。

3. 回归分析结果

(1)华泰柏瑞沪深300ETF的检验结果

为了消除异方差，对数据先进行对数化处理，再进行ADF检验，记为navl、sizl和dnavl、dsizl。

表2-21 华泰柏瑞沪深300ETF净值与指数价格对数化ADF结果

	变量	1%临界值	5%临界值	10%临界值	ADF检验
华泰柏瑞沪深300ETF	navl	−3.455486	−2.87249	−2.572684	−1.688144
	sizl	−3.455486	−2.87249	−1.572684	−1.413557
	dnavl	−3.455585	−2.87254	−2.572707	−15.2869
	dsizl	−3.455585	−2.87254	−2.572707	−15.24367

如表2-21所示，取对数后的数据在一阶差分后的检验值小于临界值，拒绝原假设，结论为差分对数化后为平稳随机序列。从而得出对数化后的华泰柏瑞沪深300ETF的净值与标的指数价格是一阶单整的，navl～(1)和sizl～(1)。由此可得对数化后同为一阶单整，故进行协整检验，在此采用EG两步法进行。回归结果如表2-22所示：

表2-22 华泰柏瑞沪深300ETF回归结果

	Coefficient	t-Statistic
sizl	0.879362	119.0815
c	−2.586574	−103.474
拟合优度	0.982131	

模型回归和残差分别为：

$$navl_t = -2.586574 + 0.879362 sizl_t$$

$$\varepsilon_t = navl_t - (-2.586574 + 0.879362 sizl_t)$$

对残差进行平稳性检验，其结果如表2-23所示：

表 2-23　华泰柏瑞沪深 300ETF 残差 ADF 结果

变量	1%临界值	5%临界值	10%临界值	ADF 检验
残差	-2.57399	-1.942064	-1.615875	-3.971720

ADF 绝对值大于 1%～10%的临界值绝对值，故拒绝原假设，认为残差是平稳的。所以，华泰柏瑞沪深 300ETF 净值与标的指数之间存在协整关系，建立 ECM 模型进行检验，其结果如表 2-24 所示：

表 2-24　华泰柏瑞沪深 300ETF 的 ECM 模型检验结果

	Coefficient	t-Statistic
c	3.16E-05	4.349806
d(sizl)	0.993771	816.2563
d(navl(-1))	0.002407	1.736328
ECM(-1)	-0.012203	-4.157048

根据输出结果，可得 ECM 模型如下：

$d(\text{navl}_t) = 3.16E-05 + 0.993771^{*} d(\text{sizl}_t) + 0.002407^{*} d(\text{navl}_{t-1}) - 0.012203^{*} \text{ECM}_{t-1}$

方程的模拟拟合优度达 0.98，各项回归系数符合经济意义。误差修正项为负，符合反向修正机制，表明 ETF 单位净值在长期均衡值的偏差中 1.2%被修正。短期关系中，本期的标的指数价格和上一期的 ETF 单位净值在短期内每增长 1%，ETF 单位净值依次增长 0.993%和 0.002%。

上述结果表明，标的指数的价格对 ETF 单位净值的长期弹性为 0.879362，短期弹性为 0.99，说明当指数变化 1%，华泰柏瑞沪深 300ETF 单位净值变化 0.879%，复制效果较为理想。华泰柏瑞沪深 300ETF 与沪深 300 指数在长、短期都具有稳定的均衡关系。

(2)交银 180 治理 ETF 的检验结果

对交银 180 治理 ETF 对数化处理后进行 ADF 检验，记为 navl、sizl 和 dnavl、dsizl。

表 2-25　交银 180 治理 ETF 净值与标的指数对数化 ADF 结果

	变量	1%临界值	5%临界值	10%临界值	ADF 检验
交银 180 治理 ETF	navl	−3.436689	−2.864227	−2.568253	−2.610228
	sizl	−2.436689	−1.864227	−1.568253	−2.322179
	dnavl	−3.436696	−2.86423	−2.568255	−31.81497
	dsizl	−2.436696	−1.86423	−1.568255	−31.81236

由表 2-25 可得，取对数后的数据在一阶差分后的检验值小于临界值，拒绝原假设，结论为差分对数化后为平稳随机序列。从而得出对数化交银 180 治理 ETF 的净值与标的指数价格是一阶单整的，navl～(1)和 sizl～(1)。由此可得对数化后同为一阶单整的，故进行协整检验，在此依然采用 EG 两步法进行。建立回归结果如表 2-26 所示：

表 2-26　交银 180 治理 ETF 回归结果

	Coefficient	t-Statistic
sizl	0.880525	262.8317
c	−2.649725	−279.8091
拟合优度	0.985787	

模型回归和残差分别为：

$$navl_t = -2.649725 + 0.880525 sizl_t$$

$$\varepsilon_t = navl_t - (-2.649725 + 0.880525 sizl_t)$$

对残差进行平稳性检验，其结果见表 2-27：

表 2-27　交银 180 治理 ETF 残差 ADF 结果

变量	1%临界值	5%临界值	10%临界值	ADF 检验
残差	−2.567288	−1.941142	−1.616485	−11.30774

ADF 绝对值大于 1%～10%的绝对值，拒绝原假设，残差是平稳的。所以，交银 180 治理 ETF 净值与标的指数之间存在协整关系。

表 2-28　交银 180 治理 ETF 之 ECM 模型回归结果

	Coefficient	t-Statistic
c	3.05E−05	2.612529
d(sizl)	1.005195	534.1936
d(navl(−1))	0.003806	1.444896
ECM(−1)	−0.003591	−0.960188

根据输出结果(表 2-28),可得 ECM 模型如下:

$d(\text{navl}_t) = 3.05E - 05 + 1.005195^* d(\text{sizl}_t) + 0.003806^* d(\text{navl}_{t-1}) - 0.003591^* \text{ECM}_{t-1}$

方程的模拟拟合优度 0.99 较高,各项回归系数符合经济意义。误差修正项为负,符合反向修正机制,表明对数化的 ETF 单位净值与长期均衡值的偏差中 0.359%被修正。本期的对数化标的指数价格和上一期的对数化 ETF 单位净值在短期内每增长 1%,ETF 单位净值依次增长 1%和 0.0038%。

上述结果表明,标的指数的价格对 ETF 单位净值的长期弹性为 0.880525,短期弹性为 1.00519。说明当指数变化 1%,交银 180 治理 ETF 单位净值变化 0.88%,复制效果比华泰柏瑞沪深 300ETF 理想。但是交银 180 治理 ETF 的短期(动态)的调整能力比交银 180 治理 ETF 长期(静态)效果好,比华泰柏瑞沪深 300ETF 短期调整好,以该方法分析所得的结果是建议投资者在华泰柏瑞沪深 300ETF 和交银 180 治理 ETF 上多关注后者。

(3)博时上证企债 30ETF 的检验结果

为了消除异方差,对数据进行对数化处理,再进行 ADF 检验,记为 navl、sizl 和 dnavl、dsizl。

表 2-29　博时上证企债 30ETF 净值与指数价格对数化 ADF 结果

	变量	1%临界值	5%临界值	10%临界值	ADF 检验
博时上证企债 30ETF	navl	−3.487046	−2.88629	−2.580046	−1.454226
	sizl	−3.487046	−2.88629	−2.580046	−1.433207
	dnavl	−3.48755	−2.886509	−2.580163	−11.78518
	dsizl	−3.48755	−2.886509	−2.580163	−11.65984

如表 2-29 所示,取对数后的数据在一阶差分后的检验值小于临界值,拒绝原假设,结论为差分对数化后为平稳随机序列。从而得出对数化博时上证

企债 30ETF 的净值与标的指数价格是一阶单整的，navl～(1)和 sizl～(1)。由此可得对数化后同为一阶单整的，故进行协整检验，在此依然采用 EG 两步法进行。建立模型结果(见表 2-30)，模型拟合优度为 0.873925，回归系数通过 t 检验，不存在自相关。

表 2-30 博时上证企债 30ETF 回归结果

	Coefficient	t-Statistic
sizl	0.806213	28.35646
c	0.310964	5.234194
拟合优度	0.873925	

模型回归和残差分别为：

$$\text{navl}_t = 0.310964 + 0.806213\text{sizl}_t$$

$$\varepsilon_t = \text{navl}_t - (0.310964 + 0.806213\text{sizl}_t)$$

对残差进行平稳性检验，其结果如表 2-31 所示：

表 2-31 博时上证企债 30ETF 残差 ADF 结果

变量	1%临界值	5%临界值	10%临界值	ADF 检验
残差	−2.585226	−1.943637	−1.614882	−6.572823

显然，ADF 的检验值比 T 分布在 1%～10%之间的临界值都要小，因此拒绝原假设，残差是平稳的序列。博时上证企债 30ETF 净值与标的指数之间存在协整关系。ETF 标的指数的价格每增长 1%，ETF 净值平均增长了 0.806%。

由此我们可以进一步建立这两列数据之间的 ECM 模型以得到 ETF 净值与指数的长短期关系，由于常数项的 t 值不显著，去掉 t 值后模型回归结果见表 2-32：

表 2-32 博时上证企债 30ETF 之 EMC 模型检验结果

	Coefficient	t-Statistic
d(sizl)	0.634307	8.452209
d(navl(−1))	0.315422	2.557276
ECM(−1)	−0.540397	−3.602747

根据表 2-32 的输出结果，可得 ECM 模型如下：

$$d(\text{navl}_t) = 0.634307^* d(\text{sizl}_t) + 0.315422^* d(\text{navl}_{t-1}) - 0.540397^* \text{ECM}_{t-1}$$

方程的拟合优度较高，各项回归系数符合经济意义。误差修正项为负，符合反向修正机制，表明对数化的 ETF 单位净值与长期均衡值的偏差中 54% 被修正。本期的对数化标的指数价格和上一期的对数化 ETF 单位净值在短期内每增长 1%，ETF 单位净值依次增长 0.63%和 0.315%。

综合上述结果表明，标的指数的价格对 ETF 单位净值的长期弹性为 0.806213，短期弹性为 0.63。说明当指数变化 1%时，博时上证企债 30ETF 单位净值变化 0.80%，复制效果较为理想。但是博时上证企债 30ETF 短期（动态）的调整能力效果不是很好，与华泰柏瑞沪深 300ETF、交银 180 治理 ETF 的短期调整相比较差距较大，博时上证企债 30ETF 与上证企债 30 指数在长、短期上的均衡关系不是很显著。

（4）国泰上证 180 金融 ETF 的检验结果

为了消除异方差，对数据先进行对数化处理，再进行 ADF 检验，记为 navl、sizl 和 dnavl、dsizl。

表 2-33　国泰上证 180 金融 ETF 净值与指数价格对数化 ADF 结果

	变量	1%临界值	5%临界值	10%临界值	ADF 检验
国泰上证 180 金融 ETF	navl	−3.440419	−2.865874	−2.569136	−2.527261
	sizl	−3.440419	−2.865874	−2.569136	−2.686326
	dnavl	−3.440435	−2.865881	−2.56914	−26.34845
	dsizl	−3.440435	−1.865881	−1.56914	−26.25712

如表 2-33 所示，取对数后的数据在一阶差分后的检验值小于临界值，拒绝原假设，结论为差分对数化后为平稳随机序列。从而得出对数化后的国泰上证 180 金融 ETF 的净值与标的指数价格是一阶单整的，navl～(1)和 sizl～(1)。由此可得对数化后同为一阶单整的，故进行协整检验，在此采用 EG 两步法进行。回归结果如表 2-34 所示：

模型回归和残差分别为：

$$\text{navl}_t = -1.172289 + 0.390516\text{sizl}_t$$

$$\varepsilon_t = \text{navl} - (-1.172289 + 0.390516\text{sizl}_t)$$

表 2-34　国泰上证 180 金融 ETF 回归结果

	Coefficient	t-Statistic
sizl	0.390516	19.44941
c	−1.172289	−19.26870
拟合优度	0.976236	

对残差进行平稳性检验,其结果如表 2-35 所示:

表 2-35　国泰上证 180 金融 ETF 残差 ADF 结果

变量	1%临界值	5%临界值	10%临界值	ADF 检验
残差	−3.440451	−2.865888	−2.569144	−10.59542

ADF 绝对值大于 1%～10%的绝对值,拒绝原假设,残差是平稳的。所以,国泰上证 180 金融 ETF 净值与标的指数之间存在协整关系,建立 EMC 模型进行检验,其结果如表 2-36 所示:

表 2-36　国泰上证 180 金融 ETF 之 ECM 模型检验结果

	Coefficient	t-Statistic
c	4.29*E*−05	4.157266
d(sizl)	0.992016	648.0441
d(navl(−1))	−0.00059	−0.235208
ECM(−1)	−0.001073	−0.337424

根据输出结果,可得 ECM 模型如下:

$$d(\mathrm{navl}_t) = 4.29E - 05 + 0.992016^* d(\mathrm{sizl}_t) - 0.00059^* d(\mathrm{navl}_{t-1}) - 0.001073^* \mathrm{ECM}_{t-1}$$

方程的模拟拟合优度 0.98 较高,各项回归系数符合经济意义。误差修正项为负,符合反向修正机制,但是 ETF 单位净值在长期均衡值的偏差中只有 0.1%被修正,修正效果不理想。短期关系中,本期的标的指数价格和上一期的 ETF 单位净值在短期内每增长 1%,ETF 单位净值分别增长 0.992%和减少 0.00059%。

上述结果表明,标的指数的价格对 ETF 单位净值的长期弹性为 0.39,短期弹性为 0.99,说明当指数变化 1%,国泰上证 180 金融 ETF 单位净值变化 0.39%,复制效果不是很理想。以该方法分析所得的结果是建议投资者在 4 个 ETF 上多关注交银 180 治理 ETF 或华泰柏瑞沪深 300ETF。

三、研究结论与不足

本文主要研究 ETF 跟踪标的指数的效果。先介绍了 ETF 跟踪误差的计算方法,再以华泰柏瑞沪深 300ETF、博时上证企债 30ETF、国泰上证 180 金融 ETF 和交银 180 治理 ETF 为研究对象,通过平稳性检验,得出 ETF 单位净值与其标的指数之间存在协整关系,得到 ECM 模型。进而得到以下结论:

1.华泰柏瑞沪深 300ETF、博时上证企债 30ETF、国泰上证 180 金融 ETF 和交银 180 治理 ETF 的跟踪误差都很小,无论是采用跟踪偏离度法还是采用绝对平均偏差法,跟踪误差符合招募说明书中要求的日跟踪误差控制在 0.2%,年跟踪误差控制在 2%。

2.华泰柏瑞沪深 300ETF、博时上证企债 30ETF、国泰上证 180 金融 ETF 和交银 180 治理 ETF 与其标的指数序列都是一阶单整序列,并存在协整关系,由此得到了 ECM 模型。在检验过程中,发现对数化的 ETF 单位净值与其标的指数价格之间存在长短期关系。对数化的沪深 300 指数对华泰柏瑞沪深 300ETF 长期弹性为 0.879362,短期弹性为 0.99;对数化的上证企债 30 指数对博时上证企债 30ETF 长期弹性为 0.806213,短期弹性为 0.63;对数化的上证 180 公司治理指数对交银 180 治理 ETF 长期弹性 0.880525,短期弹性为 1.00519;对数化的国泰上证 180 金融 ETF 单位净值的长期弹性为 0.39,短期弹性为 0.99。综合所有误差修正的方法,建议投资者关注华泰柏瑞沪深 300ETF。虽然博时上证企债 30ETF 的复制效果没有其他两个好,但考虑到是分层抽样复制且手续费、管理费较其他两个相对较低,所以总体上来说还是值得投资者进行长期投资的。

在文章的研究上仍存在不足之处。因相关网站数据更新慢、全球统计数据较少等原因,数据资料查找存在一定的困难,所以在研究对象的选择上,根据最近日期的 ETF 排名选择研究对象,忽略了长期以来各个 ETF 发展至今的整体性表现,且选取的研究对象数量较少。因研究时间与研究水平限制,本文只是从 ETF 的单位净值角度分析了 ETF 与标的指数的跟踪误差,没有考虑二级市场上 ETF 的价格与标的指数的跟踪误差,存在一定的片面性,在最终分析得出结论的基础上,未能更深入地分析影响误差产生的原因及各影响因素的影响程度。

参考文献

[1] Chu, Q. and Hsieh, W. Pricing Efficiency of the S&P 500 Index Market: Evidence from the Standards and Poor's Depositary Receipts[J]. *Journal of Futures Markets*, 2002:877-900.

[2] Gerasimos Georgiou Rompotis. The German Exchange Traded Funds [J]. *The IUP Journal of Applied Finance*, 2012:62-82.

[3] Gerasimos Georgiou Rompotis. A Empirical Look on Exchange Traded Funds[D], 2006.

[4] Mackinley, A. C., Ramaswamy. Index-Futures Arbitrage and the Behavior of Stock Index Future Price[J]. *The Review of Financial Studies*, 1988:137-158.

[5] Mesut Kayali, M. & Seyfettin, Unal. Tracking Accuracy of Large and Small-CAP ETFS: An Empirical Analysis of the Istanbul Stock Exchange[J]. *South East European Journal of Economics and Business*, 2009:107-112.

[6] Ramesh Bollapragadal, Igor Savinl & Laoucine Kerbache. Price Forecasting and Analysis of Exchange Traded Fund[J]. *Journal of Mathematical Finance*, 2013:181-191.

[7] Switzer, L., Varson, P. & Zghidi, S. Standard and Poor's Depository Receipts and the Performance of the S&P 500 Index Futures Market[J]. *Journal of Futures Markets*, 2000:705-716.

[8] Chong, Terence Tai-Leung, Hei-Tung Li, Elton & Kong, Kenneth Tak-Kan. Are Trading Rules Profitable in Exchange-Traded Funds[J]. *Technology and Investment*, 2011:129-133.

[9] 陈志远. 上证 50ETF 的跟踪误差实证研究[J]. 技术经济与管理研究, 2007(6):6-9.

[10] 陈怡. 统计套利策略在我国分级基金市场的尝试[J]. 科学技术与工程, 2012(3):724-728.

[11] 陈实, 吴述金, 郑伟安. 中国市场 ETF 套利研究[J]. 华东师范大学学报, 2013(5):144-151.

[12] 霍明云. ETF 基金套利成本影响因素研究[J]. 金融经济, 2010(6):77-79.

[13] 侯炬凯. ETF 基金套利研究——以上证 50ETF、上证 180ETF 为例[J]. 中国证券期货,2012(6):6-7.
[14] 焦利,刘宇翔,朱晨辰. 我国 ETF 跟踪误差的实证研究[J]. 知识经济,2013(5):85.
[15] 亢洁,王静. 上证 50ETF 和上证 180ETF 跟踪误差的比较分析[J]. 当代经济,2010(2):88-90.
[16] 李裕强,陈展. 上证 50ETF 跟踪误差实证研究[J]. 中国市场,2007(Z1):141.
[17] 李慧灵. 我国 ETF 套利问题的实证研究[J]. 时代金融,2010(5):58-59.
[18] 刘伟,陈敏,梁斌. 基于金融高频数据的 ETF 套利分析[J]. 中国管理科学,2009(2):1-7.
[19] 马莹莹. 我国 ETF 跟踪误差的实证研究[J]. 时代金融,2009(3):28-30.
[20] 孟文博. 上证 180 指数 ETF 套利情况实证研究[J]. 山东理工大学学报,2009(4):19-22.
[21] 王辉. 上证 50ETF 的运作状况分析[J]. 华北电力大学学报,2006(2):23-27.
[22] 王煜,王华. ETF 跟踪误差实证分析[J]. 当代经济,2007(2):88.
[23] 王剑,朱淑珍. 我国 ETF 跟踪误差比较及对策研究[J]. 经济师,2009(9):18-20.
[24] 王曦红. 我国证券市场中运用 ETF 套利的可行性分析[J]. 商业时代,2012(17):66-67.
[25] 张玲. ETFs 跟踪误差产生原因探讨[J]. 证券市场导报,2002(11):44-49.
[26] 曾忠东,彭菊. ETF 在股指期货期现套利中的跟踪误差风险分析[J]. 西南民族大学学报,2010(6):197-200.

周和和　金融 2010 级 3 班

教/师/点/评

这是近年来较为出色的一篇毕业论文。之所以出色，是因为：

1. 选题基于现实中的疑问。ETF 基金是跟踪指数的，那么，在股市低迷的当下，我们是否只要大胆买入 ETF，就可以享受未来股市上涨的回报？这个过程中会不会出现偏差？

2. 框架搭建规范。对问题的分析，先从理论入手，基于 ETF 的构造分析其能够跟踪指数的原理。然后从实证入手，通过若干 ETF 的数据分析，与理论相互印证，得出最终结论。

3. 实证过程合理。首先，数据翔实。选取的四只 ETF，数据采集期间最短的六个月，最长的四年零一个月，且采集日交易数据工作量投入巨大。其次，实证方法恰当，采用时间序列分析法，对数据进行了回归拟合，得出了结论。

4. 得出的结论有启示。从研究的四只 ETF 基金来看，它们对指数的跟踪误差都很小，符合招募说明书中要求的日跟踪误差控制在 0.2%，年跟踪误差控制在 2%的标准。因此投资者如果看好中国股市的未来，可以放心购买 ETF 产品。

案例五 上市公司调研报告

京投银泰(600683)

京投银泰股份有限公司(股票代码:600683;股票简称:京投银泰)前身为宁波华联集团股份有限公司，1993 年 10 月首发上市，2002 年 11 月更名为银泰控股股份有限公司。京投银泰股份有限公司宁波分公司于 2009 年 5 月上市公司管理总部迁京后成立，主要负责上市公司注册地关系维护、宁波区域资产及投融资管理，并受托管理上市公司在宁波区域的 6 家全资子公司，

一、走访过程

2012 年 12 月 7 日，我们拨打了京投银泰宁波分公司的电话。接电话的是公司的客服人员，热情的客服小姐告诉我们公司的管理总部已于 2009 年 5 月迁往北京，他们目前只熟悉自己手头做的事务。了解到我们作为投资者想要进一步了解公司目前的经营状况、具体事项的迫切心情，她给了我们北京总公司的投资者热线。

由于想对京投银泰做一个真实的解读，我们小组成员在周五下午走访了京投银泰股份有限公司位于宁波的分公司。对公司目前主要在宁波的销售业务有了大体的了解。

2012 年 12 月 15 号，我们拨打了京投银泰的投资者热线，对公司目前的销售业绩、公司的战略定位以及公司的财务状况等问题进行了交谈。接听者耐心的服务给我们留下了深刻的印象，打消了我们打电话前所有的顾虑。在顺利的访谈结束后，我们将所有的资料整合如下。

二、访谈内容

Q1：目前宏观经济环境对贵公司现有房地产销售业务的影响是怎样的？

A：1. 整体市场环境：全球经济衰退，中国经济“低增长、高通胀”形势进一步加剧，外部环境、生存环境艰难。因此，整体市场环境仍较冷淡。

2. 政策：全国三限两高双管齐下，90 平方米以上住宅产品受限购政策影响严重，当前宏观经济环境对京投银泰的楼市销售业务造成一定的冲击。特别在鄂尔多斯地区，由于其房价主要是靠资金炒作的，因此表现出暴涨暴跌的特点。目前，鄂尔多斯的楼市受煤炭价格下跌及国家出台的限购限贷政策和当地住房需求近饱和的影响，十分萧条，房价暴跌。希望当国际经济环境走好，对煤炭需求强劲时，楼市能够回暖。

3. 公司现主要有轨道物业和景观物业这两大块。轨道物业也就是地铁房。目前主要集中在北京和长沙这两个城市。公司依靠大股东发展轨道物业，在拿地方面占有不小的优势。轨道物业项目涵盖内容广，主要包括住宅区、公寓酒店、写字楼商业、幼儿园、小学等。预计将建成城市综合体。目前公司的轨道物业主要有北京的潭柘寺小镇、京投上林湾、阳光花园项目和长沙的京投银泰环球村项目。据悉，公司目前在轨道物业上开展顺利，利润回报丰厚。但值得注意的一点是轨道物业项目盈利只能建立在地铁开通后，物业价格出现大幅上涨的基础上。所以，一旦遭遇市场波动，或地铁未能如期开通的情况，即会遭受重大损失。而公司目前的景观物业主要有宁波的东钱湖悦府和海南三亚香悦府。景观物业主要面向高收入人群，建筑多为高级别墅。长期来看，会有可观的利润回报。

Q2:公司目前的战略定位及未来发展方向是怎样的?

A:1.京投银泰是目前A股市场中唯一存在轨道物业战略定位的房地产开发企业，去年取得郭公庄站地块，真正意义上走上“轨道交通物业”模式。目前主要业务为城市轨道交通沿线资源开放。大股东给予技术、资金上的支持，在拿地方面占优势。

2.公司将主动分阶段逐步出售京外项目，集中精力搞好景观物业和轨道物业。目前公司多次股权转让、出售华联商厦，既是为了降低负债规模，也是为了公司能集中精力搞好景观物业与轨道物业，在轨道物业上形成公司的核心竞争力，树立公司在轨道物业上的品牌。

Q3:通过分析公司历来的财务报表得到公司年负债率不断攀升，目前已高达304%的信息。公司为何会有如此之高的负债率，以及将采取什么措施挽救局面?

A:1.公司目前现有项目尚无结算，大多处于预售阶段。

2.公司为合营企业(钱湖国际会议中心开发有限公司及上海永兴酒店有限公司)提供担保及关联交易垫付工资、社保费用，财务开支大。

3.针对房市调控政策的冲击(限购和限贷)，我们采取的措施有:

(1)华联一号楼、华联大厦部分商业用房转让给海曙银泰。因海曙银泰与京投银泰第二大股东的实际控制人均为沈国军先生，故本次交易为关联交易。

(2)将持有的1.15亿华安泰投资有限公司的股权以原价转让给安福公司。公司将优质资源集中于北京轨道交通及沿线项目上。本次交易将产生收益1.1亿元，有利于增加营运资金。

(3)将具备银行贷款条件的项目积极申请银行贷款。加强对现金流控制，盘活资产。

三、心得体会

对这次实践活动，我们小组成员都反映收获颇多。通过电话访问及走访上市公司，我们体会到投资者与企业同呼吸、共命运的心情，对培养我们做一个投资者有很大的帮助。同时，提高了我们独立思考、处理问题的能力。在交流中，公司人员会比较强调目前公司的强项、特色、优势，而对财务方面所存在的问题及应对投资者的质疑时，回答得还是有些含糊。对于这种情况，我们主要还是用多渠道、多方面的信息搜集来验证自己的质疑，尽量做到访谈所得到的信息真实无误。

黄卉、华丽叶、赵拔　金融学2010级

雅戈尔(600177)

雅戈尔集团创建于1979年，经过30多年的发展，逐步确立了以品牌服装、地产开发、股权投资三大产业为主体，多元并进、专业化发展的经营格局，成为拥有员工5万余人的大型跨国集团公司，其旗下的雅戈尔集团股份有限公司为上市公司。品牌服装是雅戈尔集团的基础产业。集团自1979年从单一的生产加工起步，经过不断努力，如今已经形成了以品牌服装经营为龙头的纺织服装垂直产业链。雅戈尔地产开发业务定位已从成立初的“立足宁波”转变成“长三角区域强势品牌”，目前已在宁波、苏州、杭州、绍兴、台州等地开展地产开发，并准备整合地产开发业务，经过下一个五年的努力，使雅戈尔地产开发公司走向全国，成为一家全国性的地产开发企业品牌。金融投资产业作为雅戈尔集团努力探索的一个发展方向，有力地支撑了集团的发展。

一、调研过程

时间:2012年12月5号

地点:雅戈尔股份有限公司

访谈对象:大堂经理及董秘助理

方式:实地走访和电话采访

在对雅戈尔总部进行走访之前，我们做了大量的准备工作，对公司的基本情况包括定期报告，如近三年的年报、半年报、各种研究报告等做了一一了解，同时提前获得了董秘的联系方式。

11月27号，也就是周二下午，我们很快联系上了董秘助理，并且很诚恳地告诉她我们的来意。董秘助理那天并没有直接拒绝，只是要我们把想要访问的问题发邮箱给她们审核一下，再确定是否接受我们的到访。当然，这是很必要的一步，我们小组精心选择了几个我们想知道的问题，当天晚上就发邮件给她。

第二天，我们小组收到了她回复的邮件。邮件中说很不好意思，经讨论，她们一时不能接待我们的访问。我们有点小小的失望,不过这也可以理解。当天下午,我们又联系上她们,但是接电话的是另一个工作人员,态度也没有之前那个好。她说公司在开股东大会,且这个事情她们是不负责的,并且给了我们她们公司办公室的联系方式。可是这个联系方式也未能让我们联系上公司的管理层。

于是经过商量,既然联系不上她们公司,我们决定周三直接走访雅戈尔。12 月 5 日(周三)下午,我们小组真的"浩浩荡荡"地去了雅戈尔,结果我们被公司的保安拦了下来,因为我们没有内部人员的接待证明。我们马上拨打之前获得的公司办公室的号码,幸好这次联系上了,但是话务员说这事不归她们部门接管,又给了我们人事接待办的联系方式。当然,我们也就联系了人事办,被告知除非有政府部门或学校老师的推荐信和证明,否则还是不能接待我们。这让我们多少有些失望,但我们又不想就此毫无收获地返校,就去了总部旁边的服装会展中心——外观很漂亮的半球形建筑,里面是雅戈尔服装的零售点。鉴于那是个展销中心,顾客不多,她们的工作人员也很乐意与我们交谈。我们主要访问了大堂经理,他也把他知道的信息告诉了我们,对此,我们甚是感激。

鉴于我们的这次走访不怎么顺利,回来之后我们退而求其次,再次联系董秘,希望通过电话的方式采访她们,经过再三恳请,她们总算断断续续回答了一些我们的问题。

二、调研内容

Q1:在服装产业竞争日益激烈的今天,贵公司是如何看待回归主业这一策略的?

A:首先,金融投资方面,鉴于之前经济不景气,投资损失较严重,公司计划金融投资的比例会逐渐减少,重点回归服装行业。其次从净利润贡献上看,最近三年雅戈尔品牌服装板块净利润占比逐年提升,预计今年公司品牌服装行业业务的收入和净利润仍将保持稳定增长态势。在这方面,公司过去对广告的投入较少,建设重点在渠道建设,通过改进店铺装修、优化产品陈列、提升营业员素质等多方面提升品牌形象。

Q2:贵公司服装产业的核心竞争力是什么?

A:现在雅戈尔最大的核心竞争力是营销渠道。不过,对市场渠道的细分也很关键,因为品质都趋同化了。另外,有一支优秀的营销队伍,也是一个核心竞争力,因为什么东西都是靠人去做的,人是第一生产力。有一批忠于雅戈尔企业、忠于雅戈尔文化的营销队伍，这是雅戈尔不断发展的保证。为什么雅戈尔会发展这么快，李如成认为一个是渠道，一个是营销队伍，因为这是其他企业不可能马上取代，也不容易模仿的。这需要一个过程，因为凝聚力、号召力的形成不是一蹴而就的。一个企业要造就一支这样的团队，不是一两年就能建立起来的。

Q3：刚刚召开十八大，雅戈尔在十八大后有什么规划？

A：这段时期雅戈尔正在开股东大会，有针对十八大市场经济方面做出相应调整的规划，具体的不方便透露，这属于公司的内幕信息。

Q4：阿玛尼、鳄鱼是国际知名男装，雅戈尔在回归服装产业，需要向它们借鉴什么？

A：主要应该向阿玛尼、鳄鱼等这些国际知名男装从服装质量、服装设计风格和售后服务这三个方面进一步借鉴，使自己产品的口碑进一步提高。

Q5：对于劳动力成本急剧上升、招工困难问题，雅戈尔如何应对？

A：雅戈尔没有出现招工困难这一问题，而且公司在员工薪酬方面一向协调得很合理。

Q6：作为一家以服装产业为主的上市公司，外界对贵公司房地产及金融投资方面众说纷纭，公司是如何看待这三大产业的？

A：第一，公司明确以品牌服装为主业的发展战略。第二，房地产业务受制于宏观调控，2012 年公司针对这块的首要目标是实现现金流平衡，其次也在积极进行一些产品结构上的调整，适当降低高档房的比重。第三，金融投资方面，鉴于之前经济不景气，投资损失较严重，公司计划金融投资的比例会逐渐减少，重点回归服装行业。

Q7：近段时期股市行情低迷，投资者信心下滑，贵公司关于这方面有何策略或规划？

A：重点还是在目前阶段减少投资规模，将主业拉回品牌服装这一块，房地产方面不做重大调整，求稳为主。金融投资方面的发展空间变数不定，在将来会根据具体的经济形势做相应的调整。

三、调研总结

这次走访虽然没有想象中的成功，但是我们从中也学到了很多。总结这次的走访，可以得出以下几个方面的内容。第一，在对公司进行实地走访之前，我们的准备工作还有待提高，应该拿到学校的推荐信，这样会更有说服力。第二，在电话访谈时，交流的技巧也是不可忽略的。第三，让我们更深刻地了解了雅戈尔这家上市公司，有利于我们提高对股市基本面分析的能力。

钱晓君、张杨舒仪、王希、孙洁梅、郑琦、何楠杰、孙加勒　金融学 2010 级

宁波建工(601789)

宁波建工股份有限公司是浙江省百强企业浙江广天日月集团股份有限公司控股子公司，2011 年 8 月 16 日，公司在上海证券交易所挂牌上市。作为大型综合建设集团，公司业务覆盖面很广，包括房屋建筑工程、市政公用工程、建筑装饰装潢和幕墙工程、地基与基础工程、钢结构工程、消防设施工程、机电安装工程、起重设备安装工程、建筑智能化工程等多个领域，已形成了涵盖建筑科研、设计、施工安装、装饰装潢、钢结构、商品混凝土、预制构件等相对完整而紧凑的产业链形态。

一、调研过程

调研之前我做了很多的前期准备工作，特别观察了公司最近十日的股价，发现公司股票在 2012 年 12 月初连续 8 天进入新浪“龙虎榜”，这是十分不寻常的现象。

我通过官网查阅到了公司董秘电话，并于 2012 年 12 月 6 日拨打电话，董秘助手给了我公司投资咨询部门的电话，次日，我以投资者兼学生的身份给他们打去了电话。服务人员表示因近期股票炒作氛围浓厚，投资热线火爆。之后他给了我一个邮箱地址，让我通过邮箱询问具体问题。

二、调研内容

我通过邮件简单询问了几个问题，以下是我的问题以及他们的回答。

Q1:公司股票在 12 月连续 8 天登上“龙虎榜”，炒作氛围浓厚，公司对此有什么看法?

A:公司目前没有未公布的内幕消息，我们只能提醒投资者，二级市场的情况比较复杂，应理性投资、防范风险。

Q2:贵公司的主营业务集中在宁波，是否有拓展其他市场的计划?

A:公司当前注册资本金 40066 万元，下设土建、安装、工程设计、市政园林、钢结构、设备租赁、经贸等专业分公司以及北京、上海、天津、江西、江苏、成

都、重庆、合肥等区域分公司 30 多家，旗下控股了宁波建乐建筑装潢有限公司、浙江广天构件股份有限公司、宁波市明州建筑设计院有限公司、宁波经济技术开发区建兴物资有限公司、宁波建达起重设备安装有限公司等产业子公司，并拥有省级技术中心 1 个，已成为建筑产业链较为完善、企业综合竞争力较强的大型建筑施工企业。

Q3：公司近期所承接的大型项目有哪些？

A：公司于 2012 年 11 月 29 日收到通知书，宁波建工股份有限公司作为项目承建单位与宁波市坤德房地产有限公司作为项目管理单位组成的联合体为高桥镇蒲家村安置小区（蒲家兰庭）新村建设工程建设转让项目中标单位。中标造价为人民币 7.4 亿元。

公司当日中标慈溪观海卫镇环城东路拆迁安置及新区改造安置工程施工 BT 项目，工程造价约 6.98 亿元，中标工期为 900 天。该工程位于慈溪市观海卫镇新泽村泽山片头塘头和庙桥片东翁家浦旁。工程总建筑面积 22.17 万平方米，其中地上部分约 15.95 万平方米，地下室约为 6.22 万平方米。设有一层地下室，地上 18 幢单体结构。主楼 10～11 层，结构高度 36.85 米，为框架结构体系。公司中标范围为包括施工图范围内的土建、桩基、围护、给排水、电气、智能化、消防、室外景观绿化、附属工程等。

三、调研心得

虽然公司对问题的回答十分官方，但还是可以通过其中得出一些有用的结论。第一，公司以宁波市场为依托，已经向全国市场延伸，为公司将来的发展打下良好的基础。收购宁波市政全部股份更让其成为宁波龙头建筑企业，在本地市场业务上有着极大优势。第二，作为一个建筑公司，一般工程工期都比较长，公司近期中标几个大型项目，为公司未来几年确保了收益。同时公司还接受几个大型 BT 项目，虽然造成短期现金流的短缺，但这种工程也带来了极大的未来收益。第三，在二级市场公司，公司股票因盘子较小又无基金等持股，容易被投机者作为炒作的目标，12 月初这波上涨有着强烈的炒作氛围，资金快进快出的现象明显，所以建议投资者以观望为主，等回调到适当价位，再行买入。

莫秋伟　金融学 2010 级 1 班

杉杉股份(600884)

公司位于宁波南部商务区,主营服装与锂电池业务,属于杉杉集团旗下的上市公司之一。

一、走访过程

走访前,小组完成了一系列前期准备工作:组员分工,获取公司的联系方式,通过浏览公司官网了解公司的基本信息,以及调查问题的提出、筛选和最终整合。

首先,我们以学生的身份通过电子邮件的形式,将我们的基本信息以及本次实地走访计划向对方公司做了简单的说明。但是,公司并未及时给予回复,于是我们通过电话的方式联系到了公司相关负责人,具体说明了情况。整个交流过程中,对方对我们本次活动表现出了关注、支持的态度,也比较耐心。两次电话沟通以后,杉杉给我们的答复是之前尚未碰到过大学生实地走访,来访的一般都是监管机构与大型券商,并且公司需要报证监会备案,要走一系列的审批流程,因为最后出具的报告是具有法律效力的,而我们还需要提供学校开出的相关证明。很明显,公司对此次上市公司实地走访计划提出了委婉的拒绝。但是,公司也同意通过电子邮件有选择性地回答小组提出的一系列问题。

二、调研内容

我们小组主要是以杉杉股份有限公司主营业务当中的服装业务为对象来提出相关问题。最后,公司选择了以下的几个问题进行简要回答:

Q1:杉杉股份对服装这一主营业务的未来发展战略是什么?

A:服装板块应处理好市场与运营两方面的问题,加强品牌建设,不断提高品牌的品质,要从采购、用料、设计、款式乃至最终质量等方面大幅提升其品质,在新的开拓领域要大力引进人才。各产业公司要提高成本意识,精兵简政,压缩运营成本。

Q2:请解读一下杉杉控股三季度会议当中的“贸易板块的结构调整——商社模式”。

A:向控股“商社”演化:持股宁波银行与创投基金。两个金融动作的完成,反映出杉杉总部从做产业向做资本转型。杉杉股份除服装主业外,主要是投资金融和能源材料等项目。在新能源领域，杉杉股份的锂离子电池正负材料一直在国内处于领先地位。杉杉企业未来的发展战略与方向是，考虑到当前杉杉企业的核心并不是商权能力，而是投资能力，所以公司正在向成为具有金融控股集团模式与东方商社精神的混合体式的企业社会迈进。

Q3：杉杉股份公司在日常运营过程中所面临的内部和外部的主要风险有哪些？

A：内部风险包括：主要原材料供应和价格风险、对主要客户依赖的风险、产品结构相对集中的风险、工艺技术发展和产品结构调整的风险、行业内部竞争的风险以及环保风险。

外部风险包括：产品市场需求变化的风险、销售市场差异的风险、经济周期影响的风险。

Q4：杉杉股份难堪库存重压，具体有什么样的应对措施？

A：加快推进以宁波杉杉时尚服装品牌管理有限公司为经营管理平台的产业整合，在经营模式上由“多品牌经营模式”逐步向“经营多品牌模式”转变，以降低运营成本，提升经营效率，努力提升品牌效益。同时，公司积极寻求与行业内领先企业的合作，通过资源整合、优势互补，实现合作共赢。

三、调研总结

以下是我们小组对此次调研的一些想法。首先，进行换位思考，我们对杉杉股份有限公司的委婉拒绝表示理解。因为，作为一家大型上市公司，理应严格对待涉及投资的事项，特别是在要形成书面报告的情况下。其次，我们的身份是学生，而非专业机构，考虑到我们本身专业知识的局限性、个体影响力以及最终的目的，上市公司会持敷衍的态度也属正常。如果我们是普通投资者，最后的结果也可能如此，因为对于一家上市公司，其投资者千千万万，而我们只是个人行为。为了学生走访上市公司活动能够顺利进行，前期做好同行业相关专业机构的沟通是很重要的。

通过实地走访，有机会感受到上市公司部分业务的真实操作流程，从而可以对上市公司有一个更深层次的解读。因此，我们小组认为，对上市公司进行实地走访，作为对公司股价未来波动可能性的预测考量方式，具有重要的意义。

杨柳青、夏懿　金融学 2010 级

教/师/点/评

开学初给学生布置了“走进上市公司”的任务，其实心里清楚这不是一个简单的任务，主要困难在于上市公司是否接待，是否允许投资者(学生)走进。事实证明我们的担心并非多余。在这种情况下，学生千方百计、费尽口舌、想尽各种办法，有的甚至动用了家里的关系，终于得到了10篇调研报告，实属不易。

这个活动对学生来说，不仅增加了对上市公司的感性认识，将证券投资基本分析的专业知识落实到一个个具体、鲜活的案例中学以致用，也增加了学生的社会经验，培养了他们在困难面前不退缩、积极主动参与工作任务的职业精神。

为金融专业的学生自豪!

第三节　大学生投资理财大赛获奖成果

2013年5月25日，“光大杯”宁波市第二届大学生理财规划大赛决赛在浙江万里学院举行，我校金融专业的“破浪少年队”和“氧气队”分别荣获一等奖和三等奖。另外，王歆同学受主委会委托在闭幕式上代表所有参赛选手做了赛后发言。

破浪少年队由金融专业2010级的孙洁梅、史丹、胡汉标、钱晓君、韩希及信息分院姜俊泽六位同学组成，氧气队由金融专业2010级的王歆、谢倩、王思超、李诗坤、李婷五位同学组成。

本次比赛先后通过基础知识考核、金融市场营销、炒股和理财方案设计等4个环节，在经过长达半年的角逐之后，最终，来自宁波市10所高校的44支队伍进入了决赛。在决赛中，各参赛队伍向来自各银行理财部门的评委陈述自己精心准备的理财方案，并回答评委对理财方案所提出的问题。破浪少年队凭借方案的新颖性和全面性被评委高度赞扬，荣获小组第一，成功晋级到下午的总决赛。总决赛在7支队伍中进行，由评委随机提问，团队成员须立即现场回答。孙洁梅等同学凭借扎实的专业知识功底，不但系统地回答了评委所提问题，而且对其未来趋势做了专业性判断。

本次比赛的成果充分体现了金融专业历来重视的“知行合一、学以致用”的专业精神。下面，我们展示荣获一等奖的作品。

获奖作品:“无忧乐享”养老理财规划方案

一、基础资料

沈先生,51岁,家在浙江宁波。2004年从国营单位离职,现兼职做一些弱电工程的技术咨询和现场管理工作,年收入15万元左右,计划60岁退休。沈先生妻子杜女士是一名大学教师,50岁,工作稳定,月收入6500元,年终奖2万元,计划55岁退休。夫妻二人除“三险一金”外未购买其他商业保险。家庭自担医疗费用约每月500元。沈先生的父母均已退休,自己每月有一笔退休金,沈先生另外每月给两位老人1000元赡养费。沈先生的儿子已经成年,22岁,现在读大三,计划读完大学本科后继续读研。他已购买宁波高校大学生医疗保险,教育费用每年约2万元。希望读研后能找到一份较好的工作,独立生活。家庭现共有定期存款25万元,活期存款1万元左右。现有住房两套,一套自住(100平方米),位于市中心,价值约180万元;一套出租(60平方米),租金每月1100元,地段较为偏僻,无房贷,价值约72万元。家庭月平均支出6000元(包括生活费、水电气费、通讯费、交通费、置装费等)。家庭年额外支出约12000元。

理财目标:

1.计划60岁退休,并维持目前80%的生活水平;

2.希望在退休时有一笔旅游休闲资金(预计50万元)。

二、家庭基本信息及财务状况

(一)家庭基本情况

见表2-37:

表2-37　家庭基本情况

家庭成员	年龄(岁)	职业
沈先生	51	技术管理工人
杜女士	50	大学教师
儿子	22	大学学生
沈先生父亲	71	已退休
沈先生母亲	70	已退休

沈先生计划60岁退休，杜女士55岁退休，儿子正在宁波大学读大三，两位老人均已退休，并且每月有一笔养老金收入补助生活，没有和沈先生夫妇同住。

（二）家庭基本财务现状

1.家庭收支状况

见表2-38：

表2-38 家庭收支情况表

收支项		金额（元/月）	金额（元/年）	占总收入的比率（%）
工资（税后净收入）	沈先生	12500	150000	54.93
	杜女士	6500	78000	28.56
奖金	沈先生	0	0	0.00
	杜女士	0	20000	7.32
投资收入	利息	990	11875	4.35
	租金收入	1100	13200	4.83
（Ⅰ）总收入		21090	273075	100.00
教育费用	学杂费	0	4400	3.61
	学校生活费	1200	14400	11.80
	住宿费	0	1200	0.98
日常生活开支	日常生活	6000	72000	59.02
医疗费用	医疗费用	500	6000	4.92
两位老人的赡养费		1000	12000	9.84
额外支出		1000	12000	9.84
（Ⅱ）总支出		9700	122000	100.00
现金结余（或超支[（Ⅰ）—（Ⅱ）]		11390	151075	

2.家庭资产负债状况

见表2-39：

表 2-39　家庭资产状况表　(单位:元)

资产项目	金额
金融资产	
活期存款	10000
定期存款	250000
股票	0
债券	0
基金	0
其他	0
实物资产	
出租房产①	720000
市中心房产②	1800000
总资产	2780000
总负债	0
净资产	2780000

三、家庭财务诊断

(一)家庭主要财务指标分析

1.净资产偿付比例

净资产偿付比例=净资产/总资产×100%=2780000/2780000×100%=100%

沈先生的家庭无负债压力,这同时也说明沈先生没有充分利用起自己的信用额度,没有充分利用财务杠杆的作用,理财收益不高。

2.流动性比例

流动性比例=流动性资产/每月支出×100%=10000/9700×100%=103%

一般来说,流动资产能满足三个月的开支即可。沈先生家庭每月需支出9700元,流动性比例为103%,可见资产流动性不足。

3.年储蓄比例

年储蓄比例=结余/总收入×100%=151075/273075×100%=55.32%

① 该房产是指60平方米出租房,由于租金较低,得出地段较为偏僻,以1.2万元/m^2估价,总价值约为72万元。

② 该房产位于市中心,以1.8万元/m^2估价,总价值约为180万元。

从储蓄比例可以看出，沈先生家庭在满足当年支出以外，还可将 55.32% 的收入用于增加储蓄或者投资。

4.投资与净资产比例

投资与净资产比例＝投资资产/净资产×100%＝980000/2780000×100%＝35.25%

投资性资产包括所有可产生利息、租金、资本利得等理财收入的金融性资产与房地产，合适比例应该为 50%以上，而此数据明显偏低反映出沈先生家庭资产中用于增加财富的部分太少。

5.净资产成长率

净资产成长率＝净储蓄/净资产×100%＝(毛储蓄＋理财收入－理财支出)/净资产×100%＝(260000＋25075－0)/2780000×100%＝10.25%

该家庭的净资产成长率太低，一方面，是因为沈先生的投资资产所占净资产比例过低，另一方面，沈先生以银行存款为主的投资回报率也较低，这将使得家庭财富的增长过慢。并且家庭收入主要来自工资收入，无法达到财务自由。

通过分析我们认为，沈先生家庭财务情况稳健有余，回报不足。主要表现为家庭财富的增长大部分来自于工资收入，投资性资产占有比例过低，大部分为定期存款，回报率低，良好的信用额度没有充分利用，等等。因此，运用好月度和年度的结余、适当地提高投资性资产以及回报率，是沈先生家庭财富积累的关键。

(二)家庭保障分析

众所周知，保险在家庭理财计划中扮演着一个相当重要的角色，保险是家庭理财的工具，保险也是家庭理财的保障。综观沈先生的家庭，沈先生和杜女士除了有一份“三险一金”外，就没有其他的商业保险了。“三险一金”包括了养老保险、失业保险、医疗保险和住房公积金。虽说这份保险基本保障了家庭最可能会出现的风险损失，但是随着年龄的增长，沈先生和杜女士的劳动能力将下降，而且人有旦夕祸福，为了增强风险抵抗能力，综上考虑，沈先生的家庭有必要再投保一份大病保险以及意外伤害保险。

沈先生如果不采取主动保障措施，消极等待政府出台政策，很可能为家庭带来高额医疗等费用负担。根据沈先生家庭目前的收支情况分析，应该有经济能力采取积极的保障措施。

(三)理财规划前资金供求分析

为了更好地对沈先生家庭做出合理的理财规划，我们对沈先生家庭的资金供需先做一个初步的测算。以沈先生60岁的时点为理财目标测算点，即对所有的收支我们折算到60岁时的价值，60岁时的资金价值在表中我们称为终值。

1.资金供给

见表2-40和表2-41：

表2-40　沈先生退休前家庭资金供给情况

已有存款		250000元（定期）＋10000元（活期）		
未来收入相关指标	单位	沈先生	双方共有	杜女士
工作年限(t)	年	9		5
每年工资现金收入(c)	元	150000		78000＋20000
工资年增长率	%	6		6
通货膨胀率	%	4		4
工资实际增长率(g)	%	2		2
工作时期投资报酬率(r)	%	7		7
工资收入终值①	元	1049846.48		417099.07
利息收入	元		106875	
养老金	元	0		120000②
房屋租金	元		118800	
总计	元		1812620.55	

表2-41　沈先生退休后家庭资金供给情况

预计退休养老金领取年限(t)	沈先生	杜女士
	20	21
退休当年养老金年现金收入(c)③	36000元	30000元
养老金每年增长率	4%	4%
通货膨胀率	4%	4%
养老金实际增长率	0	0
退休时期投资报酬率(r)	7%	7%
养老金终值	381384.51	325065.82

综上，资金总供给＝存款＋工资收入＋利息收入＋租金收入＋养老金＝260000＋（1049846.48＋417099.07）＋106875＋118800＋120000＋(381384.51＋325065.82)＝2779070.88元。

① 工资收入终值公式：(增长型年金)fv＝[c/(r－g)]×{1－[(1＋g)/(1＋r)]^t}

② 根据杜女士退休后每月领取养老金2500元计算，在沈先生退休前可领取4年。

③ 关于退休后基本养老金领取说明：个人缴费年限累计满15年的，退休后按月发给基本养老金等于当地上年度职工月平均工资的20%＋本人账户储存额/120，按此公式，估算沈先生退休后每月可领养老金约3000元，杜女士退休后每月可领取养老金约2500元。

2. 资金需求

(1)教育支出

见表 2-42:

表 2-42 沈先生儿子未来教育费用预估

阶段	教育费用(元)	时间(年)	折现率(%)	终值(元)
大学	20000	2	2.88	95606.08
读研	20200	3		

注:{[(1+投资报酬率)/(1+教育费用增长率)]-1}×100%=2.88%。

(2)旅游支出

退休时有一笔旅游休闲资金(预计 50 万元)。

(3)生活支出

见表 2-43、表 2-44 和图 2-31:

表 2-43 沈先生退休前的家庭生活支出情况

距离退休年限(年)	9
每年工作期间家庭基本支出(元)	6000×12=72000
赡养费(元)	1000×12=12000
额外支出(元)	1000×12=12000
医疗费(元)	500×12=6000
工作期间折现率(%)	7-4=3
预计退休时基本生活开销的终值(元)	794183.11

表 2-44 沈先生退休后的家庭生活支出情况

假设退休后基本生活支出调整率为 80%	72000×80%=57600
赡养费(元)	1000×12=12000
额外支出(元)	1000×12=12000
紧急预备金(元)	1000×12=12000①
预计退休后每年医疗费用(元)	500×2×12=12000②
丈夫退休后夫妻两人的生活年限(年)	20
预计退休时基本生活开销的终值(元)	1571061.35

① 沈先生家庭除三险一金外未购买其他商业保险,抵抗风险能力弱,为应对日后意外事故发生,所以需提取紧急预备金应对家庭突发事件的不时之需。

② 假设沈先生夫妇寿命均为 80 岁。随着年纪增大,沈先生夫妇身体条件将逐渐变差,所以退休后医疗费用每年翻倍计算。

综上，资金总需求现值＝教育支出＋旅游支出＋生活支出＝95606.08＋500000＋(794183.11＋1571061.35)＝2960850.54(元)。

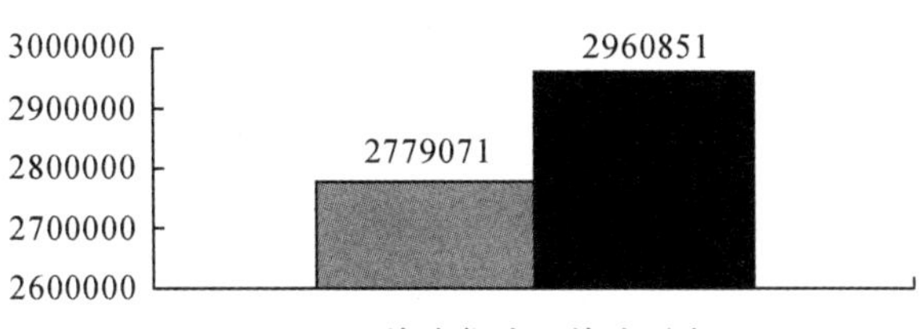

图 2-31　理财规划前的资金供需

资金供给－资金需求＝2779071－2960851＝－181780(元)

可以看出，如果不理财，沈先生家庭资金缺口约为 18 万元。

(四)家庭风险特征测试分析

为了更好地给出理财建议，我们为沈先生做了风险评估测试，具体见表 2-45 和表 2-46：

表 2-45　风险承受能力评分表

分数(分)	10	8	6	4	2	得分
就业状况	公教人员	上班族	佣金收入者	自营事业者	失业	8
家庭负担	未婚	双薪无子女	双薪有子女	单薪有子女	单薪养三代	6
置产状况	投资不动产	自宅无房贷	房贷≤50%	房贷>50%	无自宅	10
投资经验	10 年以上	6～10 年	2～5 年	1 年以内	无	6
投资知识	有专业证照	财金科系毕业	2～6 年	懂一些	一片空白	4
年龄:51						24
总得分						58

注:年龄总分 50 分,25 岁以下者为 50 分,每增一岁少 1 分,75 岁以上者为 0 分。

表 2-46　风险偏好评分表

分数(分)	10	8	6	4	2	得分
首要考虑因素	赚短现差价	长期利得	年现金收益	抗通胀保值	保本保息	4
过去投资绩效	只赚不赔	赚少不赔	损益两平	赚少赔多	只赔不赚	8
赔钱心理状态	学习经验	平常心	影响情绪小	影响情绪大	难以成眠	6
目前主要投资	期货	股票	房地产	债券	存款	2
未来避险工具	无	期货	股票	房地产	债券	2
对本金损失的容忍程度						20
总得分						42

注：损失容忍总分 50 分，不能容忍任何损失为 0 分，每增加 1 个百分点加 2 分，可容忍 25%以上损失为满分(50 分)。

(五)家庭金融资产配置与投资诊断

见表 2-47：

表 2-47　风险矩阵对照组合表

(单位：%)

风险承受	工具	低能力	中低能力	中等能力	中高能力	高能力
		<20	20～39	40～59	60～79	80～100
低态度	货币	70	50	40	20	0
<20	债券	20	40	40	50	50
	股票	10	10	20	30	50
	预期报酬率	3.40	4.00	4.80	5.90	7.50
	标准差	4.20	5.50	8.20	11.70	17.50
中低态度	货币	50	40	20	0	0
20～39	债券	40	40	50	50	40
	股票	10	20	30	50	60
	预期报酬率	4.00	4.80	5.90	7.50	8.00
	标准差	5.50	8.20	11.70	17.50	20.00
中等态度	货币	40	20	0	0	0
40～59	债券	40	50	50	40	30
	股票	20	30	50	60	70
	预期报酬率	4.80	5.90	7.50	8.00	8.50
	标准差	8.20	11.70	17.50	20.00	22.40

续表

风险承受	工具	低能力	中低能力	中等能力	中高能力	高能力
		<20	20～39	40～59	60～79	80～100
中高态度	货币	20	0	0	0	0
60～79	债券	30	50	40	30	20
	股票	50	50	60	70	80
	预期报酬率	5.90	7.50	8.00	8.50	9.00
	标准差	11.70	17.50	20.00	22.40	24.90
高态度	货币	0	0	0	0	0
80～100	债券	50	40	30	20	10
	股票	50	60	70	80	90
	预期报酬率	7.50	8.00	8.50	9.00	9.50
	标准差	17.50	20.00	22.40	24.90	27.50

测试显示，沈先生的风险承受能力和风险偏好处于中等水平，投资组合建议见表2-47中的中等态度、中等能力组合得出的配置。适合沈先生家庭的投资组合是50％债券类资产、50％股票类资产，预期报酬率在7.5％左右，标准差为17.5％。具体方案将根据沈先生家庭实际情况再做调整。考虑到沈先生没有太多投资理财经验，将投资报酬率稍稍调低，建议目前资产配置投资报酬率控制在7％左右比较适合。

（六）分析与诊断结论

沈先生从国营单位离职后，兼职一些弱电工程的技术咨询和现场管理工作，这从侧面可以看出沈先生对风险的偏好还不算保守，属于中立型。但是沈先生的家庭目前除了活期存款和定期存款外，就再没有其他投资行为了，虽然活定期存款这种资产配置可以说是零风险，但是也影响了资产收益的提高。

根据沈先生家庭的财务状况，可以看出其家庭具有一定的抗风险能力，但是该家庭完全没有负债现象。根据国家统计局公布的资料，近十年来我国通货膨胀率的平均值为3.03％，并基于国内外量化宽松的环境和总体需求，随着经济放缓，通货膨胀在未来仍有上行空间，所以，沈先生可以考虑通过一部分负债来使资产保值或增值，从而更好地为沈先生夫妇的养老和儿子的教育提供保障。

四、家庭理财目标

(一)沈先生的理财目标

见表 2-48：

表 2-48　沈先生最初的理财目标

类别	内容
养老	计划 60 岁退休，并维持目前 80%的生活水平
旅游	在退休时有一笔旅游休闲资金(预计 50 万元)

(二)理财目标评价及修正

沈先生的理财没有把家庭未来必要支出以及可能发生的风险考虑在内，目标过于简单。作为家庭的顶梁柱，沈先生和妻子既要维持日常生活水平，赡养双亲，又要积累一笔不小的旅游休闲资金，收入有限而日常开销又不少。不仅如此，沈先生还必须为孩子准备高等教育费用，以及准备应对家庭随时可能发生意外的应急资金。为了帮助沈先生对未来生活做好进一步规划，做到未雨绸缪，我们修正并补充了他的理财目标(见表 2-49)。

表 2-49　修正后的理财目标

类别	内容
生活	退休后至少维持目前 80%的生活水平
教育	供养儿子完成大学及研究生教育
旅游	在退休时有一笔旅游休闲资金(预计 50 万元)
保险	年支付 1 万元左右用于购买重大疾病、意外伤害等保险
换房	购置新房，提高租金收入，也为儿子将来考虑

五、理财的基本假设

由于未来经济的周期波动可能造成一定影响，为便于做出由详尽数据说明的理财规划，以“未来 10 年内我国经济放缓发展的趋势”为前提，我们对未来 10 年内的相关参数的平均增长进行假设和预测，并保守取其极限值(见表 2-50)。

表 2-50 参数设定

（单位：%）

理财策划时段	2013 年 6 月至 2023 年 6 月
预期通货膨胀及日常生活支出年均增长率	4
预期收入增长率	6
预期教育费用增长率	4
预期投资报酬率	7
养老金增长率	4

（一）通货膨胀率的假设

我们预测预期通货膨胀及日常生活支出年均增长率为 4%。

理由一：通货膨胀的走势取决于国内外环境和总体需求。国际方面，环球流动资金泛滥，国际商品和资产价格的上升风险不容忽视，加上欧、美、日新一轮量化宽松措施，有可能引发新一轮输入通胀。国内方面，人民币升值压力依然存在，为了保证币值相对稳定，政府必然会加大人民币投放规模，这也是通胀的隐患。另外，随着经济增速放缓，工资上升压力较大，加上租金依然高昂，通货膨胀在未来仍有上行风险。

理由二：根据瑞士信贷董事总经理、亚洲区首席经济师陶冬 2011 年在《证券时报》上的预测，随着工资大幅度的上涨，接下来中国的通胀将出现一个长期的、结构性的上涨，未来 10 年中国的通货膨胀率大约在 5%左右。

理由三：根据国家统计局公布的资料，我们计算出 2003 至 2012 年通货膨胀率的平均值为 3.03%（各年通货膨胀率数据详见附表 1）。

而且从世界范围看，每一次战争或者经济危机过后，通货膨胀率都会大幅增长，所以我们预计通货膨胀率将继续上涨，因此假设通货膨胀率为 4%。

（二）预期工作期间年收入增长率的假设

2012 年中国 GDP 和宁波 GDP 增速均为 7.8%，是 1999 年以来的最低值。中国经济在内、外（美国经济复苏乏力、欧债危机继续发酵等）夹击下遭遇前所未有的“稳增长”压力，外部需求急剧萎缩，这些对外向型经济区域的对外贸易造成了强烈冲击。

表 2-51　宁波市城镇居民平均收入

年份	平均收入(元)	收入增长率(%)
2003	14277	10.10
2004	15882	11.20
2005	17408	9.61
2006	19674	13.02
2007	22307	13.38
2008	25304	13.44
2009	27368	8.16
2010	30166	10.22
2011	34058	12.90
2012	37902	11.30

数据来源:宁波市统计局。

由表 2-51 可见,虽然宁波市城镇居民平均收入近年来增长率都大于10%,但是金融危机过后,一方面出口急剧减少,另一方面国内消费无法拉动,再加上人工成本和原材料价格上升,宁波很多中小企业面临倒闭或采取收缩战略,因此城镇居民的收入增速将会放缓。所以我们根据 GDP 的增速预测沈先生工作期间每年收入增长率为 6%。

(三)预期教育费用增长率的假设

由于我国的公办教育费用以政府指导价格为主,我们认为预期教育费用增长率与通货膨胀率同步,均为 4%。

(四)预期工作时期投资报酬率与退休时期投资报酬率的假设

中国作为新兴市场国家,市场容量大,投资机会多。虽然经济的发展速度将放缓,但是由于经济发展的惯性作用,新一届政府对战略性新兴产业的重视,未来的投资环境还会进一步得到发展,所以预期投资报酬率略高于收入增长率,将维持在 7%。

(五)养老金增长率的假设

养老金的增长率我们预测为 4%。这是因为从 2005 年开始国家每年对企业退休人员月养老金进行调整，8年累计月人均增加1021元，2012年调整后的人均退休金是2005年调整前的2.45倍。尽管近年来，退休人员养老金年均增加10%，但经过多年调整后，与事业单位退休人员的养老金将基本持平。另外养老金与当地经济增速挂钩，养老金的年均增长率将放缓，但不低于通货膨胀率。去除不确定性因素，因此预测养老金的年均增长率为4%。

六、理财规划建议

根据沈先生的情况，建议家庭理财把握两个基本原则：一是家庭财务目标导向的原则；二是稳健原则，在适当分散风险的前提下追求适度的收益。

(一)家庭保险规划

沈先生和杜女士已购买了“三险一金”，可见他们也在一定程度上意识到保险对家庭的必要性。沈先生的儿子已在学校购买宁波大学生医疗保险，每年缴费100元，已计算在教育费用内，具体政策详见附表5、附表6。沈先生夫妇俩都是家庭重要的经济支柱，任何一方发生不幸都会对家庭理财造成很大影响。所以从长远考虑，为增强家庭抵抗风险能力及生活保障，根据目前情况以及沈先生家庭现有的经济承受能力，推荐为沈先生夫妇各买一份中国太平的“太平福寿”意外伤害保险和中国人寿的国寿康宁终身重大疾病保险。

1.“太平福寿”意外伤害保险

如表2-52所示，“太平福寿”产品特色保障全面，一般意外伤害保险金与交通工具意外伤害保险金可累计赔付。保险期限为1年；保费150元。

表2-52 “太平福寿”意外伤害保险详情

保险责任		保险金额(万元)
保障内容	意外身故或残疾	10
	公交航空意外身故或残疾	50
	公交列车轮船意外身故或残疾	20
	公交机动车意外身故或残疾	15
	意外医疗	2

资料来源：http://www.hzins.com/product/accid/detal-92.html。

假设沈先生夫妇每年都购买意外伤害保险，该保费缴纳基数小，如果变化，幅度也不大，所以这里保费变化忽略不计。到 80 岁，共需缴纳保费：300×30＝9000 元。

2. 国寿康宁终身重大疾病保险[①]

保额 5 万元；保费：男 4200 元/年，女 3845 元/年；缴费期限为 10 年。

保障利益：(1)合同生效 180 天后，若初次发生并经专科医生确诊为四十种重大疾病之一，按基本保额给付 5 万元重大疾病保险金，合同终止。(2)180 天内疾病身故还本，180 天后因疾病身故，按基本保额给付 5 万元保险金，合同终止。(3)10 种轻症提前给付 1 万元，给付后仍有 4 万元重大疾病保障。(4)意外伤害或 180 天后因疾病高残给付 5 万元。(5)免税功能：免交易税、利息税、遗产税、所得税。(6)养老功能：急需养老金，可申请退保，所得现金可作养老。

由于 10 年期限较短，该保费变化可能性忽略不计，因此 10 年共需缴纳重疾保费：(4200＋3845)×10＝80450 元。

综上，沈先生夫妇购买保险费用共计约为 89450 元。

(二)房产投资规划

沈先生目前拥有两套住房，一套自住，另一套出租(每月只有 1100 元的租金，由此判断该房产地段不太好)。鉴于家庭收入稳定，没有负债，且夫妇两人均缴付住房公积金，我们建议沈先生可以考虑在两年后买房，换购一套品质较高、校园附近地段的房产。根据宁波当前的房价形势和沈先生家庭资金情况，可购买面积为 80 平方米左右、每平方米 17000 元的房子，总价为 136 万元左右。这样的安排，一来还款可以由公积金分担，不影响生活；二来房屋租金也可成为一笔来源稳定的收入；三来沈先生有一个儿子，留有房产给儿子是中国父母的普遍想法。

沈先生可以通过组合贷款来达到自己的购房目标，通过出售那套 60 平方米的房子，即可获得 720000 元。两年后，沈先生家庭结余现金 151075×2＝302150 元，拿出其中的 232000 元与出售 60 平方米房子所得的 720000 元，作为购置新房的首付。

我们考虑利用住房公积金支付首付之后剩下的 30％还款金额。我们按沈先生夫妇的工资基数，以 10％的比例计算，他们住房公积金账户中共有资金约为 50 万元(其本身具有的利息率很低，在此忽略不计)。具体我们考虑了以下两种方案。

---

① 资料来源：中国人寿网站。

方案一:五年期按揭还款

新房每年还款金额可从住房公积金中提取,从宁波市住房公积金网上得到目前调整后的个人住房公积金五年期贷款年利率为4.2%(详见附表4),见表2-53。

由 $408000=\frac{x}{1+4.2\%}+\frac{x}{(1+4.2\%)^2}+\frac{x}{(1+4.2\%)^3}+\frac{x}{(1+4.2\%)^4}+\frac{x}{(1+4.2\%)^5}$ 得 $x=92163.4$。因此每年需还款92163.4元,五年后将还款460817元。

表2-53 新房购置规划表

购房总金额	1360000元
首付金额70%	952000元
贷款金额30%	408000元
贷款年限	5年
每年还款	92163.4元
预计每月租金	2800元

方案二:一次性付清

将剩余30%一次性付清。在拨打了宁波住房公积金咨询电话(12329)之后,我们了解到,沈先生在首付之后即可领到房产证。凭房产证、契税证明、身份证和公司开出的提出公积金证明,沈先生可到住房公积金管理中心提出公积金408000元,付清剩余款项。另外,为了抵抗通胀,较早地提取出住房公积金,我们考虑先提取沈先生账户中的住房公积金,其次是杜女士账户中的住房公积金。剩余10万元左右的公积金可在5年后杜女士退休时全部提取。

将两种方案相比较,可见方案二更优,故选择方案二的还款方式。

(三)投资组合规划

沈先生家庭目前拥有定期存款25万元,活期存款1万元左右,这样的资金配置虽说是无风险的,但是其投资收益甚低。考虑到沈先生缺乏股市的投资经验,现有金融资产中大部分是定期存款,收益方式单一,收益率偏低。我们建议他用购买基金来代替直接参与股市。另外,还可以将目前的活期存款改变存放形式,投资于货币市场基金,其具有收益稳定、灵活变现和收益率高于活期储蓄的优势。

1. 基金投资

我们知道,基金的投资门槛相对较低,风险相对股票而言也比较低,同时收益可观。再者,通过基金的多种组合可以分散投资风险。鉴于此,我们建议沈先生投资基金来使资产保值或增值。我们从光大银行官网上选取了几只表现比较优秀的基金(见表 2-54),这些基金近年来的年收益都呈上升趋势,可以考虑投资。表 2-54 是根据这些基金的年化收益率数据制作的投资理财产品组合建议表,近几年的年化收益率数据均来自于新浪财经。

表 2-54 备选基金收益情况

(单位:%)

非货币型基金									
代码	基金简称	投资风格	风险类型	近半年	近一年	今年以来	2012 年	2011 年	近三年
378010	上投成长先锋	股票型	中高风险	50.88	26.71	18.01	14.21	−23.84	1.14
519068	汇添富焦点	股票型	中高风险	36.13	14.27	16.41	4.77	−21.53	4.27
2021	华夏回报二号混合	混合型	中风险	42.45	17.40	15.15	7.33	−12.05	7.42
2001	华夏回报	混合型	中风险	41.83	17.55	14.91	7.51	−11.77	7.58
410004	华富收益增强债 A	债券型	中低风险	30.59	14.00	10.79	7.45	−9.51	5.55
630103	华商收益增强债 B	债券型	中低风险	26.97	14.03	9.70	8.23	−8.19	5.66
320002	诺安货币 A 基金	货币型	低风险	光大银行	3.52	3.53	3.53	3.53	3.55
270014	广发货币 B	货币型	低风险	光大银行	4.06	4.06	4.06	4.06	4.08

注:表格右边 5 列表示基金成立来的收益率。

沈先生的风险特征测试显示其风险承受能力处于中等水平,风险偏好属中等,且随着年龄的增长,沈先生将于 9 年后退休,稳健的资金配置方案很是重要,因此对于这种风险较高的股票型基金不可过多配置,而债券型基金风险较低,可适当提高配置比重。我们对未来 10 年内的相关参数的平均增长进行假设和预测,预期工作时期投资报酬率为 7%。表 2-55 是沈先生可以考虑的具体基金配置建议:

表 2-55　投资组合配置建议表

配置项目	股票型基金	混合型基金	债券型基金	货币型基金	合计
配置占比(%)	15	25	40	20	100
现有资金配置(万元)	2.4	4	6.4	3.2	16
预期报酬率(%)	12	9	7	4	7.65

针对选择表 2-54 中具体的哪几只基金来进行投资组合，我们结合表 2-55，得到下面的分析。

对于股票型基金，通过比较上投成长先锋和汇添富焦点这两只基金，我们知道汇添富焦点近 3 年来的收益回报为 4.27%，比上投成长先锋近 3 年来的收益回报 1.14%高出 3.13 个百分点；与此同时，从 2011 年起到今年上半年这段时间，汇添富焦点的收益回报稳定性好于上投成长先锋。考虑到沈先生的风险中性偏好，我们建议选择投资汇添富焦点这只稳定性相对较好的基金。

对于混合型基金，结合来自新浪财经近 3 年的回报趋势图(见图 2-32)，可知华夏回报二号混合(图 2-32 中虚线)和华夏回报混合(图 2-32 中实线)这两只基金的回报趋势大致相同，细微的差异也就是华夏回报混合的收益回报总体上略低于华夏回报二号混合，但通过具体的数据分析发现华夏回报混合近 3 年来收益率比华夏回报二号混合高出 0.16 个百分点，故我们建议选择投资华夏回报混合。

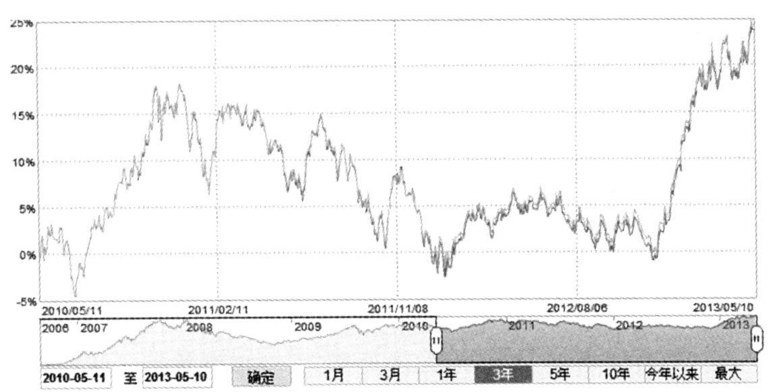

图 2-32　华夏回报二号混合和华夏回报混合历史回报趋势图

资料来源：新浪财经。

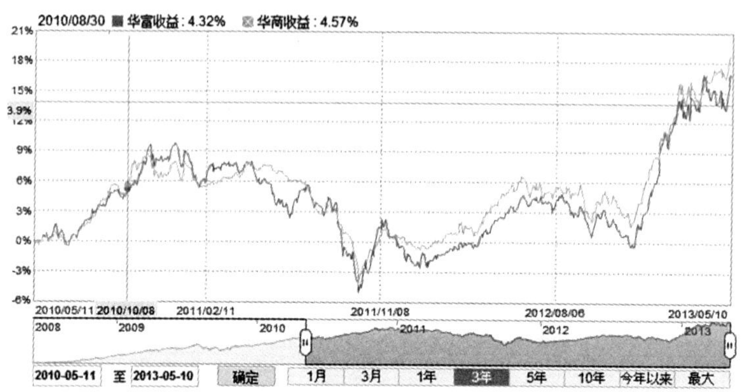

图 2-33 华富收益增强债 A 和华商收益增强债 B 历史回报趋势图

资料来源：新浪财经。

由图 2-33 结合表 2-54 可知，华商收益增强债 B 近 3 年来的收益回报趋势整体上高于华富收益增强债 A，因此，我们建议选择华商收益增强债 B 做投资。

结合图 2-34 和表 2-54 可知，广发货币 B 近 3 年来的收益回报趋势整体上高于诺安货币，因此，我们建议选择广发货币做投资。

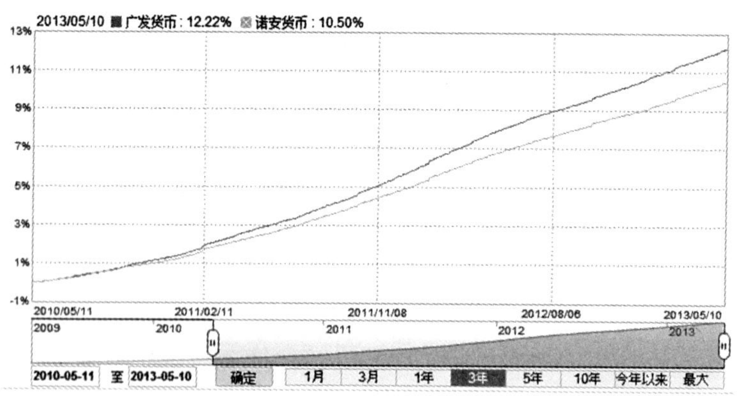

图 2-34 广发货币 B 和诺安货币历史回报趋势图

资料来源：新浪财经。

当沈先生预计每年投入 16 万元投资基金时，根据各类资金配置加权得到的预期报酬率是 7.65%，我们可以得到表 2-56 所示的投资收入：

表 2-56　投资组合预期收入表

年份	沈先生年龄(岁)	每年投入资金(万元)	投资收入(万元)
2013	51	16	1.224
2014	52	16	1.224
2015	53	16	1.224
2016	54	16	1.224
2017	55	16	1.224
2018	56	16	1.224
2019	57	16	1.224
2020	58	16	1.224
2021	59	16	1.224
2022	60	16	1.224
	合计		12.24

可得,到沈先生 60 岁时将获得 12.24 万元的收益。

2.债券投资

国债是由国家发行的债券,是中央政府为筹集财政资金而发行的一种政府债券。由于国债的发行主体是国家,所以它具有最高的信用度,被公认为最安全的投资工具。从安全性角度考虑,我们建议沈先生投入 10 万元购买国债。到期后本息和为 13.52 万元(见表 2-57 和表 2-58)。

表 2-57　2013 付息(五期)年记账式国债概况

债券名称	2013 付息(五期)年记账式国债	债券代码	19305
发行时间	2013/2/27	到期时间	2023/2/21
发行额	260 亿元	发行价	100 元
期限	10 年	年利率	3.52%
付息方式	半年付	类别	固定

资料来源:新浪财经。

表 2-58　购买国债每年收益情况表

年份	沈先生年龄(岁)	年利息收益(万元)
2013	51	0.352
2014	52	0.352
2015	53	0.352
2016	54	0.352
2017	55	0.352
2018	56	0.352
2019	57	0.352
2020	58	0.352
2021	59	0.352
2022	60	0.352
	合计	3.52

3.房屋租金的基金定投规划

沈先生一家需要 9 年后满足一定资金需求，大笔资金也是在 9 年后才会用到，所以选择产品需要兼顾以下几个特点：周期比较长，风险相对较低，且花费较少时间和精力。例如债券基金受到股票市场波动影响较小，比股票型基金风险更低、收益更稳定。建议采用定期、定额的投资方式，这样的投资方式经过实践证明，可以有效地摊薄投资成本，有利于获得较好的投资收益。

我们建议沈先生两年后，用每月的租金收入 2800 元来配置基金定投组合。基金定投通过每月积累获得将来的“大财富”，实现资金储备计划。其优点是利用平均成本法摊薄投资成本，降低投资风险。积少成多，小钱也可以做大投资。复利效果长期可观。其复利效应高于各种储蓄存款和国债，而且参加基金定投获得的投资收益完全免税。

具体方案如下：

每月定投 2800 元债券型基金，按照 7%的年收益率测算，7 年累计投入 23.52 万元，投资年限到期本金收益和约为 311129.37 元，即到期总收益为 75929.37 元。

M[①]$=12a(1+x)[-1+(1+x)n]/x$

$=12\times2800(1+7\%)[-1+(1+7\%)7]/7\%=311129.37$(元)

① 公式来源：http://cebbank.shihua.com.cn/calculator/cal_jjdt.jsp，光大银行基金定投收益计算。

其中，M 为预期收益，a 为每月定投金额，x 为一年收益率，n 为定投期数，所以 7 年后本益和约为 31.1 万元。

（四）存款规划

1.5 年后提取的住房公积金规划

5 年后杜女士将退休，其住房公积金账户中剩余约 10 万元资金可提出，可将该笔资金做 5 年期定期存款规划，利率较高，同时安全性有保障，为沈先生 60 岁时的旅游资金做积累。

100000×4.75％×5＝23750，即到期后可获取收益 23750 元。

2.月结资金规划

结余规划是家庭财富积累的重要部分。当出现意料之外的事情时，常常要通过支用历年积累的盈余及其投资收益来应对。因此，除去紧急备用金后，沈先生需要打理结余资金，使之既有活期的灵活度，又有高于活期的回报率。同时，提高了投资资产占净资产的比例及回报率。

建议沈先生从第三年起用每月的结余资金做一年期的整存整取，即每年 12 个定期。利率为 3％，利息高于活期，同时又满足流动性，在有需求时可动用最近这个月的资金来满足需要。

七、理财规划后退休时的资金供求分析

首先，到沈先生 60 岁退休那年：

资金总供给[①]＝存款资金＋工资收入＋养老金＋住房公积金[②]＋租金收入 1[③]＋出售旧房所得资金＋租金收入 3[④]＋投资理财组合收入＋存款利息收入＝260000＋（1049846.48＋417099.07）＋120000＋500000＋26400＋720000＋235200＋（122560＋35200＋75929.37）＋23750＝3585984.92（元）

资金总需求＝教育支出＋旅游支出＋生活支出＋购买保险支出＋购置新房支出＝95606.08＋500000＋794183.11＋75105＋1360000＝2824894.19（元）

---

① 26 万元存款资金用于投资之后，原利息收入不再计算在内。

② 按沈先生夫妇的工资基数，以 10％的比例计算，缴满 15 年后他们住房公积金账户中共有资金约为 50 万元。

③ 租金收入 1 为出售 60 平方米旧房之前的前两年租金收入：1100×12×2＝26400 元。

④ 租金收入 3 为购置新房之后到沈先生退休时的 7 年租金收入：2800×12×7＝235200 元。

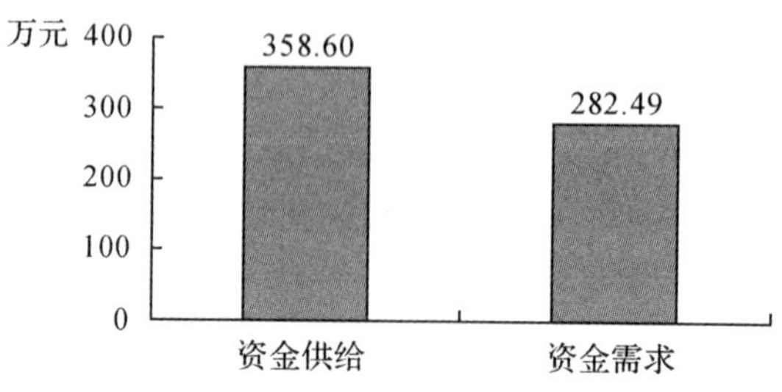

图 2-34 理财后的资金供需

从等式和图 2-34 可以看出，到沈先生 60 岁那年，该家庭在满足一笔 50 万元的旅游休闲资金后，还有约 76 万的资金供退休后生活规划使用。

再来看，到沈先生夫妇 80 岁时：

资金总供给＝存款资金＋工资收入＋养老金＋住房公积金＋租金收入 1＋出售旧房所得资金＋租金收入 2①＋投资理财组合收入＋存款利息收入＝260000＋(1049846.48＋417099.07)＋120000＋(381384.51＋325065.82)＋500000＋26400＋720000＋504000＋(122560＋35200＋75929.37)＋23750＝4561235.25(元)

资金总需求＝教育支出＋旅游支出＋生活支出＋购买保险支出＋购置新房支出＝95606.08＋500000＋(794183.11＋1571061.35)＋89450＋1360000＝4410300.54(元)

资金供给－资金需求＝4561235－4410301＝150934(元)

可以看出，理财之后，沈先生家庭日后生活的资金缺口已被填补，达到理财目标之后尚有资金结余。同时购买保险之后，家庭抗风险能力增强，生活保障程度大大提高。

八、规划评估

(一)规划后现金流量分析

根据上述的理财规划方案，我们列出从沈先生 51～60 岁之间的家庭现金流量表(详见附表 7)。

通过现金流量表的展示，可以看出理财规划不但填补了沈先生家庭的资金缺口，而且家庭财务变得更为自由。在同时满足了维持生活水平、积累旅游

---

① 租金收入 2 为购置新房之后的租金收入，假定以出租 15 年计算：2800×12×15＝504000 元。15 年后，沈先生可将该房产留给儿子或另做打算。

资金的需求下，也为儿子的教育问题和老人的赡养问题做了良好的规划，同时实现了增加保险、换置新房的目标。经过我们的规划，沈先生家庭的抗风险能力有了很大提高，不必担心会有意外发生致使家人的生活质量受到重大影响。

通过对现金流的分析我们不难看出，沈先生家庭在实施本规划后手头还有较多富余资金，为养老生活提供了良好保障。

（二）压力测试

我们都知道市场有风险，投资需谨慎。为沈先生一家制订理财计划时，还要考虑到风险带来的打击和应对措施。

1.假设沈先生发生意外或失业

如果作为一家之主的沈先生发生意外，重担就落到他太太身上。杜女士要承担未毕业的儿子和两老的生活开销，压力较大。同时，家庭的风险承受能力大大下降。我们建议，到时可以考虑将那套80平方米的房子卖出，转向更为稳健的投资方式，降低中高风险投资的比例，将一部分卖房款同保险所得的赔偿用于沈先生的就医与康复。因为原先的基金定投是以每月的房租来缴付的，所以卖房后要将基金赎回，多余的卖房款可以弥补基金定投用于儿子的教育投资和生活费用。

2.假设杜女士发生意外或失业

如果杜女士无法继续工作获取收入，我们建议沈先生适当减少一些投资，根据现实情况考虑是否卖掉80平方米的房子，但是最主要的还是节约家庭支出。保险赔偿则用于杜女士的就医与康复。

3.投资收益不如预期

市场的风险是难以预测的，也许在投资过程中，投资收益不如预期，且风险再扩大，那么需要调整投资组合比例。此时，我们建议沈先生立即撤离较高风险投资，尽可能地把资产转向分红、保险保值等稳健的投资方式，可利用投资获益的短期闲置资金，购买期限较短、收益可观的“通知存款”。

（三）敏感度分析

理财目标的实现受投资报酬率的影响最大，因此敏感性最高，如果投资报酬率提高了，则目标可以提前实现。同时投资组合中各部分资产收益率差别较大，当实际变动幅度较大时，需要调整投资组合，使其恢复至固定比例。

理财目标也受通货膨胀率的影响，通货膨胀率升高了，支出会相应地增加,实质报酬率降低,理财目标的实现将会受到影响。其他因素如利率的调整、收入增长率、教育费用增长率的变化等也会对理财目标的实现和财富的积累产生影响。

因此要特别关注上述因素的变化,适时对理财目标做出调整。

(四)面临的不确定性因素

其一,理财方案是基于目前的市场情况做出的一些假设制定出来的,这些假设会随着国家经济的变化而发生变化,比如:物价水平的变化,证券市场的波动,经济增长率的变化,利率的变动,国家的房地产调控政策,等等,这些都会对理财方案产生一定的影响。

其二,除了生活支出受到物价水平的影响之外,还要考虑未来提高生活品质、医疗、保健等方面的支出,这些支出的需求将会不断增加,会影响到其他目标的实现。

其三,孩子的教育支出也可能超出预期的增长,也会对理财方案产生一些影响。

九、总结

以上是我们针对沈先生家庭的资产、收支情况以及投资理财需求,对沈先生未来投资理财提出的建议。我们进行了详细的分析,从中可以大致看到沈先生家庭未来资产累积增值的前景。沈先生的理财目标在我们建议的理财规划中已经得到良好的体现,故此理财规划具有现实的可行性。

沈先生家的家庭结构和经济结构是比较稳定的,基于沈先生较为稳健的理财观念,我们建议他保持“稳中求进”的状态,在保证现有生活不受影响的情况下,开源节流,适度地增加一些风险较小的投资,利用我们推荐的一系列金融渠道和工具,更充分地掌握理财的信息和途径,以期达到更佳的理财效果。

此外,对于经济收入变化不大的普通家庭而言,勤俭持家和保持身体健康也是重要的理财策略,会对家庭财富的积累产生不可低估的作用。

孙洁梅、史丹、胡汉标、钱晓君、韩希、姜俊译
金融学 2010 级、信息与计算科学 2010 级

参考文献

1. 吴申,武舸.家庭理财攻略[M].上海:上海人民出版社,2005.
2. 彭振武.颐养天年,退休者理财规划[J].大众理财顾问,2006(06).
3. 杨飞.中年家庭的理财规划[J].理财杂志,2007(03).
4. 上海国际金融中心.金融理财实务与规范[M].上海:上海人民出版社,2008.
5. 邓河.退休夫妇的理财经[J].金融博览(银行客户),2009(07).
6. 冯杰.给父母的退休理财规划[J].卓越理财,2009(10).
7. 郑丽娟.一份退休后的理财规划书[J].中国市场,2010(Z3).
8. 唐乾.合理规划养老理财[J].金融经济,2010(6).
9. 许文智.个人客户财富管理功能的需求分析与设计[D].山东大学硕士学位论文,2011.
10. 刘明军.如何选择基金进行养老理财[N].上海证券报,2012-10-22.
11. 李湉湉.养老理财风头正劲应看重养老之实[N].证券时报,2012-10-27.
12. 杨军雄.养老理财先养后享[N].报林,2012-11-15.

附　录

附表 1　2003-2012 年的通货膨胀率

年份	居民消费价格指数	通货膨胀率(%)
2003	438.7	1.20
2004	455.8	3.90
2005	464.0	1.80
2006	471.0	1.51
2007	493.6	4.80
2008	522.7	5.90
2009	519.0	−0.71
2010	536.1	3.29
2011	565.0	5.39
2012	583.4	3.25

数据来源:国家统计局网站。

附表 2　银行存款利率数据

序号	日期	活期(%)	整存整取					
			3个月(%)	6个月(%)	一年(%)	二年(%)	三年(%)	五年(%)
1	2012-7-6	0.35	2.60	2.80	3.00	3.75	4.25	4.75
2	2012-6-8	0.40	2.85	3.05	3.25	4.10	4.65	5.10
3	2011-7-7	0.50	3.10	3.30	3.50	4.40	5.00	5.50
4	2011-4-6	0.50	2.85	3.05	3.25	4.15	4.75	5.25
5	2011-2-9	0.40	2.60	2.80	3.00	3.90	4.50	5.00
6	2010-12-26	0.36	2.25	2.50	2.75	3.55	4.15	4.55
7	2010-10-20	0.36	1.91	2.20	2.50	3.25	3.85	4.20
8	2008-12-23	0.36	1.71	1.98	2.25	2.79	3.33	3.60

数据来源:http://data.bank.hexun.com/ll/ckll.aspx。

附表 3　宁波市三险缴费政策

险种	工资基数(元)	个人缴费比例(%)	单位缴费比例(%)
养老保险	1908—9537	8	12
医疗保险	1908—9537	2	11
失业保险	1908—9537	城镇户口 1 农村户口 0	2

资料来源:宁波市劳动和社会保障网。

附表 4　宁波住房公积金存贷款利率调整表

项　目	调整前年利率(%)	调整后年利率(%)
一、个人住房公积金存款		
当年缴存	0.50	0.40
上年结转	3.10	2.85
二、个人住房公积金贷款		
五年以下(含五年)	4.45	4.20
五年以上	4.90	4.70
三、试点项目贷款	按五年以上个人住房公积金贷款利率上浮 10%	同前

资料来源:宁波市住房公积金网。

附表 5　宁波大学生医疗保险门诊医疗基本待遇

门诊医疗费年度内累计起付线 100 元,起付线以下部分个人自负	起付线以上,三级医院基金支付 30%,社区医院(包括学校已纳入医保定点的医务室)基金支付 60%,其他医院基金支付 45%,发生数 3000 元以上基金不支付

附表 6　宁波大学生医疗保险住院医疗基本待遇

住院医疗费(年度内累计计算,分为五段),发生数 15 万元以上基金不支付				
	起付线至 1 万元	1 万至 2 万元	2 万至 4 万元	4 万至 15 万元
起付线以下部分由个人自负,起付线额度:三级医院 900 元;其他医院 600 元;社区医院 300 元	统筹基金支付 73%,个人承担 27%,社区医院住院基金支付比例提高 5 个百分点	统筹基金支付 78%,个人承担 22%,社区医院住院基金支付比例提高 5 个百分点	统筹基金支付 83%,个人承担 17%,社区医院住院基金支付比例提高 5 个百分点	统筹基金支付 88%,个人承担 12%,社区医院住院基金支付比例提高 5 个百分点

附表 7　2013—2022 年家庭现金流量表　　(单位:元)

年份	2013	2014	2015	2016	2017	2018	2019	2020	2021	2022
期次	0	1	2	3	4	5	6	7	8	9
沈先生年龄	51	52	53	54	55	56	57	58	59	60
工作收入	248000	262880	278653	295372	313094	331880	242778	256745	271525	287168
投资收入	22810	23722	24671	25658	26684	27752	28862	30016	31217	32466
租金收入	13200	13728	47877	49792	51784	53855	56009	58250	60580	63003
收入合计	284010	300330	351201	370822	391563	413487	327649	345011	363322	382636
生活支出	72000	74880	77875	80990	84230	87599	91103	94747	98537	102478
医疗支出	6000	6240	6490	6749	7019	7300	7592	7896	8211	8540
赡养费用支出	12000	12480	12979	13498	14038	14600	15184	15791	16423	17080

续表

年份	2013	2014	2015	2016	2017	2018	2019	2020	2021	2022
期次	0	1	2	3	4	5	6	7	8	9
额外支出	12000	12480	12979	13498	14038	14600	15184	15791	16423	17080
保险支出	8345	8345	8345	8345	8345	8345	8345	8345	8345	8345
子女教育	20000	20432	20877	22313	22706	23111	0	0	0	0
换房			232000							
支出合计	130345	134857	371545	145394	150377	155555	137408	142570	147939	153523
净现金流量	153665	165473	−20344	225428	241186	257932	190242	202441	215383	229114

教/师/点/评

2010年至今，市教育局已成功举办了两届“宁波市大学生理财规划大赛”。宁波理工学院金融专业的学生在两届比赛中都取得了优异的成绩。本篇就是2013年获得大赛一等奖的作品。

这篇作品能够获得一等奖，除了严谨的治学态度、扎实的投资学功底、丰富的理财产品应用以外，更重要的就是学生的创意打动了评委。关于用活、用好公积金为家庭财富增值的创意，以及翔实的方案设计，是本文最大的亮点。

第三章
股神的成长

第一节　历届股神采访录

在低调中前行
——蔡欢访谈录

蔡欢　广东广州人，现定居于杭州，2007年世华财讯全国大学生金融投资模拟炒股大赛股指期货项目全国总冠军。

2004—2008年间就读于经济与贸易学院金融学专业，毕业后回到广东，曾在中国建设银行、中国建银投资公司工作，现供职于浙江最红控股集团有限公司，从事证券、期货等金融投资类工作。

蔡欢从小就对投资理财十分感兴趣。高二那年，他就用8000元压岁钱买了基金。2004年，他从广州考进浙江大学宁波理工学院，就读于金融专业。

在事先对蔡欢的了解中，我们发现蔡欢是一个为人处事很低调，经常会不露声色地处理好各种事情的人。他喜欢旅游，喜欢目前从事的这份工作。我们刚见面还没走近，蔡欢就腼腆地边笑边打招呼，给人一种很亲切的感觉。个子不高的蔡欢一身休闲装，显得很随性，完全没有之前想象中严肃、沉闷的样子。

蔡欢在印度旅游时的照片

朝着自己的爱好和兴趣点发展

对于当时入校的时候应该选择什么专业，蔡欢学长并没有像很多高中毕业生那样感到迷茫。“因为自己有这方面的兴趣，加之高中买的那只基金让我赚了不少钱，从现实的层面考虑觉得这东西有利可图，就选择了这个专业。”谈到大学生活给自己带来的最大收获，他坦率地说：“算是找到了自己喜欢做的事情，并发展了自己的兴趣。”从一开始就自己独立做选择的他，现在也一直坚持着自己的选择和所热爱的行业。

蔡欢在大学时期曾获得2007年世华财讯全国大学生金融投资模拟交易大赛股指期货项目第一名。谈到炒股，蔡欢说：“刚开始是朱孟进老师找了一个广发证券的人来学校做演讲吧，然后就产生了兴趣，拿了万把块钱开了个户。”成长必然要付出代价，他也不例外。“前几次买的时候亏了不少，虽然很伤心，但并没有泄气，转而采取更激进的方式。当时我把自己所有的基金，连高中时买的基金都卖了，换来的钱全都投进了股市，幸运的是刚好碰到2007年的牛市总算赚了一点。”拥有坚持不懈的执着信念一直以来便是蔡欢成功的最大秘诀。对于自己在大学时炒股所获得的成绩，蔡欢显得很谦虚：“在股市赚了一点之后，刚好碰到那个比赛，就去报名参加了，也不知道是什么原因，可能是自己有些炒股经验了吧，另外基础知识方面也略有涉猎，所以过程还是挺顺利的。”所有成功的背后都会有偶然的幸运和必然的付出。蔡欢执着的付出、平衡的心态、坚持脚踏实地一步一个脚印是他成功背后的必然。

当被问到当初是怎样在工作地点、职业方面做出选择，是否有过迷茫时，他回应道：“当然有过，当时毕业的时候也不知道自己具体要做什么，反正就朝着自己的爱好和兴趣点发展。毕业后就回到了广州，在那几年自己积累了不少经验。在中国建设银行投资证券部工作了一段时间，后来因为大学的时候就一直跟杭州这边的这个老板有联系，经他的邀请就过来了。”

求职的经历总是充满艰辛，蔡欢和我们分享了他求职过程中的坎坷经历。“我刚毕业回广州的时候，去了一家贵金属交易公司面试，后来被爆出那家公司是一家骗子公司，幸好自己当初没有被录取。”他感慨道，“之后还去了一家证券公司上班，记得那时候打了很多电话拜访客户，最后是我自己不想去了，因为我觉得我根本拉不到业务。”在面试屡屡失败的时候不放弃，但对于唾手可得的不适合自己的工作却敢于放弃，蔡欢憨厚的外表下有一颗智慧的心。

谈起现在的工作，蔡欢露出一副惬意的神情。“早上8点钟起床，然后驱

车去上班，9 点半准时开工，整天对着电脑，一直到下午 3 点收盘结束。然后偶尔有点什么业务之类的话会往外跑一跑，大概就这样。主要的也就是股票、期货，还有 PE 之类的交易，也做一点点 EG 市场。”蔡欢一天的工作流程，可能对很多人来说显得非常枯燥，但蔡欢却说：“干这行的都是靠兴趣支撑的，不然也不会这么没完没了地反复查看这些数据图表进行分析。”对于常人来说很枯燥的工作对他来说却充满兴趣。对于发展前景，蔡欢坦言：“如果做得好的话，收入薪金不菲，不会少于其他任何的行业，所以我对自己的前景还是挺看好的。”

蔡欢(右)正在接受我们的采访

“现在多挣点钱，未来争取早点退休。”这就是蔡欢对自己的人生规划，它可能没有那么伟大，但却显得很朴实。从大学一直到现在，毕业已经有六年了，有房有车还有美满家庭的他正一步一步地朝着这个目标努力，用自己的实际行动努力过好自己的人生。我们的交谈中也一直充斥着他的笑声，看得出他现在很幸福。

基础知识要扎实，社会关系很重要

因为炒股，蔡欢还旷过不少课。“大二开始参加模拟炒股比赛，说实话，那时候专业课我还是会去上，不过因为当时其他课也不怎么点名，就算点名也有人帮我代点，所以我上课的次数也不是很多。”“我不是一个好学生，大家不要学习我的坏榜样。”他一边讲一边嬉笑着。但是总的来说大学给了他很多，不光是书本上的理论知识和能力上的提升，还有陪伴他四年的朋友。宿舍、食堂、教学楼承载了他太多的记忆，虽然平时这些都是那么的不显眼。平时不怎么上课、老师眼中看起来也并不太认真的他，却深知专业知识的重要性。他说：“现在你不论做什么事情都需要有底子，先不说底子好坏。学校学的是基础，书本上的一些基础知识必须懂，至少要有所了解，所以我不会要求自己拿多高的分数，但及格是最起码的。”

谈到当今社会需要怎样的大学生，最应提升哪方面职业素养，为将来的事业和人生培养什么样的能力时，蔡欢说：“主要还是要有扎实的基础知识，对金融行业必须有一个全面的认识和了解。打个比方，如果说你在银行工作，你不能只了解银行的业务，像保险、证券这一块也需要有一定的了解，因为在跟客户沟通的时候，你就可以全方位地给他做一个理财规划。另外，做金融这块，人脉关系必不可少。因为无论你是在银行拉存款，还是在证券保险公司拉业务，没有人脉关系寸步难行。”

“大三暑假的那次实习，我印象非常深刻，当时我在建行的信贷部门，刚好那会儿有个发改委主任的儿子还是什么人，也在那个部门里面，拉了他爸一笔大数额的存款，以至于他每天不用来上班还能拿八九万的年薪。”蔡欢直言，“其实这次实习对我的帮助并不大。”因为看不惯这种社会风气，大四的时候蔡欢就再也没有去实习。

在现今注重创新的社会环境下，互联网金融飞速发展，对诸如网银、P2P网贷模式，以及前段时间被炒得火热的互联网货币基金，蔡欢也给出了一些自己的看法：“实际上互联网金融的创新程度并不高，因为现在智能手机普及了，移动网络也普及了，互联网金融主要就是以互联网为依托发展金融，这实际上是两个行业的一次整合，并没有涉及实际的创新，跟国外的一些金融创新还是有差距的。”

说走就走的旅行

爱旅游、爱打游戏，蔡欢有着和大部分男生一样的爱好。这些爱好一直陪伴他到现在。“现在也基本上差不多吧，大学的时候我也经常出去玩，只不过一般都停留在国内，考虑到时间和资金的关系。大学就该有几次说走就走的旅行，叫上三五个人一起。”蔡欢笑着讲道，眼神中透露出些许怀念，“那个时候因为还是学生，身上也没什么钱，基本上都是穷玩、穷开心。”

蔡欢在菲律宾旅游

工作之后，蔡欢依然保持着这个爱好。“现在一般都选择出国游，在国内不划算，还是出去玩好。”工作快六年了，蔡欢已经去过很多国家，比如日本、印度、柬埔寨、菲律宾、泰国等。当说起旅途中发生过的事，蔡欢的话匣子一下子就打开了。“有一次在印度的一个景点买水，一般外面卖10卢比的一瓶水，老板却开出了100卢比的天价，我本打算出去买但是因为当时比较累想想还是在景区买算了，就给了他 500 卢比，结果那个老板找给了我 300 卢比和一瓶水。我当时就惊呆了。我向老板要我剩下的 100 卢比，结果他又给了我一瓶水，最后他一共给了我四瓶水就是不肯还我那 100 卢比。这店家还真会做生意，搞到最后我才发现他其实早有预谋。”旅途中像这样让蔡欢哭笑不得的事情时有发生，正是这些事情让他深切地领会到了当地的风土人情。在泰国买宝石被骗、在印度买报纸当卫生纸用、在柬埔寨被喝醉酒的人扯出卫生间，这些旅行中的点点滴滴都变成了他对一份份珍贵时光的纪念。

蔡欢也建议学弟学妹们如果有机会的话可以多往外面跑跑，每一个国家每一个地方都会有别样的风土人情，走进他们的生活细细体会，你就会发现世界其实很有趣。

留恋大学时代

已经毕业六年，回想起当时毕业的感受，蔡欢说：“当时很舍不得，四年的友情就化成了一句简简单单的告别，而且告别仪式还没有那么正式。现在想想，还真有种想回到过去的感觉。”以“怀念”“想回到过去”来做人生一个重要阶段的结尾是再好不过了。虽然有时“怀念”也很残忍，但它终究代表着美好。时光不可以倒流，过去了就是过去了，青春就是一剂无悔药。

在老师的印象中，蔡欢是一个为人低调，能不动声色地处理好各种事情的人。而他却说：“也不能说是什么低调吧，我可能平时也不太爱讲话，本身就是小老百姓一个，没有太高的追求，处理事情嘛，我觉得完成任务就好，就像考试一样反正没有不及格，我就满足了。”

“我那时候大一，入学还没多久，当时我在学术交流中心的 KTV 跟几个老乡唱歌，刚好碰上了两个学长，然后他们就过来喝酒，也是因为比较聊得来，那天晚上我们喝了 20 多瓶红酒，到了第二天吐得一塌糊涂。”说起轻狂就不得不提他刚来浙江的时候。“记得第一次从广东来杭州的时候，是坐火车来的，那个时候刚上大学，身上也没什么钱，觉得西湖是个免费观光的好地方。当时就沿着西湖大道一直走到西湖，逛了一天，因为景区住宿太贵，就想辗转到绍兴过夜，所以就回了火车站，但是发现火车站已经没车了，所以就在火车站露宿了一个晚上，早上一大早起来坐了头班车到了绍兴，然后又走了半天，到了中午才落脚。”说起这些往事的时候，虽然时隔近 10 年之久，很多细节都已不是那么清晰，但蔡欢依旧怀念那时候的疯狂。再也回不去的学生时代，记录了独属于蔡欢的年少轻狂。

蔡欢军训时的照片

"徐加、洪青、朱孟进老师，这几位老师都对我帮助挺大的。说真的，我大学的时候真不是个好学生，非常调皮，我跟这些老师还过得去，走的时候我把自行车送给了一个男老师，那天他问我要，我就给他了，我也想不起来是谁了。反正我觉得我大学的时候跟老师相处得还是挺开心的。"简单是蔡欢令我们印象最深的一个特质。

在谈到自己学生时代的感情经历时，蔡欢显得更加腼腆。"感情故事啊，大二的时候和我们班成绩最好的一个女生在一起了，她坐在我前面，我学号是38号，她是37号，她成绩很好，我们在一起直到毕业，毕业后我们就结婚了，现在已经有了一个女儿。"说着，蔡欢还拿出了一家三口的合照。眼前的这个男人似乎已经沉浸在了幸福之中。当被追问那时候是怎么追到女朋友的，蔡欢有些不自然地说："就自然熟吧。"

学长寄语

关于母校，蔡欢也道出了自己的祝福："希望我们学校越办越好，这样我也能沾点光，毕竟是从这里出来的。另外的话，希望我的学弟学妹们以后都可以在各自的领域取得一定的成绩。"

关于择业，蔡欢也给出了他的择业建议，男生可以根据自己喜好闯一闯，女生还是可以选择做会计或者其他一些相对轻松稳定的工作。当然，他也强调还是要看个人的兴趣和发展来选择职业。但归根结底，无论从事什么行业，扎实的基本功是一切成功的开始。

采访学生：

全梦莎　金融学2013级1班

虞　慧　金融学2012级2班

身处平凡，仰望星空

——郑杭飞咖啡馆夜访录

郑杭飞　2008级金融学专业学生，当年在课程模拟炒股大赛中获得专业第三名的优异成绩。他曾带领团队获得过暑期社会实践“优秀团队”称号，同时自己也被授予了“浙江省先进个人”的荣誉称号。

郑杭飞学长

那个夜晚，大雨滂沱，不禁让人产生烦躁的情绪。我们走进了事先约好的咖啡馆，找了个安静的位子坐下。突然门开了，迎面进来一个消瘦却分外精神的年轻人。只见他身着蓝色上衣，蓝色的牛仔裤略微有些褪色，手上拿了一个汉堡和一瓶饮料，四处打量……他就是我们今晚的采访对象——郑杭飞。他面带微笑地向我们走了过来，显得格外亲切。这就是他平日里的生活节奏吗，还是因为我们的采访耽误了他的进餐？经历了一天紧张忙碌的工作，拖着疲惫的身躯，他坐了下来。当时已是晚上7点，而他才刚刚下班。

社团工作——责任·坚持·团结

提起学生时代，郑杭飞时而谈笑风生，时而若有所思，感觉其中的社会工作带给他的是一份成长与经历、一份回忆与怀念、一份满足与骄傲。他的人格魅力在这里得到了充分的体现。

“自己做班助还是挺对得起大家的”

做学生工作印象最深的就是当班助了，这也是让郑杭飞自己觉得做得还算满意的一件事。看到学弟学妹们一个个成长，他心里非常高兴。当班助很有成就感，但同时肩负着巨大的责任，因为班助的一举一动、一言一行都会对刚来大学的新生产生深刻的影响。他不会每天扯着嗓子大喊大叫地训斥同学，而更多的则是循循善诱地教导，他认为大学应该是自由的，同学们有自己的想法是好事，但作为一个成年人应该有自律，最基本的底线不能突破。军训的时候，他要求大家互相配合，以使军训工作能进展顺利。无论大家在军训中遇到什么麻烦或困难，他都会尽自己所能来帮忙。这其中就发生过这样一件事——

得知自己班的学生在食堂门口抽烟被抓，他急匆匆地赶到了那儿（这时他讲话的声音突然轻了下来,沉思了片刻后又继续讲述着)。当时情况比较紧急,郑杭飞知道,如果这事上报了学校,后果将不堪设想,这个学生不但会失去所有的荣誉,还会受到极其严厉的处罚。虽然这件事有点过分,但为了教育这个同学,他向学校、老师求情,请求再给这个同学一次机会。在平日里跟这个同学接触的过程中,郑杭飞觉得他其实是一个挺不错的孩子。看到郑杭飞真诚地替那位同学求情,在这位学生主动承认错误并做出承诺的情况下,辅导员免除了对他的处罚,但荣誉肯定是没有了。之后,郑杭飞又给这个学生做工作,指出了他的错误,让他做出了不再犯的保证。就这样,类似的事再也没有在他们班发生过。这位学生后来回忆说:"郑杭飞学长给我做思想工作,记得当时到了深夜他才回去。郑杭飞学长确实带给我很多帮助,也让我更好地成长,没有他也不会有今天的我。从他身上我看到了一个合格班助的责任感,那种对于自己所带班级学生的关心。"

郑杭飞(左四)和他所带班级学生的合照

"既然答应辅导员老师留在团委就要做到"

已经步入大三的郑杭飞,工作非常出色认真、严谨求实。本来他很有希望当选团委副书记,就在选团副的关键时刻,一件难以预料的事情发生了。学生之间传闻说郑杭飞有内幕,还有学生向老师打小报告。就因为这件事,他与团副擦肩而过。但事实根本不是那样,都是别人对他的误解。对此他很宽容,并没有太在意。就在我们采访的当天,他回忆的时候表现出来的神情也很坦然。也正是因为这件事,本不打算继续留在团委做学生工作的郑杭飞为了兑现当时和辅导员老师定下的承诺,还是选择继续留在团委。就这样,他进入团委实践部,尽职尽责地干了一年。

在这一年的工作中，郑杭飞没有抱怨，没有气愤，有的只是那份当初的承诺，以及选择继续留在团委的那份坦然。做这样的决定实属不易，但他深知人无信则不立，固守信用比什么都重要，他很看重这一点，这也是他做人和做事的基本原则。

“志愿者不分连队，大家应该互帮互助”

这个季节，是一年中最热的时候。烈日炎炎，太阳无情地炙烤着这块大地，同样也考验着这群穿梭在学校各个角落的志愿者们。他们起早贪黑，毫无怨言；他们默默奉献，沉默寡言；他们总是能够在最被需要的时候出现，他们就是可爱的志愿者们。由于郑杭飞他们连队里志愿者缺人手，需要向其他的连队求助，当时离二连最近的就是一连了。他毫不犹豫地跑过去讲这边的状况，可意想不到的事情发生了：一连不愿意借人手。郑杭飞当时就很生气，一气之下痛斥了他们：难道志愿者还要分连队吗？这还像话吗？有困难难道就不应该互相帮助吗？一连的人就这样一个个被责问得露出羞愧的表情。讲到这里，郑杭飞知道他们脸上挂不住了，就没有再继续讲。他转身就离开了，也没有去其他连队，径直走了回来，二话不说，一边忙着班助的事，一边做起了志愿者工作，忙得不可开交。后来倒是从一连主动来了几个志愿者来帮忙。

求学生涯——执着·仰慕·选择

关于执着

“老师，那道题那里有错误！”郑杭飞直言不讳地指出老师的错误，这样的情况发生过不止一次。在一次课堂上，老师犯了一个小错误，不小心把积分算错了，使得最后的结果推导不出来。下课后，他向老师指出了错误。果不其然，经过修改之后结果顺利得出。在平时的学习中，郑杭飞是一个极其执着且勇于探索的人。只要一有问题出现，他就会不断地去探索，直到问题解决为止。就拿他的毕业论文来讲，由于绘制图线的时候出现了问题，三条参数带无法拟合，为此他寻求过同学的帮助、寻求过老师的帮助，但始终没有得到满意的结果。最后他决定自己攻克这个难题，查阅资料、书籍，泡图书馆，每天都沉浸在思考当中，无论是在吃饭时、睡觉时，还是在上厕所时。功夫不负有心人，这个问题最终得以顺利地解决。他就是这样执着，可能有些人会觉得这样活着太累，但他自己觉得挺有意义的，这就是他的性格，这样的生活才充实。我们在跟他交流的过程中也发现他对任何事都很执着、很正直、很敢讲。他敢于挑战权威、敢于直面错误，现在的大学生不就是缺乏这样的勇气与毅力吗？这些难道不是我们正缺失的东西吗？

关于仰慕

“年纪轻轻，花白的头发，但很有精神”，这就是他对教授社会科学的俞老师的印象。他解释道，虽然俞老师头发白了，但他年纪并不大，没有到该长满白发的年龄，可能是他太操劳的缘故。“俞老师每次都会很早来教室”，他断断续续地讲道，眼神中透露出一种怀念、感伤的情绪。从他的眼神中可以看出这位老师在他心目中的地位，无疑等同于他在学生时代的人生导师。郑杭飞似乎很想问我们俞老师现在的状况，但还是没开口，此刻他的心情是复杂的。

“一直笔直地站着向我们教授知识。他讲课很有精神，从来不用幻灯片，上课之前他会准备一份讲稿，但是上课的时候基本不看，眼神一直跟学生做交流。因为要备课，晚上往往会很迟才睡，为的只是让同学们能够脱离书本接触更多的东西。他整理出来的讲稿比教材书厚了好几倍，不禁让我们赞叹。他的课基本很少有人逃课，并不在于他常常点名，恰恰相反，他基本上不点名。真正的原因在于俞老师所讲的东西是他真正的兴趣所在，是自己专心研究的东西，也是同学们所喜闻乐见的东西。他不照本宣科，这也是学生喜欢上他的课的理由。”郑杭飞和我们津津有味地讲道。

关于选择

是选择继续考研还是走出象牙塔、步入社会，这个困扰很多当今大学生的问题同样也困扰过郑杭飞。做出选择真的很难。无论做出什么选择，机会成本都很大，选择了一条出路就要有必须成功的决心，不然回过头来继续走将会变得很艰难。但恰恰这样的事时常发生。这样的不幸同样降临在了他的头上，考研没考上，面临就业压力。由于错过了招聘的最佳时机，找工作就变得很艰难，以至于遇到了毕业没有工作的窘境。考研的失败让他不得不接受这个现实——为了养活自己必须努力找工作。对于做出这样的选择、接受这样的结果，他丝毫没有觉得后悔，相反他觉得这样的经历弥足珍贵。“选择所要遵循的就这么一个原

郑杭飞的毕业照

则——不要让自己后悔，只要自己不后悔，结果并不重要。”他语重心长地跟我们讲。

“人生能有多少次可以选择的机会，有选择你们应该感到庆幸。等到你们步入社会了就会有深刻的体会，很多时候你是没有选择的余地的。很多事情是你不得不去做的，你也可以选择不去做，但你最起码的生存前提就没有了。所以珍惜你们现在的每一次选择，虽然它对于你们是一种考验，但回过头来想想就会发现，恰恰是这些选择陪伴着你，使你走到今天。”

走上社会——现实·理想

现实和理想存在着巨大的反差，这是无法改变的事实，只能被动地去接受它。这就是社会现实，当你走出校门就会发现现实是很残酷的。但即便是这样，你还是得怀揣梦想，只有这样你才能够坚持下来，不断前行。在这个过程中没有人会帮你，有的只是你自己孤军奋战的身影。

现实真残酷，但即便是这样也要学会“仰望星空”。很多在现实生活中迷失了自我的人，很大一部分原因在于他们不懂得“仰望星空”。郑杭飞神态自若地跟我们讲道：“当初进入银行的时候，经历过很多困难。首先，你要面对的是一份漫长期限的合同，在这份合同里没有可以商量的条款。可能这份履行期漫长的合同会使你意志消沉，对生活失去希望。其次，巨大的竞争压力是显而易见的，是干这一行没办法逃离的现实。经常会有这样的销售经理们，他们软磨硬泡地向投资者推销理财产品，甚至不惜磨破嘴皮，只为有更好的业绩，以便让自己更好地生存下去。“但郑杭飞并没有这样做，在他身上体现的是一份社会责任感。很多产品其实并不像人们所吹嘘的那么好，例如很多理财产品是存在风险的，有多大的收益就会有多大的风险。

你会见识到形形色色的人，当你进入一个行业，千万不要选靠边站，不然你会为此付出沉重的代价。他好像有过亲身体会般告诫我们，然后又陷入了沉思。我们没有继续问，只是默默地关注着他，他拿起了桌上的那块纸巾反复地折叠，不断地重复着同样的动作。这可能就是他伤痛的往事吧，我们不想揭开他沉痛的伤疤，他也没有想要回答我们的意思。就这样，气氛迅速沉重了下来，让人感觉窒息。时间在此刻似乎停止了，我们的采访被暂停在了那个瞬间。

虽然郑杭飞的工作很枯燥，每天都是重复的机械操作，但他还在坚持，因为他怀抱理想。这不是他理想的工作，不是他的兴趣所在，但他还在坚持，因为他知道怎样“仰望星空”。他跟我们讲，他最想成为一个作家，脱离这个尘世的喧嚣，到处走走，写写生，过着诗意的生活，“这样的生活想想都很惬意”。

学长寄语——经验·分享

“沉舟侧畔千帆过，病树前头万木春。你们终将会取代我们，我们代表过去，你们代表将来，从你们的身上可以找到我们的影子，同样的，在我们的身上你们也可以看到你们未来的道路。长江后浪推前浪，你们注定要比我们优秀。这不但是一种自我要求，更是一种社会要求。”郑杭飞语重心长地讲道。一个人要真正地成长就要学会站在前人的肩膀上前行，成功没有捷径，更无法复制。

“出来看看，见识见识，认识一下不一样的人或事”

“要学会跟不同的人打交道，学会接触更多的事物。不要把自己封闭在学校里，有时间就多出来走走，多看看，多见识见识。外面的世界也许有你在学校里学不到的知识，会让你更快地成长。正是因为当初接触不同的人和不同的事物比较少，造成了这方面的欠缺。后来的弥补让自己付出了很大的代价，毕业后没有找到工作，好不容易找到了工作，又卷入了一场利益风波，让自己陷入了困境。问题归根结底在于以前在学校，没有面对形形色色的事物的经验，导致自己在后来的职业生涯中吃了不少亏。”

“学校的学习固然重要，但同时也要多经历，两者不能偏废。一个结果的产生不是一蹴而就的，现在面对事物的态度就是你二十几年积累的结果，正所谓质变是量变的结果，讲的就是这个道理，我现在算是深刻地体会到了这一点。”讲到这里他深深地叹了口气。不积跬步，无以至千里；不积小流，无以成江海。什么叫厚积薄发，什么叫积蓄力量，都是积累的过程。积累的过程是漫长的、艰辛的、寂寞的，大部分人半途而废选择退出，只有一小部分人选择坚持。正是这些人最后攀登上了胜利的巅峰，眺望到了黎明的曙光。

“构建自己的股票指数”

当我们向他问及炒股的经验时，他很专业地和我们讲了起来。目前一些股票指数缺乏科学性，并不能真正反映现在的股市行情或者是经济发展状况，对于普通投资者而言，这些股票指数所起的指导作用并不强，甚至会出现误导投资者的现象发生。也就是说，这些股票指数选取的成分股都是很有问题的，他们的利益偏向于融资者，而对于投资者而言则极其不利。所以他的建议就

郑杭飞毕业时和同学的合照

是构建自己的股票指数，具体的做法就是在整个经济体系中选取一些有代表性的行业和部门，再对这些行业和部门进行细化，选取具体的某只或者某些股票。通过这样整合起来的股价指数将会具有很大的投资导向意义，当然这一过程中成分股的选择很重要，所以后期要对这些股票做具体的研究分析。但这样做也存在巨大的风险，一旦选错，整个资产投资组合都会出现问题。但作为投资者，股民应该意识到炒股本身的巨大风险。还是强调一句话，入市需谨慎。

学习金融需要创新的思维和不断探索的求知欲望，不要被所谓的框架所限定，不能墨守成规。有些时候你会觉得它有些高深莫测，但其实是你的内心太过于浮躁了。只要你静下心来，细细钻研，你会发现很多问题都会迎刃而解。在如今这个处处讲金融、处处有金融的时代，学习金融无疑是势在必行的事。在这样的一个社会形势下，如果你对金融缺乏认识，你将举步维艰。

采访学生：

杜旭浩　金融学 2012 级 2 班

费徐芳　金融学 2013 级 2 班

自信是精彩人生的第一步

——俞翡翠访谈记

俞翡翠 浙江永康人，2009年进入浙江大学宁波理工学院，2009级国际投资班学生，曾在班级模拟炒股比赛中获得第二名的好成绩。在校期间，她总是很认真地做好每一件事情。但在老师眼中，她是一个胆子很小，不太爱说话，缺乏自信的女生。由于在一次模拟炒股大赛中脱颖而出，她给老师留下了深刻的印象。认真低调的俞翡翠，用自己的行动证明了那个不爱表现的自己内心蕴藏着巨大的能量。一篇炒股心得更是写出了自己对炒股的独特见解，从此令老师和同学刮目相看。

俞翡翠在土耳其

2013年毕业后，俞翡翠赴英国伦敦利兹大学就读研究生。我们的采访虽然只能通过网络进行，但随着学姐娓娓道来的故事，我们心中逐渐浮现出了一个自信开朗、积极上进的形象。

大学："四点一线"很安分

高考结束后，懵懂的俞翡翠凭着自己的兴趣填报了国际经济与贸易专业。走过了大学的四个年头，回首望去，她感慨万分。真是无心插柳柳成荫啊，当初自己也没设想过今天能走到这一步。大学有太多太多的东西值得回忆，只是现在还没时间停下脚步。"回想自己的大学四年，虽有遗憾，但也觉得很开心、很充实，毕竟还是学到了很多，交到了很多朋友。"这是俞学姐的原话。

英语是她大学最倾心的一门课程，这也为她的未来深造埋下了伏笔。或许这是她一直以来秘密谋划的，以至于她对学习外语的热情从始至终没有减退过。对于她而言，学习一门语言是一件很轻松的事。语言类课程有它自身的魅力，这也正是她喜欢的原因所在。语言类的课程可以使人了解一个国家的文化、习俗，而英语作为世界上应用最广泛的语言，其共通性更不必说。考虑到自己是学国贸专业的，学好英语就更迫在眉睫了。国际贸易给学姐的第一印象就是和外国人做生意，而要和外国人做生意，会英语是最基本的。最简单的想法和浓厚的兴趣使得学姐对英语情有独钟。不单单是对外语的学习倍感兴趣，对于投资类课程的涉猎也使她兴致勃勃。上课时，学姐总是全神贯注地听讲，丝毫不敢打岔，并且认真地做笔记，生怕自己遗漏些什么。这是一门有实践课的课程，这也正是最吸引她的地方。“实践课可以将所学的理论知识真正地运用到实践中去。”她坦率地讲道。平时学姐也喜欢将自己的所学运用到生活中去，她觉得知识的价值就在于指导生活。

爬山的路途当中

大学不仅让她学到了专业知识，还让她收获了友情，最重要的是教会了她待人接物的处世之道。大学是一个人自我净化最重要的阶段。在大学中，俞翡翠每天都和大家一样过着“四点一线”的生活：寝室、图书馆、食堂、教室，每一天穿梭在“四点”之间，而学习知识、体验生活、学会做人成了她生活的主线。俞翡翠很实在，我们问到校园生活哪里最让她印象深刻，她说是 NB 教室。“大学四年都在这里上课，没有比这里更让我印象深刻的了。”除此之外就是“北操”了。俞翡翠有一个一直坚持的习惯就是跑步，每天都坚持跑。跑步是一个能够锻炼人的耐性和意志的运动。她坚持跑步已经有好多年了，现在依旧在坚持。“想要有一个美好的未来，首先应该有一个健康的身体。”俞学姐对任何事始终如一的坚持，正是她成功道路上的一把金钥匙。

炒股：运气心态都重要

说到炒股，最令她欣慰的就是当时参加模拟炒股大赛获奖的经历。根据俞翡翠的陈述，能拿奖 50%靠的是运气，另外 50%靠的是理论知识。“那段时间比较关注股票信息，比赛期间也有过比较大的亏损，当时买的是中国平安，但是我没有在亏损后立即抛售，最后反而扭转了不少颓势。其实我平时也没有放很多心思在炒股上，再加上自己也不专业，所以我觉得把大部分时间花在盯盘上并不会带来实质性的效果，反而会产生消极的影响。我会利用一部分的课余时间炒股，然后跟同学分享交流，吸取他们投资失败的教训以及借鉴他们成功投资的经验，然后根据一些理论知识，考虑买进或卖出的时机，这其中或多或少有直觉的成分吧。”结果让她出乎意料，当时她并没有想到自己可以获奖。获奖之后，俞翡翠也没有过多地沉湎其中，依然投入地履行自己的学习计划。

俞翡翠觉得炒股最重要的是要有一个良好的心态、一个好的心理素质和一个正确的投资理念，不能因为市场的短期波动就惊慌失措。她的父母也会炒股，但是家里从来不会因此而或喜或悲，无论亏了还是赚了。良好的心态才是能在这场拉锯战中制胜的关键所在。

根据切身的炒股经历，她写下了那段时间炒股的心得和体会。她告诉我们这是她整个炒股的心路历程，中间有过失败，也有过成功，但写心得的目的很明确，就是想分享自己的经验，没有一点应付完工的心态。“我最大的体会就是炒股投机性很强，有时候真的需要运气。当然，理论知识还是能够在投资者的投资过程中起到一定的积极作用，使你不会盲目地跟风。”她向我们讲述道。俞翡翠的心得可以总结为三点：一是买股票不能逆势而为，而要顺势而动；二是物极必反的原理适用于股票；三是技术指标不是万能的，但它却是股海中的救生衣。炒股需要专业的宏观面和技术面的分析，理论与实际的结合才会有更大的获胜概率。

在大学期间，学姐曾经参与包钢稀土(600111)的个股分析实践。“当时包钢稀土这只股票炒得很热，很幸运自己能找准时机买进并在高点卖出，不过那段时间股票行情确实也不错。认真地做一件事情总会做好的。自己唯一的遗憾就是以前参加的比赛活动太少，基本上都把时间花在了学习上。”遗憾终究没有办法弥补，但至少在未来的日子里会让她更加努力地投身实践。

留学：自信才能赢机会

俞翡翠现在是英国伦敦利兹大学的在读研究生。由于课业繁重，她没有再接触过股市。为了让自己更好地融入国外的生活、学习环境，她在大三的时候就开始做出国留学的准备。在她的眼中，利兹大学是全英最好的10所研究型大学之一，提供最多的大学课程，图书馆藏书量超过250万册，有超过200个学生社团，是目前全英规模最大的大学之一，同时也是最受英国本土学生欢迎的大学。学校以科研为主，其中比较受中国留学生青睐的是商学院、数学和物理科学学院，还有医学卫生学院。同时利兹大学的工程学院是在英国9个知名学府中唯一一个开设纳米技术专业的。学姐如数家珍地向我们介绍自己中意的利兹大学的办学优势。考虑到自己大学主修的专业，她决定在研究生阶段也选择相关方面的发展方向。所以，她选择的是International Marketing Management专业。虽然两者之间有些许差别，但很多内容是相通的。

大学老师印象中的她有些胆小，但现在照片中的学姐变得漂亮、自信了许多。老师看了都觉得她变化很大，对她刮目相看，认为这和她在国外留学的经历不无关系。人在新的环境下成长必定会发生变化。“其实，我一直都很胆小，不自信，可能是我性格的原因吧。不过随着不断地努力克服，最终我发现，我也可以做到很好，前提是要比别人加倍努力。一年独自在外的学习生活，让自己变得不得不独立。”俞翡翠清楚地知道自己的缺陷，也深知必须要改变，必须要付出更大的努力才能在异乡活得更精彩。她说，在国外看到很多留学生在寻找兼职，丰富自己的课余生活，而且也愿意抓住每一次展示自己的机会让自己脱颖而出。自信地秀出自己很重要，没有机会会特意停留在你身上，只有自己牢牢抓住才可以在社会上立足。

大学毕业时的俞翡翠

俞翡翠在出国之前曾试着找过实习工作，不过都没有成功。“现在回想起来，发现失败的经历也挺受教的。当时我也总结了一下失败的教训，有以下几点原因：第一，能力缺乏，简历缺乏实际性内容（没有实习或者组织社团活动的经验）；其次，不够自信，总是怕犯错误，总认为自己不行。所以，我觉得学弟学妹们在有精力以及保证学业的基础上，尽量多参加些社团活动或者找些实习工作锻炼一下自己，培养一下自己的能力。反正我现在很后悔当初大学生活过得太安逸了。”学姐很中肯地评价起自己一年前的经历。她知道自己的不足，也认识到想要成为一名成功的人士必须要有能力、要有专业知识做支撑，还要有十足的自信。“自信是精彩人生的第一步。”这是让她坚持着一路走下来的人生座右铭。

以前的她很不自信，以至于没有参加自己喜欢的社团，更没有参加一些大大小小的比赛。现在，通过自己的改变获得了第一份实习工作——英国 Masternaut 公司的实习生。“因为在大学毕业之前一直都没有实习过，所以这次实习机会对我来说弥足珍贵，我付出了比别人更多的努力，做了更多的准备。因为我始终相信机会总是给有准备的人的。在实习期间，我觉得我学到的最宝贵的东西就是在做好自己本职工作的基础上，如何与同事和睦相处。这份求职经历也填补了我人生中的一大空白，相信这会为我以后的求职生涯产生不少助力。当然，最重要的还是积累经验。”俞翡翠很珍惜自己获得的实习机会，除了用充分的准备应试，在提升信心方面还花了不少心思。留学的经历让她在各方面都得到了提升，无论是在逻辑思维、个人认知，还是在提升自信心的层面。“一个人的自信是可以帮助他获得更好的未来的。这是一种从容的气场。自信是精彩人生的第一步。”俞翡翠言语之间流露出愉悦的心情。

暑假开启了她的实习生活，早出晚归就是她生活的全部。为了积累工作经验，她不惜牺牲宝贵的休息时间。虽然以前的失败经历曾一度使俞翡翠怀疑过自己，但是现在的她已不是当初那个胆小怕事的女孩了。“实习经验可以让你在以后的道路上走得更远。经验是要自己亲身体会的，而不是靠书中的理论知识。”俞翡翠指出了实习的重要性。学以致用就是这样一个说法。“你或许是一个学霸，学会了很多，考试中也能够顺风顺水。但是社会上要的是有能力、有经验的人，而不是一个理论知识库。我们中国的大学生现在也在进行很多的社会实践和一些认知实习，但是国外的实习文化更重。所以国外的年轻人能力和经验明显比国内年轻人更胜一筹。”学姐头头是道地向我们述说实习的重要性。国外一年的学习，她遇到了很多的事情，也感受到了国外独特的学习方式和能力培养之道。

俞翡翠在欧洲小镇旅游

“我在英国的学业并不重，但是想要拿到学位也并不容易，他们更注重实践能力的体现。上课的内容涉及的知识面很广，并不会只停留在书本知识，课堂也不是老师演的‘独角戏’，他们会给你自由发挥的空间。这就需要有能力和极大的自信，这也是我选择改变最主要的原因。每一个人都会被现实和环境所改变，也许过程会很痛苦，但终会有蜕变的那一天。”

未来：在路上

谈到未来，俞翡翠说，大学毕业时如果没有选择留学的话，她可能会留在宁波工作。因为相比自己的家乡，宁波这座城市给予年轻人的机会更多。但留学之后的她有了更加长远的想法，她向我们坦言，如果条件和时机允许的话，自己会选择留在英国打拼。“选择留在哪里因人而异，我和家人都觉得机会更大的地方值得一留。”

在采访的结尾，她也给出了对学弟学妹们的建议：理论知识固然重要，但社会更看重的是你的实际动手能力。无论你将来选择什么职业，无论你走到哪里，这些都是成功的法宝。

采访学生：

姚丽萍　金融学 2012 级 2 班

陈渊渊　金融学 2013 级 2 班

高调做事，低调做人

——汪俊豪印象记

汪俊豪 杭州萧山人，2009级金融专业学生，2011年在证券投资课程的模拟炒股比赛中获得专业第二名的优异成绩。曾于2011和2012年代表校队获得中国大学生篮球联赛（CUBA）浙江省男子本科组第七名的好成绩。在课余时间，他不仅参加了很多比赛，还常常去企业单位实习，积累了宝贵的经验。

毕业后他回到萧山做电线电缆行业的销售工作，经过了半年的努力和经验的积累，在2014年成功进入义乌市场扩大销售业务。现于杭州、义乌两地过着"钟摆式"的生活。

汪俊豪在旅行途中

光辉岁月

2011年4月23日，浙江大学宁波理工学院的体育馆不同寻常，因为今天要迎来一个很重要的比赛——中国大学生篮球联赛的分赛。琥珀色的空间，沾满汗迹的地板，刺眼的光线从天花板上的日光灯照射下来，整个体育馆充斥着一股肃杀的气氛，场地中央的球员们正在展开一场殊死搏斗。奔跑中产生的气流，使球员们红白黑三色背心皱巴巴地贴在肌肤上。光线一寸一寸地爬过瞳仁，最终在地上形成浅灰色的一小块人影，随着与光线距离远近的不断变化，队员的身影也在深浅之间发生转移。只听见"唰"的一声，篮球落入了篮筐，挤开白色交错的网，恶狠狠地击打在地面上。仅仅轻瞥一眼，就能确定是他——无比自信的存在。他就是汪俊豪，曾两次代表校队征战中国大学生篮球联赛（CUBA），并斩获浙江省男子本科组第七名的好成绩。

正在征战篮球联赛的汪俊豪

曾经的辉煌远不止这些。热情开朗的汪俊豪在军训期间曾获“军训二等功”，担任过经贸分院学生会体育部的干事，2010 年接任经贸分院学生会体育部部长，获得 2009—2010 学年体育奖学金、学院“优秀团干部”，并带领经贸分院篮球队获得过学院的联赛冠军。2011 年他加入宁波理工学院篮球队，先后获得了全国大学生篮球联赛浙江赛区第七名、宁波市大学生篮球联赛冠军等。也是在这一年，他获得本专业模拟炒股比赛年级组亚军。2012 年汪俊豪再一次踏上征途，最后赢得宁波市大学生篮球联赛亚军、全国大学生篮球联赛浙江赛区第七名及体育道德风尚奖。

汪俊豪的获奖证书

股神心经

模拟炒股比赛对汪俊豪影响深远。还没有参加模拟炒股比赛的时候，汪俊豪就在默默关注“江苏吴中”这只股票了，同时也了解到江苏省政府对于新兴能源产业的支持，觉得这是只潜力股。在参加了模拟炒股比赛之后，汪俊豪进一步接触到了更加真实的股票市场。“股市是以资金去推动股票的涨跌，并由资金量的大小来控制的。”汪俊豪没有选择短线操作，基本上都进行长线投资，平时也不怎么关注股票的每日动向，最多利用一些课余时间看盘。一次意外，汪俊豪所买的一只股票从 6 块多涨到了 12 块多，股票价值竟翻了一倍。对此感到惊奇和疑惑的他为了分析出股票上涨背后的原因，查阅了相关资料，了解到这只股票背后有一大笔资金在推动它的走势，很有可能是做庄的行为所导致，但也有可能是一些利好消息的推动，使得投资者对前景看好。因此，股票市场就如同赌局，要看押注的多少。押注的多了自然会有后来更多的人来押注，这一切都是一个正循环。而最惊险的跳跃便是在股票炒到最高价的时候，一旦这个时候股票没有人接手，投资者就会纷纷抛售，导致股价暴跌。

汪俊豪认为学生时代在学校学习过的投资类的知识对自己的启发颇深，虽然现在自己基本不炒股了，但这些理念照样可以在生活中得到运用。“对于自己的财产还是要有理财意识，不能一味地都把钱放到银行里，银行

在萧山航坞山上晨练

利率可能都抵不过通货膨胀的速度。”目前汪俊豪关注最多的就是理财产品，他说如果大盘好的话会再炒一炒股。

从 2009 到 2014 年，汪俊豪一直关注金融市场。对于现如今被炒得沸沸扬扬的互联网金融，汪俊豪的看法是：“网络金融关键在于便捷，用户体验度好，例如网银和支付宝绑定之后，走到哪都能买东西，想买什么就能买什么。而余额宝和理财产品在某种意义上是殊途同归的，短期小幅的收益上涨，只是为了吸引更多的客户。当建立了较广泛的客户群体之后，收益水平自然就下来了。”

灌篮高手

篮球是汪俊豪一直以来都很喜欢的一项运动。中学时代因为学业比较重，所以打篮球的机会很少。刚进大学时，汪俊豪就报名参加了新生篮球赛，后来在学长的介绍下成了校篮球队候选队员。激烈的校队正选竞争并没有使他退缩，反而激起了他的斗志。在心中目标的鞭笞之下，汪俊豪训练得异常勤奋。功夫不负有心人，最终汪俊豪成功地入选了校篮球队，从前辈手中接过了旌旗，新生篮球队扛起了宁波理工篮球的新希望！

体育馆有他太多的回忆，在这里他洒下了无数汗水。这里承载着他成功的喜悦和失败的悲伤，承载着他的青春、他的梦想。因为是刚进队的新人而且身高相比其他队员要矮，汪俊豪一开始并没有什么上场的机会，只能坐坐冷板凳或者翻翻比分板，偶尔幸运的话可以做一回裁判。南方的夏天，闷热而潮湿，宁波理工校篮球队追寻着历年的脚步开始了暑期集训。根据规定，汪俊豪所在的篮球队的全部队员们只能在体育馆的健身房旁边的房间打地铺住着。每天早中晚三场训练，9 个多小时的时光，清晨 5 点起床训练到晚上 10 点结束，那段时间令汪俊豪感到最欣慰的就是晚上的休息时间。“看到球就想吐”是汪俊豪当时最真实的感触。篮球集训带给汪俊豪的除了疲惫，还有一段珍贵的友情，一起经历球场上的风风雨雨，最关键的是还让自己懂得了如果想要做好一件事，就不要给自己留后路。

即使是毕业后的现在，汪俊豪还是热衷于篮球，这似乎成了他生命的一部分。在萧山工作时就曾发生过一件有趣的事，工作上的伙伴邀请他去打球，去了对方公司之后汪俊豪惊奇地发现很多职员都曾是自己的初中同学，工作应酬变成了同学会。同学都有这样的成就，自己也觉得挺开心的。“有些事情你不去做，就不知道会发生什么。”在义乌，汪俊豪在工作之余认识了几个高中毕业生，很热情地应他们的请求帮助他们组建篮球队，指导他们练习。

汪俊豪在校篮球队训练中

师友情谊

在学校学习期间，汪俊豪十分倾心政治经济学这门课。他回忆道：“浙大来的孙家良老师的课我都会去上，他是个很古怪的先生，讲课很会调侃，独具一格，上课从来不带教材，并且常常改课表。”学生是看老师学习的，在大学这样自由的环境更是如此。正是孙老师独特的教学方法使汪俊豪产生了浓厚的学习兴趣，喜欢上了别人眼里比较枯燥的政治经济学。

“大学里最放不下的就是师生情了。朱孟进老师、孙伍琴老师和华伟林老师，这些都是陪伴我始终的导师，我们之间也建立起了深厚的情谊。”汪俊豪最害怕的就是接到朱老师的电话了，尤其是当他早上 9 点还躺在被窝里时，但也许正是朱老师的关心才使他的大学没有荒废。第一次和宁波大学调来的孙伍琴教授接触的时候，汪俊豪已步入大三了。听了一次孙老师的课后，他心里顿时产生了一种惊艳的感觉，瞬间就迷上了她的课。之后只要一有时间便会去听她的课，甚至还为此逃过其他老师的课。至于身为教练的华伟林老师，与其说是老师不如说是兄弟，汪俊豪和球队队友们都亲切地叫他老华或者华英雄，跟他称兄道弟的。在汪俊豪的记忆里，老华总是很淡定，不管平时训练还是比赛，哪怕到比赛最关键的时刻他依然能神态自若，即使球队面临输球的困境，他也会反复地鼓励队员，这也是最令汪俊豪佩服的地方。虽然只是一个普普通通的教练，但从他那里却学到了不一样的人生哲理。

朋友，也是汪俊豪大学里最大的收获之一。单纯、厚重就是对这份友情最好的诠释，所以汪俊豪格外珍惜。大三面临细分专业时因为要好的朋友选择了金融班，他也跟着他们一块儿进入了同一个班级。他说这几个专业对他来说没有太大的区别,况且家里人也不反对。在汪俊豪的朋友圈里还有一个小组织,每周末晚上10点左右就会聚集在“北操”看台上或者随园,天南地北地聊天。

职场风波

汪俊豪第一次接触社会是在大三的假期,也许是中国农业银行那象征生命的麦穗和象征历史的中国古钱构成的圆绿色的标志吸引了汪俊豪,他把那家银行作为了社会实习的起点站。大堂经理、对公柜台帮手等职业角色的体验使汪俊豪深刻体会到残酷的社会现实。工作伙伴之间或多或少都存在着利益冲突,在职员闲谈的言语间总会不经意地流露出一点火药味。“职场就是社会的缩影,无论身在何处,竞争都围绕着你,伴随着你。”汪俊豪如是说,“处理同事关系是一门学问。人类的弱点是自私,每个人总会以自己的利益为先。面对这样的问题,我会‘吾日三省吾身’,做事情之前先权衡一下,尽量避免冲突的发生,有时给予他人适当的善意,争取做到大家的利益都不受损害。”

白驹过隙,转眼间汪俊豪告别了学生时代,推开了社会的大门。社会的每个角落并非都光鲜亮丽,然而要让倔强的汪俊豪就这样认输,也不是件易事。从象牙塔里的莘莘学子到社会中的职场经理,他在自己不同的人生角色里转换得潇洒利落、游刃有余。

“在还没有踏入大学校园的时候就没想过要留在外地工作,自己总属于故乡,我也舍不得离开这片土地。”毕业后,汪俊豪觉得银行的工作并不适合自己,于是在萧山找了一份电线电缆的销售工作。各种机缘巧合之下,汪俊豪看中了义乌的市场,认为义乌的电线电缆行业的发展潜力巨大,于是他来到义乌新区,在一个以电线电缆销售为主的商品批发市场开了店。他的店四周环境优美,建筑高耸,汪俊豪还介绍说未来周围还会建立起电厂,以形成一个产业链。因为工作的缘故,汪俊豪经常要在杭州和义务两地间穿梭,过着好似游牧民族的生活。

工作体会

人际沟通是进入社会的必修课,“现实而实用”是汪俊豪对人际关系的看法。学生时代的汪俊豪就认为大学是一个平台,学习专业知识是一部分,朋友、人际关系也是重要的组成部分。

“我喜欢跑来跑去,与不同的人打交道,所有的工作,不是跟同事打交道就是和上司打交道，或是跟客户打交道。”正是汪俊豪这样的兴趣使他顺利地完成了学习道路上和工作道路上的对接和转化。正所谓“天将降大任于斯人也，必先苦其心志，劳其筋骨，饿其体肤，空乏其身，行拂乱其所为，所以动心忍性，曾益其所不能”。这些都是对他的磨炼，即使过程辛苦，但结果却能让他习得一些以前所不能的东西。

汪俊豪在办公室工作

“与客户打交道，把产品卖出去，都是同样的道理，其实卖什么产品不重要。销售的第一步是找客户。如果客户有需求来联络，就开始谈产品和价格。产品和价格谈好了，接着安排厂里做产品，最后交货结钱。在这诸多环节中，最重要的就是人际关系。就算你找到客户了，如果你和他关系不熟，他不会理你。或者有些大客户，前期谈了很多次，但最终却没有把项目拿下来。”第一次和客户商谈的时候，汪俊豪前前后后花了一个月的时间对方才肯接纳他。对于年龄差距较大，和自己没有什么共同语言的客户，他的建议就是尽量把话题集中到产品上来，从客户的角度来分析产品的优势，这样成功的概率就会比较高。在谈价格的时候关系也很重要，要和客户多沟通、多交流。“有时候也要擦亮眼睛，对方会讨价还价、货比三家，得分析清楚客户是真的嫌贵还是要小伎俩。”

不打笑脸人。在与我们交谈的过程中，汪俊豪始终面带微笑，一举一动都透露着他友善、平易近人的品质。汪俊豪说他拥有的良好习惯与父亲的教育方式不无相关。汪俊豪的父亲是一个不急不躁的人，无论做什么事情都很有耐心。父亲的为人处世，使得汪俊豪在成长过程中也渐渐养成了良好的习惯。“摆着一张别人欠你钱的面孔，对你没有任何好处，你对别人客气，就是对自己客气。”

采访学生：

虞　慧　金融学2012级2班

全梦莎　金融学2013级1班

让勇敢成为习惯

——邵晟亮访谈录

邵晟亮 1991年出生于浙江杭州。2009年就读于浙江大学宁波理工学院计算机专业,2010年转入国际经济与贸易专业的国际投资求是实验班。2012年获得模拟炒股班级冠军。2013年毕业后就职于浙江省土产畜产进出口集团有限公司。

面对90后的学长,我们心情很是兴奋和激动。采访前,朱老师告诉我们,在她心中,邵晟亮学长是个文雅、上进且很有礼貌的学生,虽然毕业了,但邵晟亮学长逢年过节都会发祝福短信给她。

邵晟亮

这到底是怎样的一位学长呢?我们对与学长的见面充满期待。

初见面,邵晟亮学长戴着黑框眼镜,身着白色T恤和牛仔裤,俨然是个阳光大男孩。一见到我们,他就热情地跟我们打招呼,使我们紧张的情绪消失殆尽。

良好的选择是成功的开始

人在一生中总会面临无数选择,所做出的选择也并非每个都正确,而邵晟亮也不例外,他在寻找适合自己的专业的路途上几经周折。初时,他在选择专业的过程中有些盲目、从众,也觉得计算机专业比较适合男生。因此,他也没有过多地去了解其他专业以及那些专业是否适合自己、符合自己的兴趣。但当邵晟亮真正学习一段时间计算机后,发现计算机专业并不是他的兴趣所在。“我感觉自己根本不是编程的料,且上课很枯燥”,因此在与家人沟通后,他在大一下学期转了专业。在第二次选择专业时,邵晟亮格外谨慎,他想结合自己的特长和性格特点来选择专业。由于邵晟亮喜欢并擅长英语,且性格开朗,乐于与他人沟通,又考虑到当时学校正在组建新的班级——国际投资求是实验班(学校重点培育的班级),他觉得这是一个很好的机会,于是便毅然选择了国际经济与贸易专业。

对学业孜孜以求

和所有刚进大学校门的新生一样，邵晟亮对大学生活有着自己的规划，出于对英语的热爱，他便去了英语专业的班级上课。他从其他同学那里要到了外国语分院英语专业的课表，根据与自己专业的比对选择了一些有时间并能上的课程。第一次去上课，他就向老师说明了来这里上课的目的。他说他喜欢英语，希望可以长期来听课。听到这些，任课老师当然很欣慰，很爽快地答应了他的请求，但没有想到的是这一听就是一年，这一年中邵晟亮没有落下过一节课，每节课都是坐在前排，认真地听讲，并与老师建立了良好的关系。

邵晟亮对英语的热爱驱使他在大学期间参加了许多英语比赛。在大一的时候，邵晟亮便参加了全校的英语演讲比赛，值得注意的是在所有的参赛选手中只有他一人是大一新生。为了更好地参加演讲比赛，邵晟亮决定在课前给全班同学做一次英语演讲。他希望同学们在听了他的演讲后能给出一些意见和建议，可惜的是，同为大一新生的同学们可能有些羞涩并没能给出建议。为此，他并没有放弃，决定再进行一次尝试。这一次，他选择在某个课间进入一个完全陌生的班级进行演讲。在向当时的授课老师讲明来意并得到许可后，邵晟亮进行了第二次演讲，也得到了一些建议。但他并不满意，当时他在学校的学生会工作，正好碰上部门开例会，趁这次机会，邵晟亮在同部门的干事面前做了第三次演讲。最后，在综合了所有收集到的意见和建议后，邵晟亮又在自己的部长面前再次演讲。功夫不负有心人，最终邵晟亮在全校的英语演讲比赛上以优异的表现荣获了二等奖。

在大学时期，邵晟亮的生活可谓丰富多彩，他不仅在学院部门担任过干事，也曾担任过主持人。由于邵晟亮参加过众多的英语演讲比赛，使得他在学校有了一定的名气。“当时有个朋友来找我，问我有没有兴趣做主持，是外国语学院举办的英语歌唱比赛，需要全程英文主持。”邵晟亮很惊讶，自己从来没有担任过主持人啊！他把自己的担心告诉了他的朋友，觉得自己不能担此重任。而邵晟亮的朋友却对他很有信心。“当时我的朋友告诉我，我的英语口语不错，且性格开朗，担任主持人应该没有问题。”最后，邵晟亮接受了这突如其来的挑战。而且在担任主持人的同时，他自己也参加了比赛。

邵晟亮的这些经历让我们很是钦佩，当时作为大一新生的他，不仅去其他分院蹭课，而且一蹭就是一年，中间没有落下过一节课。但最令我们钦佩的还是邵晟亮为了英语演讲比赛，在背后一次次默默的付出。“是什么使你有勇气多次站在众人面前?”我们对此感到很好奇。“如果你无所畏惧,你会怎样做呢?”这句出自《谁动了我的奶酪》的话,让他印象很深刻,这也成了他大学生活的向导。对每次预演,邵晟亮也很挣扎,甚至手心冒冷汗,但他丝毫没有退却。每当他紧张的时候,他就会在心中默念:“如果你无所畏惧,你会怎样做呢?”每次走到众人面前,随着演讲的深入,紧张感便被一股脑儿抛在了脑后。勇敢付出是迈向成功的第一步——纵使成功的机会渺茫,而不敢付出、不去付出是万万不可能取得成功的。

勇于挑战新事物

微信的出现使得大学的校园里掀起了一股“微信热”。微信热的主力军是新潮的90后,越来越多的公众号和服务号涌入了他们的视线。想引人注意的90后争先恐后地想要创建学校的公众服务号,邵晟亮便是其中的一个。学校公众号的主要目的是推送学校的动态以及提供电子外卖单等,现在邵晟亮的浙江大学宁波理工学院服务号已经有了500名粉丝,但遗憾的是由于邵晟亮的毕业,不能及时准确地掌握学校动态,所以不得不停止微信公众号服务。而毕业之后的他依旧心系学校,希望学校的微信服务号可以继续做下去,并且自己也有了一些新的想法,如建立表白墙撮合暗恋男女等服务。“有暗恋情结的同学可以通过这个平台告诉我们他们的喜欢对象,经我们后台的处理,若有互相暗恋的情况发生便可以通过微信通知双方,最后撮合两人。”这事想想都觉得浪漫。

邵晟亮大学时期的照片

虽然邵晟亮已经离开了学校,但他并没有放弃他的计划,决定找在校的同学进行合作。“在拥有500名粉丝的基础上,可以更好地发展更多的潜在用户,如果粉丝达到一定数量,可以发展一些商家入驻该服务号,将其发展成服务及营销的微信平台。”建立和维护微信公众号锻炼了学长,一般毕业后的学生都会将其放弃或交给学妹学弟们管理。但毕业后的邵晟亮却有着不同于常人的想法,不但没有放弃日常的管理与维护,还希望学弟学妹们加入其中,不仅如此,他还为微信服务号注入了新的“活力”。常言道“开头容易坚持难”。一个人做一点有意义的事不难,难得的是坚持做有意义的事。现在的邵晟亮平时工作很繁忙，但是仍然坚持做他觉得有意义的事，即使这样会花费他不少宝贵的休息时间。成功是一段路程，只有锲而不舍才能顺利到达终点，你若中途放弃，成功将会遥不可及。

珍惜现在的时光

在采访前我们了解到邵晟亮很辛苦，常常工作到很晚，有时连吃饭的时间都没有。在大学毕业后邵晟亮回到了自己的家乡杭州，在杭州的招聘会上，选择了四家公司并投递了简历，幸运的是有三家公司希望录用他。一家是邵晟亮现在工作的公司浙江省土产畜产进出口集团有限公司，其他两家同样也是国有企业，但通过对比三家公司的规模与发展前景后，最终邵晟亮选择了现在工作的公司。在采访的过程中，邵晟亮给我们看了他在广交会的照片，以及其他一些工作的照片，显然邵晟亮很喜欢他现在的工作。

“要注重细节”，这是邵晟亮的师傅不断强调的话。这里的“细节”不仅是有关合同的细节，厂家生产产品的进度及质量也要注意，需要不断地去监督检查，还有运输过程同样也很重要，任何一个步骤出错，都会给公司带来违约风险。刚工作不久的邵晟亮很快就迎来了第一个挑战。在他处理的一个单子中，厂家在规定的期限内完工了，质量也过关了，且货物都已经及时进仓了，本以为可以准时交货，但在水上运输的过程中，由于货物体积小导致部分货物被落下，况且运输公司也没有及时通知，直到船离港后才通知他取回货物。得到消息的邵晟亮不慌不忙，第一时间告知了客户具体情况，并请求他们谅解，希望能延迟交货时间。客户同意延迟交货，但表明不会承担相关的运输费用。随即邵晟亮就去运输公司进行处理，但运输公司却将责任推得一干二净，还表明这不是他们的责任，不会承担相关费用。邵晟亮并没有与运输公司僵持在这个问题上，而是提出先运输货物，尽快将货物递交给客户，尽可能减少损失，然后再处理运输费用的问题。因合同明确表明是FOB方式，通过邵晟亮的据理力争，最后双方达成协议，陆地运输费用由邵晟亮所在的公司承担，水上运输费用由运输公司承担。这是邵晟亮进公司以来的第一道坎，虽然客观上讲，邵晟亮的公司在流程中没有任何失误，但在利益至上的商界总会有一些不可预料的因素存在。在违约事件的处理过程中，邵晟亮并没有与运输公司僵持在费用承担的问题上，而是首先考虑客户利益，冷静灵活地处理工作中出现的问题。这些作为一个优秀的企业员工所必须具备的素质，在他身上也体现得淋漓尽致。

现在的邵晟亮在处理工作上的问题时变得更游刃有余，由于他的师傅因病请假，现在师傅的工艺花卉外贸基本都是邵晟亮在打理。不满于现状的邵晟亮希望自己能开拓出一块新的业务领域，而不是局限于师傅开拓的花卉外贸市场。在查阅大量资料后，他发现3D打印机在未来的市场份额很大，虽然3D打印机起源于国外，但由于低廉的劳动力吸引了很大一部分的国外投资者在中国安家落户，因此3D打印机将会在中国的外贸市场上有很大的发展空间。在与邵晟亮谈话间，我们发现邵晟亮还对3D打印机的工作情况以及基本原理进行了学习。邵晟亮的师傅即将退休，邵晟亮也完全有能力继承其师傅的工作，但他并不愿止步于此，而是顶着巨大的压力和风险选择开拓新的业务。工作期间，他不仅要处理现有的工作，还要在繁重的工作中挤出时间深入了解和学习3D打印机。这一路走来，邵晟亮很少说放弃，即使经历一次次的失败，他也没有轻易说过放弃。

在得知我们有3D打印机的视频资料时，他便开始与我们讨论起3D打印机，并向我们要了视频资料。很多资质优秀的人一生碌碌无为，而一些看似不起眼的人却成就了一番大事业，两者的区别就在于前者没有去付出，或者说不敢去付出，而后者则勇敢为之，继而取得了成功。并不是所有人都有勇气去尝试新的生活，更多的人愿意安于现状、按部就班，而邵晟亮却更愿意挑战自己，敢于去尝试、去冒险，接受更具挑战性的工作，这体现了他不断超越自我的追求和勇气。

奔竞不息　勇立潮头

拥有多重身份的邵晟亮将他的时间表排得满满的，他不仅是公司的业务员，也是淘宝店的掌柜。毕业后的邵晟亮发现保健饰品的发展前景很可观，随着人们生活水平的提高，保健饰品的需求在将来会更加强劲，且保健饰品属新兴产业，虽然目前销量并不火热，但他相信将来的发展空间会很大。“保健饰品不仅效用高而且很时尚，现在很多注重生活品质的年轻人都会考虑为自己购买。同时在讲求‘以孝为先’的传统美德的引导下，保健饰品也是孝敬长辈的不错选择，所以我认为它的市场潜力巨大。”

经过一番分析，邵晟亮决定通过淘宝建立出售平台，通过阿里巴巴集团联系厂家取得货源。为了提高竞争力，使消费者信任自己的店铺，他主动与保健饰品的厂商联系索取相关资料。邵晟亮告诉我们，在他刚开淘宝店时，保健饰品的介绍在淘宝店的同类产品中只占十几页的页面，但现在保健饰品的介绍已经增加到了 70 多页。由于专业限制，邵晟亮对淘宝的了解也只局限在淘宝卖家的基本销售流程，对电子商务营销等较为专业的知识并不熟悉，但随着竞争的日益加剧，仅知道淘宝卖家的基本流程已经不足以在市场上“存活”。邵晟亮没有放弃对淘宝店的经营，他通过购买网上教程学习电子商务知识与电子营销方法，以近乎虔诚的姿态去学习知识，苦心经营着他的淘宝店。“开淘宝店首先要做的是刷信誉，前期不刷信誉，淘宝店很难经营下去。”“我现在出售产品的价格一般是同类产品在淘宝店的中间价，现在很多买家既不买最贵，也不买最便宜的，因为担心被骗。”邵晟亮还和我们谈起了淘宝店的营销策略和心得。现在他的淘宝店销量并不高，主要原因是信誉度不高。“类似的保健饰品很容易造假，并且很难辨别真伪，所以信誉不高的店铺很难吸引消费者前来购买。”邵晟亮的淘宝店刚刚起步，我们很好奇，便询问他店里有多少种产品，邵晟亮微微一笑说：“现在我的淘宝店只有一件产品，虽然只有一件商品，但也还是会有人购买。”

邵晟亮在世界互联网峰会上

除了保健饰品，邵晟亮对一种防晒伞——香蕉伞也很感兴趣，而在淘宝上比较受欢迎的是柠檬伞，对于香蕉伞的介绍却不多。其实柠檬伞的原理与香蕉伞一样，柠檬伞就是仿照香蕉伞制作的。邵晟亮告诉我们，他已经与厂家联系上了，厂家也已经答应以低于市场价的价格出售。“一般香蕉伞的市场价是 200 左右，而我出售的价格一般在 130 左右。”他诚恳地讲道。

邵晟亮不仅对电子商务很看好，对互联网金融的发展前景也有着自己的看法。“随着余额宝的出现，互联网金融将成为将来发展的潮流，目前已经出现了网络证券、网络保险、网络信托等金融服务及相关内容。”但相比电子商务，互联网金融的发展还比较滞后且整体发展较慢，将来可以以电子商务平台为依托来发展互联网金融。

采访学生：

袁文华　金融学 2012 级 2 班

何倩若　金融学 2013 级 2 班

第二节 业界精英采访录

兴趣是导师，引领你前行

——胡日恒访谈录

胡日恒 浙江省杭州市淳安县千岛湖人，现定居宁波。2006年进入浙江大学宁波理工学院学习，曾多次获得学校优秀学生奖学金，同时也是一名优秀的共产党员。在全国模拟炒股大赛和模拟期货大赛中取得华东地区优秀名次。后又尝试实战，通过炒股挖到了大学时期的第一桶金，这进一步激发了他从事金融行业的兴趣。

胡日恒在台湾旅游

2010年毕业后进入银河证券投资部门担任市场助理分析师。2011年进入银河证券子公司——宁波银河期货，带领和管理营销团队。经过一年半的实践和经验的积累，2012年进入远大集团投资部门担任专业交易员。

在四年的大学学习生活中，他利用课余和寒暑假时间进入银河证券、国信证券、平安银行、建设银行等多家大型企业实习，并积累了较丰富的经验。在大学学习的四年，是知识积累和经验积累的四年，是为他打下坚实基础的四年。

坚信付出不会白费

在金融研究所老师的印象中，胡日恒是一个做事认真、成熟稳重、一直都知道自己想要什么的人。当年他上课总是坐在教室前排靠中间的位置，上课很认真，做很多笔记，期末成绩也不错。

谈起自己的大学生活，他有怀念、有回忆，也有想回到过去的那种幻想。毕业已经四年了，胡日恒每当回想起在母校学习的日子，心头就涌起一阵阵的感慨。在大学里他结识了不少朋友，也与老师建立了深厚的情谊，而且现在也一直保持着联系。从他们身上胡日恒也学到了很多，包括专业知识方面乃至人际交往，这些对他现在的工作有直接的帮助。

胡日恒(中)大学毕业照

“我大学时期爱看小说,喜欢唱歌,我唯一遗憾的就是当时上学时没有参加学校十佳歌手的比赛,我想如果我去的话应该还可以拿个不错的名次。其实我那时挺喜欢文体方面的活动,我们学校还有个‘疯舞堂’,我也挺感兴趣,但就是拉不下脸去参加。”他笑道。

对于当时选择金融专业,他坦言这得感谢父母,他们比较尊重他的意见,认为兴趣最重要,相信他会做出正确的决定。关于为什么执意选择这个专业,胡日恒说原因很简单,就是兴趣,将来薪酬也比较优厚、发展前景比较好。“‘兴趣是导师’这句话说的一点都没错,至少我是这么认为的。只要你有兴趣,你就会不知不觉地去钻研这方面的东西,即使这东西会让你干得身心疲惫。但你潜意识里不会关注这些,兴趣完全覆盖了其消极面,带给你正能量。并且它将成为你不断前进的动力和源泉,你总能够为之不懈奋斗、为之努力。”

“客观地讲,在金融行业,如果你做得好的话,收入这一块是非常可观的。把兴趣当成职业是一件非常好的事情,又有兴趣又能赚钱,何乐而不为呢?兴趣与工作的结合,才是我所理解的事业的真正含义。”当谈到大学的学习时,他笑笑说:“非常客观地讲,在我们寝室四个人中,我是学习最用功、最认真的那一个。又因为金融是我感兴趣的专业,每次上课都会想着上课要多听一些,多学到一点知识。因此我每次都会很早到教室,选一个好位置,以便于认真听课,同时也方便与授课老师进一步沟通和探讨,我也希望可以给老师一个好印象。虽说老师的引导非常重要,但后期自己的钻研和实践也必不可少。老师不可能把所有的东西都告诉你,走上社会还是得靠自己。成功会有偶然因素,但也有必然因素,努力和奋斗就是最主要的必然因素。”毕业后很多同学都去了其他行业,只有他还在这个行业中奋斗。他不想放弃自己的兴趣、自己的专业素养、自己所学的专业知识，更不想放弃自己的梦想，他说他会一直坚持在这条路上走下去。

读万卷书不如行万里路

图书馆是胡日恒大学四年待的时间最长的一个地方。由于大学时期不太爱运动，因此除了寝室和教室，他所有的空余时间都泡在图书馆里。他至今还记得图书馆在周五下午闭馆，尽管时间已经过去了四五年之久。图书馆是个很能让人静下心来学习的地方，对他来讲这个地方意味着太多的东西，这里是他往日拼搏的地方，也是满载回忆的地方，陪他走过了风风雨雨。在专业课老师的指导下，他考了许多从业资格证书，尽管很多人并没有意识到持有这些从业资格证书的优势和重要性。“在学校里把这些证书考出来一定比工作后再去考轻松得多，而且没有任何压力。大学时期学习氛围浓郁，而进入社会后就没有那个氛围，考证就会比较困难。像证券、期货、会计等行业都需要有从业资格证才能上岗，这是硬性要求。即便有的公司不需要，但证书至少会使你求职的选择余地大一些，相对于那些没有证书的求职者来讲更具竞争力。”“我觉得人出来混总是要还的，比如说考证这件事。如果你当时在学校里没有考出这些证书，那么当你步入社会之后会发现这些是必不可少的，你就不得不重新捡起你以前的知识去考这些证书。勤能补拙，笨鸟先飞，当时考证时并没有什么特别的想法，只希望比别人多学一点，多付出一点，多得到一些。”胡日恒很坦诚地跟我们讲，“大学给我最大的财富就是这一份经历，这份经历包括在大学学到的知识，包括你在大学里遇到的形形色色的老师和同学，还有与四年的大学生活日夜相伴的书籍。书籍是人类进步的阶梯，书籍的确对我的世界观、人生观、价值观有很大的启发，这也正是书籍最有魅力的地方！”

胡日恒（右一）与采访人员合影

“对于毕业之后的选择，我根本没有犹豫过，我没有去考研究生，也没有去考公务员，我的想法很简单，我就是想做这一行，一直做下去。进入这个行业，如果你走对了路，你就会有一个很大的机会，迅速积累财富，实现财富自由。当然失败的例子也很多，就看你自己的能力，看你能否在千军万马中顺利走过这座独木桥。如果你过得去，那么很年轻的时候就可能实现财富自由，而过不去掉到河里，那么你也只能游上岸后再找出路了。”胡日恒说得云淡风轻，但话里话外也透露出金融行业潜在的竞争压力。

在大学期间，胡日恒通过老师和家里的介绍以及校园招聘等形式，利用每个寒暑假以及课余时间到许多金融单位实习，好让自己充分了解金融行业，进一步确定这个行业是否真的是自己想去的，这也是对自己未来的一个就业指导。实习是步入社会的开端，走出学校的胡日恒发现，社会上很多东西与学校里不同，或者说与自己以前想象中的社会生活不同，社会是现实的、残酷的，并不像想象中那么美好。实习给他带来的最大感触就是进入社会后将远离象牙塔，学校这个大环境其实就是一把巨大的保护伞，而走出校园就相当于飞出了保护伞，要飞翔得靠自己，有些事并不是你想怎么样就怎么样。胡日恒给我们举了一个有趣的例子：“就比如说请假吧，在学校时你可以选择逃课甚至连假都不请。但是走上社会，当你进入一家公司成为一名员工时，你可以请假，但批不批准你的请假，主动权就不在你手里了，我想这样的事只要是工作过的人都会有相同的感触吧。遇到这种情况你就必须更加独立，必须靠自己强大起来。社会上人生百态，很多人是你以前没有遇到过的，会给予你帮助或是挫折，这些都只能自己来面对。社会有它自己的规则，当你必须遵守这个规则并且没有能力改变它时，你只能努力去适应它，否则你就只能一败涂地，这就是现实中的适者生存。所以走上社会后，我们就必须学会对自己负责，对自己的工作负责。”

“我是一个地道的杭州人，但我选择留在宁波，在宁波发展我的事业，因为我对宁波这座城市的感情很深。我许多要好的朋友、良师诤友都在宁波，这座城市会让我想到我的大学生活，很适合我的发展。一开始我的父母并不是很同意我留下，但现在我做出了成绩，他们也就对我放心了。在可预见的未来，随着我管理的资金规模越来越大，我希望能在35岁左右实现全方位的财富自由，到那时选择继续工作就不单单是为了赚钱，更多的则是基于对社会的责任，也希望可以对我手下的这批同甘共苦、一起打拼的人负责。为

在银河期货任职时的胡日恒

了我自己的兴趣我会一直做下去，但也会慢慢把时间和精力转移到朋友和家人身上，我想用更多的空余时间来享受生活、周游世界。”

理性投资需注重两点：风险管理和心态管理

胡日恒在大学时期曾参加过全国模拟炒股大赛和模拟期货大赛，并且在华东地区取得优秀名次。他说这只是一次体验，模拟炒股的心态和真金白银实盘操作的心态是截然不同的。当我们问及他大赛获奖的秘诀时，他很坦然地回答：“如果当时比赛结束后你问我，我想我是说不出什么东西来的，但是经历过实盘操作这么多年后，秘诀基本就两点：一是风险管理，二是心态管理。”

胡日恒尝试实盘操作时，正值2006—2007年的牛市，很多投资者的资产从几万元上升到几十万元，后来又由于股市的大幅回落使得这些资本都化为乌有。胡日恒前期投入的资金并不多，从起步资金的2万元到后来的10万元，后又跌到五六万，当时他认为整体的势头不行就回避不做了。当时他并没有指望通过炒股赚到大钱，只是希望通过这个方式将所学到的知识加以运用。他说：“当你看到你所学到的知识得到应验时，那种成就感和满足感是无法用语言形容的。”

在众多实习单位中，胡日恒与银河证券结下了不解之缘。银河证券里有几个非常专业的股票分析师都给予了他专业上的指导和帮助。另外，在与银河证券里做股票的大户（庄家）接触之后，他发现了投资的另一面。做股票、做期货等需要不断地判断、积累才能达到预期的效果，并不是简单地投点钱进去就可以有所收获的。进入这个行业之后才会发现，这个行业水很深，钱并不是那么好赚的，很多时候你想要赚钱，但到头来你可能只是在给别人送钱。做股票和期货很成功的往往是极少数的人。

胡日恒在银河期货
营销集训营上演讲

对于未来股市的走向，胡日恒有着自己独到的见解。他认为未来股指大跌是不太可能的，因为政府会救市。政府有宏观经济增长的目标，为了实现这一目标，为了保障社会就业、保障宏观经济稳健运行，不能突破这个下限，所以很大的系统性风险是不会有的。经济是有自己内在的逻辑、内在的规律的，政府的行为只能在短期达到微调的效果，政府的政策不会导致经济的逆转，效果只是暂时的、引导性的。说到底还是要有经济增长点，过去都是靠出口来拉动经济的增长，政府投资的很多出口都是偏低端的制造业，产品的可替代性比较强，由于工人对工资要求的不断上涨使得生产成本不断推高、利润大幅下降，进而出现竞争力缺乏。国家进入经济转型迫在眉睫，提出经济要有抗压能力，因此大跌不可能。考虑到经济增长点的问题，股市短期也不会出现很大的增长，增长很大程度上是政府救市的短期效果，一旦股指有小幅上涨，投资者就会选择清仓，因此股价上升压力很大。

在访谈最后，他还强调了兴趣的重要性，无论你做什么，兴趣最重要，跟着兴趣走总没错。胡日恒也表达了自己的期许和祝福：希望我们金融学的学弟学妹们都能获得好成绩，以后有个美好的未来。希望我们的母校越办越好，桃李满天下！

采访学生：

杜旭浩　金融学2012级2班

费徐芳　金融学2013级2班

跟着心走
——吴南瑛咖啡厅访谈录

吴南瑛 浙江义乌人。2007级金融学专业学生，毕业后赴英国伯明翰大学攻读硕士学位。留学回来后进入交通银行工作，目前已创办了自己的公司。

在校期间吴南瑛曾担任过很多学生工作，包括班级团支书、分院团委副书记、党员教育发展中心成员、2009级新生班导师助理、班级心理委员等。除此之外，她在学校还荣获过很多奖项，比如“新生军训二等奖”“优秀团干部”“校园海报大赛三星级作品”“校园猜词比赛第一名”“优秀学生干部”“十佳党员”“‘金瓯永固’全国书画大赛一等奖”等。

薰衣草花海里的吴南瑛

在和她见面的前一秒，我们脑海中还在想象她出现在我们面前的场景。刚见到她时，她还坐在车上，戴着墨镜。直到下车，我们才见到一个有着高鼻梁、小嘴，身材苗条、身穿短裙的美丽学姐。之前从电话的那端可以感觉到学姐性格很文静，但和她交流后却发现她很健谈，能很快就融入到采访中。毕竟她是在学校有过这么多锻炼的优秀毕业生，与人交流也应该是她的强项。

大学四年很充实

说起大学，吴南瑛有很多经历和感悟。这四年她过得并不轻松，却很充实。不管是在留学期间还是现在工作，她都非常怀念大学时代的点点滴滴，很希望能再上一次大学。

大一，空闲的时光。刚备战完高考的她，卸下一身的疲惫，投入了看似轻松的大学生活。大一的她还略显稚嫩，对于大学生活也只是一知半解。作为团支书，她工作认真，对于班级的管理很负责。在她的带领下，她所在的班级每次在学院评奖时都会入选，哪怕只有一两个名额。她们班曾多次被评为“校级优秀学风班”，这个称号也印证了她对班级的努力付出。

大二，循序渐进的一年。她的工作量不断地增加，任务越来越繁重。除了担任班级的团支书外，她还加入了党员发展中心，成为纪检部的一员。因为大二课业量也有所增加，她便辞掉了团委的职务，把心思都放在了学习和班级管理上。

大三，最辛苦的一年。这一年既是最辛苦的一年，也是最充实的一年。当然大大小小的困难肯定在所难免。她起初只是抱着试试看的心态报选了班导师助理一职，结果居然通过了选拔，被分院聘任，这让她兴奋了老半天。她可以陪学弟学妹们一起军训，虽然每天要早起晚归，要经受烈日的考验，但这也是一次难得的锻炼自己的机会，而且还能以过来人的身份给学弟学妹们提供学习和生活上的帮助和建议，当然最重要的还是可以认识很多的朋友。这一年，她遭遇的困难挫折也不少。学院有一条不成文的规定，原先不是团委的成员不能当选团委主任和副主任，而她恰恰就是这样的情况。就是这个在别人眼里凭空冒出来的副主任，引起了轩然大波。“副主任凭什么被外人抢去，难道我们部门里面就没有能干事的人?”成员间都满是猜测。别人眼中的她俨然是不真诚的，而为了当选这个副主任，她背后付出过多少努力只有她自己知道。因为不是团委成员她就要比其他人更努力表现，这样才能够得到老师的认可。而这些都不为人知。就因为这事，很多人都不愿意和她交流，所以一切工作都要她自己重新了解再做安排。找各部门部长交流总结，和老师沟通交流，这些工作累得她喘不过气来。一边她还忙着自己出国的事:申请学校，参加考试，上各种培训班。作为班助，她还要管那些学弟学妹们学习上、生活上的事情。另外，党员和班级的工作也缺不了她。这些事情夹杂在一起的结果是可想而知的，但她没有放弃过任何一件事，而且每件事她都很用心。

大四，面临毕业、任重道远的一年。到了这个阶段，很多专业课基本都上完了，平时课自然也就不多。但表面的轻松并不代表内心的悠闲，毕业季必然面临各种压力。忙着准备毕业论文和出国的她根本没工夫闲下来在校园的一角停留，为了能更好地适应国外的环境，她做了很多的功课。她最遗憾的事就是没有抽出时间来看看学弟学妹们，对此她有些愧疚。

提及毕业时的场景，吴南瑛最直观的感受就是班里的男生们都变得懂事了，从最早的没有班级观念、懒懒散散，到现在的成熟稳重，一切仿佛都因离别而改变了一样。短短的聚会之后就意味着离别，在很多人的眼中，离别就意味着不再联系，就算联系也只是简单的问候。对于虚无缥缈的未来，一切都是未知。

在这四年中，她结交了很多朋友，即便是现在的男朋友也是她的大学同学，当然这其中还有很多的老师。她最崇拜徐加老师，也就是金融专业的创始人、当时的金融所所长。金融专业的教学计划都是他牵头制订的，教材也是他参与选择的，他对学院和学生的付出可谓尽心尽力。记得徐加老师最得意的收藏品是纪念级别的 1992 年发行的股票，他常常跟学生讲起他的投资往事。相比之下，朱孟进老师更表现出了她的女性风范。她对学生更关心，就像看待自己的孩子一样，同时她也是个做事非常严谨的人，凡事都追求完美。而马翔老师的特点就是讲课幽默风趣，在课堂上他更像个大男孩，能跟学生们玩在一起。

记忆犹新的两件事

老师见吴南瑛当班助很认真负责，就邀请她一起参与关于三农问题分析的课题。对于之前从未写过论文，而且对数据整理完全没有概念的她来说，这无疑是一个很大的挑战。做问卷、整理分析数据、写论文，这些她并不熟悉的流程让她无从下手。通过自己的不懈努力和老师殷切的教导，她终于成功地完成了任务。此时的吴南瑛充分体会到了成就感和满足感，老师的肯定和表扬更是令她激动的心情难以言表。这样充满新鲜感的经历虽然过程很辛苦，但她从中学到了不少，并给本科毕业论文的撰写开了个好头。

吴南瑛的毕业照

还有一件事就是参加马翔老师带队的宁波市理财规划大赛。这个大赛的主旨是以一个家庭为单位，对收入、支出进行合理的理财规划，并预测几年后会是一个什么样的家庭收支水平。吴南瑛小组分到的家庭背景很特殊，属于富豪家庭。2008 年金融危机的爆发并没对这个家庭产生影响。正因为家庭背景的特殊，所以他们做的理财规划与普通家庭相差甚远。他们理财的出发点就是不从证券投资方面考虑，换从保险方面如何合理躲避遗产税。当初他们都自信满满，觉得能拿第一了，不是第一也得是第二。但结果出乎所有人的意料，他们不但没有拿到靠前的名次，反而名落孙山。他们去找评委理论但无功而返。无论怎样，这件事教会了她不一样的投资理念，也让她懂得过分的自信只会让自己面临更残酷的现实。

留学生活苦与乐

相比国内求学的阶段，吴南瑛在英国伯明翰大学读硕期间压力更大。国外的学生好像都很好学，为了更好地和老师交流，同学们上课都会抢着坐前排。有的同学甚至大清早就已经在教室了，一来是为了选个方便学习的好位子，二来也是不想浪费大清早这么好的学习时间。这些举动多少都让她有些吃惊，这在国内大学里是无法想象的事。学生们的好学不仅体现在教室，还体现在学校的图书馆。而英国的图书馆氛围和国内也大相径庭，总是人满为患。每堂课老师都会给出课后要读的书目，去补充课堂上学不到的知识，而学生也都很自觉，下课后都会去图书馆翻阅这些书。她的亲身体会是这些参考书很有价值，对自己的传统观念产生了很大的冲击。在英国，写论文的要求和国内也有所不同，国内更倾向于引用著作原话，但在英国，这些学术方面的监管还是很严格的，一旦被发现有抄袭现象，惩罚的力度很大。她调侃道："我在撰写论文期间，足足瘦了20斤，帮我解决了困扰我多年的肥胖问题。"

西方的文化与中国也有很大差异，在英国学习的这段时间让她感受颇深。比如中国人向来很好客，平日里总会邀请很多朋友来家里做客，外国人觉得中国菜很好吃也就喜欢来，但他们没有带礼访问的习俗。一听到有中国人邀请吃饭，大家都会很积极，都来蹭吃蹭喝，让中国学生应接不暇。再如法国人认为法语是最好听的语言，因此不屑于讲英语，就算听得懂英语，他们也是用法语回应。有一次，她和同学去法国，在一家餐厅吃饭，虽找了一个懂英语的服务生，但让服务生推荐菜的时候却因为他不喜欢说英语而没有详细地向她们介绍菜单，就随便推荐了道法国人爱吃的大盘肉。菜上来时上面的肉都是生的，血淋淋的很难咬，而且还有渣。事后才发现这是狐狸肉，让吴南瑛和她的同学反胃了很长时间。

旅行中的吴南瑛

伯明翰大学是世界上唯一一所把火车站建在校园里的学校，这也方便了她们的游玩。有一次乘地铁出去玩，出站时把票投进了检查机却没开门，几个人像无头苍蝇一样不知道该怎么办才好，幸运的是她们遇到了一个中国通，他能讲一口流利的中文，巧的是他也遇到了同样的问题，他趁别人通过的时候，强行把门打开，喊道："快走。""我们都笑了，也感到很幸运，能遇到这样有趣的人。"她回味着。要是没有他，还真不知道该怎么办了。

从就业到创业

从英国回来后，吴南瑛就有了创业的想法，但满腔抱负的她并没有急于求成，而是去了一家银行应聘，进入国际业务部工作。对于刚毕业的人来说，这已经是一份很不错的工作了，但她的抱负远不止如此，选择求职只是她为创业生涯做的准备。在大学期间她去过大大小小的公司，在银行也有过实习经历。这些工作经验让她对生活有了更高的追求——想自己开公司。

终于，她成功地拥有了自己的事业，注册了一家名叫合泰进出口有限公司的企业，主要从事对外贸易，目前主要是从澳洲、英国等地进口产品。别看公司已经开了，但这背后蕴藏着不少压力和质疑。首先就是家人的反对。家里人觉得乳臭未干的小孩子，刚毕业不好好工作创什么业。其次就是来自自身的压力，毕竟是新人，很多都还不懂，还要担心很多问题，比如员工的稳定性，还有海关、商检等。而且创业会很忙，原本双休日是属于自己的，但创业后就不一样了，事情多，就连仅有的休息时间都被剥夺了。特别是在创业初期，各种辛苦和压力，只有自己懂。创业后她兴趣也发生了变化，以前爱逛街购物，现在却喜欢品品茶，练练毛笔字。

员工们正在认真地工作中

说起最崇拜的企业家，她提到了马云，一个现在几乎家喻户晓的人。他在电商行业做得如火如荼，要是没有来自国家和银行层面的各种限制，他在互联网金融领域也将独霸一方。马云的想法可谓是层出不穷，除了阿里巴巴，他还进军其他领域，如国际物流、足球俱乐部、商业地产等。只要是他想得到的，就都会付诸实践，不管过程有多么的艰难。马云的性格和才华都很让学姐佩服，而她也想成为像马云一样成功的企业家。

因为自己开公司面试过不少人，谈起找工作，吴南瑛游刃有余。她觉得好的公司看中的并不是你的学历有多高，而是你个人的能力有多强。像她自己招聘就比较喜欢工作经验丰富、能力出众的年轻人，不觉得一定要建立一个硬性的招聘资格门槛，这样可能会使很多真正有能力、有才华的人被挡在了门外。还有就是在什么公司实习并不重要，重要的是要学到新的东西。像那种高估自己实力的、看不上很多工作而一直跳槽的人，到头来只会是竹篮打水一场空。况且员工跳槽对公司也会有影响，经常跳槽的人老板肯定也不会喜欢。

关于未来她有很多想法，比如如何保障员工的健康。研究发现，一天坐着工作超过6小时的成年人，比一天坐着工作低于3小时的人，死亡率高18%。因此她希望自己的员工可以站着工作。国外就已经有很多公司实行站立式上班，她也想把办公室的桌子弄得像酒吧吧台那么高。而她做这些真正的目的还是为了员工，看得出来她在创业的过程中很重视员工的健康，这也是如今很多大企业的企业文化之一。但这些新的创意要在公司步入正轨后才能考虑，毕竟现在的公司还处在初创期。

寄语学弟学妹

很多人或许会觉得自己在大学里学的课程和工作没多大关系，但在吴南瑛看来，事实并非如此。她现在从事的外贸，虽说和金融搭不上什么边，但这些课程的理念让她受益匪浅，同时这也是一个掌握能力的过程。所以专业课还是要好好学，而且金融学涉及的范围很广，社会的角角落落都和金融息息相关。当今社会已是个金融大平台，金融无处不在，缺少金融知识难以立足于社会。

在留学的过程中她也发现，宁波理工学院设置的课程安排很合理，使她在国外学习能很好地衔接知识。伯明翰大学有些选修金融类课程的人会挂科，但宁波理工学院出来的没一个挂的，这就说明了我们学校的课程安排有其内在的合理性，值得同学们静下心来认真学习。

生活中会经过很多的十字路口，但只要我们跟着心走，想做什么就坚持不懈地做下去，就算有很多困难，总是有办法解决的。做自己不感兴趣的事，会很枯燥，也不可能做好。

采访学生：

章吟爽　金融学2012级2班

顾玲丽　金融学2013级2班

我这人比较较真

——周凯访谈录

周凯 杭州萧山人，2011级金融专业毕业生。在校期间获优秀学生二等奖学金；曾担任过班级里的一班之长；曾带队参加暑期社会实践活动，并获得一等奖的好名次。大学期间曾在期货公司担任操盘手，积累了一定的从业经验。目前在宁波证券期货业协会工作。

周凯在旅游途中

这个非常英俊、透着时尚气息的帅哥，就是我们今天要采访的周凯学长。25岁左右的年纪，高高瘦瘦完美比例的身材，180厘米的标准身高，学长已经满足了很多小女生对男神的要求。采访的当天他穿着一件黑白搭配的T恤，T恤上是随性、不均匀的条纹，上面一半是黑的，下面一半黑白相间，看起来很修身。下身穿的米黄色裤子使他的腿更显修长。忙于工作的他接受我们的采访已是很迟，因为不想让我们等他，就草草打发了晚餐。从这件事上看出他待人接物的一种态度，对自己要求苛刻，无论做什么事都要精益求精，这也印证了他的那句话：我这人比较较真。

从不羁到成熟的改变

大学期间周凯曾卖过英语报纸，工作是高年级同学介绍的。他们研究了宁波理工学院周边的地理环境，发现宁波诺丁汉大学最具投资商机。“练摊”经过一番仔细的布局，最后在实践中得到验证，英语报纸大卖。就这样，卖报纸的项目越做越大，走出了宁波，在浙江省各个大学如火如荼地展开，他自己坦言这是个独特的经历。但过程并没有那么一帆风顺，比如在绍兴文理学院卖报过程中出现过让他们意想不到的情况，由于不能在大学校园里卖报纸，在绍兴文理学院开展卖报活动的学长们被保安强行制止。可他们并不想就这么轻易放弃，继续高调地卖他们的报纸以至于被保安扣留在绍兴。学长们一看形势危急，便拿出了早已准备好的护身符——学校的学生证。保安咬牙切齿地说要让学校开除他们，现在看来真是虚惊一场，他们回校后只是认真做了一下检讨。听了这个故事后，我们不禁感慨他大学生活的丰富，这段经历透露出的是他那年少时的不羁与轻狂。

他做过一位初中生的英语家教，由于家长质疑他的英语能力，曾质问过他有没有通过英语四级考试。面对这样的质疑他并没有退却，自信地回应通过的事实，还说："不信我拿那个证书给你看。"虽然他说得理直气壮但内心却没什么底气，因为当初自己险些没过。除了做过英语家教，学长还做过数学家教，但做的时间并不长。

大三暑假，经过朋友介绍，学长尝试做期货操盘手。那是他第一次接触期货，刚进去的时候觉得亏别人的钱无所谓，但是真正接触后发现亏别人的钱比亏自己的钱还难受。屏幕上交替出现的红绿色字幕，是一次次惊心的跳跃，牵动着投资者的心。期货背后潜藏着无数的故事、涉及无数的经济变量，而这些对他来说太过刺激，觉得不太适合自己。当时是 2009 年，金融危机过去没多久，亏钱很正常，只能说周凯学长过于较真并且富有责任心，符合他追求完美的性格特征。

周凯的成长离不开他平时好学、进取的人生态度。他的毕业论文是由朱孟进老师指导的，他在开始写毕业论文的时候就在时刻关注证券方面的最新情况，决定做这方面的研究。那时沪深 300 指数期货刚出来没多久，正值初夏的 5 月，离毕业论文上交大概只有一个月的时间了。前思后想了良久，周凯决定做期现套利，以沪深 300 指数做参考。这是一个非常新颖的选题，做这一方面的研究可能需要花不少时间，但他还是执意要做这个。学长在图书馆查阅参考资料的时候发现了 Matlab 这个软件，这在当时的毕业论文中很少有人用。他开始了他的尝试，很显然也遇到了很多困难。他去找指导老师却发现很多老师并不了解这个软件，这是一个跟金融工程有关的数学软件。在朱孟进老师的帮助下，周凯找了她的硕士同学帮忙，最终顺利截稿。也许就是这件事让朱老师更加了解了周凯，并在推荐几个学生去证券期货业协会工作的名单里加上了他的名字。

目前周凯在宁波证券期货业协会主要负责写文章、培训、监管等工作。能找到目前的工作都得益于朱老师的帮助，讲到这里学长不禁透露出感激之情，并夸张地说如果找不到工作就得回家种田了。时间过去这么久了，学长还会时不时地回学校看望老师，可见他是一个懂得感恩的人。

生活、学习一样较真

周凯的高中生活可以用"随性"二字概括。他早自修从来不看语文书，在语文课上经常睡觉，当语文老师问及他为什么不看书，他却说宁愿放弃高考 5 分的古诗填空，也不愿背厚厚的几本语文课本。学长性格率性而为，不过这也正是他的魅力所在。

在大学期间，他曾担任过班长，经常组织班级活动，也曾带队参加过暑期社会实践，主题是围绕新农村建设展开的。当时他们准备去天宫庄园实施这次实践。记得那时天宫庄园并不像现在那样名气大，而它独特的经营风格早已吸引了周凯的关注。当时正倡导新农村建设，周凯对新兴事物的敏感度可见一斑。因为主题新颖独到，这次实践取得了很大的成功，拿到了学校一等奖并且代表学校参加了市级比赛，获得了不错的成绩。

刚进大学的周凯

大一和大二的时候周凯学习不太努力，还被点名批评过。多少个期末考试前的晚上他都在游戏中度过，直到后半夜才看起书来。周末一有空他就和同学去学校外面聚餐，喝得兴起时就会玩真心话大冒险，这些都是学长的美好回忆。

大三时周凯跟自己班的学习委员分在一起写论文，同组的女生学习都比较优秀。她们看不起周凯，下课后埋怨自己跟他分到了同一组。她们认为跟成绩相对较差的人分在同一组不但会拖累自己，而且大部分的论文写作还得由自己来完成。得知此事后，周凯的自尊心受到了巨大打击，为此他暗暗下定决心要好好学习，不能被别人看不起。较真的他经过一年的努力，如愿以偿地拿到了优秀学生二等奖学金，让当初看轻他的那些女生刮目相看。大学的学习最重要的就是自觉，每个人起初都差不多，假使能跟自己较劲、积极进取，肯定能取得好成绩，最关键的是要有信仰与目标。鲁迅曾说过："单说不行，要紧的是做。"只有把自己的计划付诸实践才会取得成功。

大三的时候学业非常繁忙，周凯还忙着考各种各样的证书。有一次，下课的时候，他跟朋友一起吃饭，他跟朋友讲起自己连报了四门证券从业资格考试，朋友一阵嘲讽，觉得他肯定过不了。原本想要得到朋友鼓励的他气坏了，发誓自己肯定都能过，不过就请吃大餐。较真的他从此告别了大学"风花雪月"的生活，每天起早贪黑地在图书馆苦学，伴随他的是堆满在书桌上的书，就是靠着这样的毅力，让他一口气通过了全部四门考试。

含蓄、热心的好学长

"低调是福，高调是祸"是他的个性签名。社会是一个集合体，生活在这个集合体中的你必须要与形形色色的人打交道，在这个过程中谦虚低调的品质不可或缺。

周凯一听我们要采访他，他二话没说就把地点定在了宁波理工学院，自己赶过来接受我们的采访，一点架子都没有，是一个很和善、很热心的人。而他帮我们联系另一位被采访人也体现着他的热心。具体的情况是，当天我们联系不到许式晓学长，非常着急，他就很热心地说自己跟许式晓学长认识，想帮帮我们。当拨通了许式晓的电话时，两个人便聊了起来，相谈甚欢，谈起了工作、生活、大学。他们的对话最让我们印象深刻的就是他广泛的交际圈，宁波证券业的许多人他都认识。学长擅长跟别人打交道，但为人比较低调，虽然年轻时也有过狂妄、任性，但随着时间的沉淀，当初那个稚嫩率真的少年如今多了几分成熟。在他的言谈中时不时提到朱孟进老师，他说朱老师给予过自己很多帮助，不论是在校期间还是在步入社会以后，可见师生之间的情谊之深厚。

学长说虽然现在看起来证券市场并不太景气，但不管是牛市还是熊市，专业的从业人员照样能够找到自己独特的方法赚到利润。他接着讲道："现在的金融是大数据时代的金融，灵活运用金融工程的知识至关重要。"鼓励我们多参加学校的实践活动，多积累些经验，多多关注金融方面的新闻，说这样能帮助我们开阔眼界。"当你的学长们开始在金融领域崭露头角的时候，希望你也能紧跟他们的步伐，下一个金融时代，是属于你们的。"

我们的谈话一直持续到晚上9点半，虽说时间已经很迟但学长很有耐心。听说他第二天还要去深圳出差，我们十分感激。采访结束后，因为得知我们是暑假特地回学校采访他，学长感到稍许歉意。此刻我们的心暖暖的，言语似乎已经不能表达此刻的心情。离别之前，我们在图书馆前给学长拍了张照片，遗憾的是由于光线不足没能把学长帅气的一面展现出来。

最后，我们赠送给学长自己制作的理工明信片，希望能帮助学长回忆起他大学时代的点点滴滴。他说："这个礼物很奢侈，他一定会好好珍惜并且保存起来。"他也向我们保证他会经常回来看看，看看敬爱的老师和可爱的学弟学妹们。

采访学生：

叶晨晨　金融学2012级1班

吴盼贤　金融学2013级1班

认清自我很重要

——许式晓学长访谈录

许式晓 2002级金融学专业学生，目前供职于海通证券宁波解放北路营业部，至今已有7个年头。

第一眼看到“传说中的”许式晓学长，似乎与想象中的形象差距不大。一袭蓝色的衬衫搭配黑色的裤子，是标准的职业装扮，彰显着他的得体与稳重。当时他站在公司的门口，目光不断地搜寻着人群中的身影，我们已猜到这就是在迎接我们到来的许学长。虽然之前联系过，但是学长专程下楼迎接，仍然让我们受宠若惊。怀着激动的心情，我们渐渐走近，学长的身影也渐渐清晰，他宽厚伟岸的肩膀让我们感受到了学长深厚的职业积淀；那和蔼的笑容，让我们瞬间觉得亲近了不少。

许式晓

见面之前，我们设想了很多有关于许式晓学长的一切，见到他之后，觉得他比想象中的更加稳重、大方和成熟。虽说他是我们的学长，但他的言谈举止中透露出的更多的是如父亲般的关心和爱护。这位当年金融021班的班长如今已经在金融行业驰骋了多年，也在创造着自己人生的辉煌。

向着目标风雨兼程

在2002年的夏天，高中毕业的许式晓与当时几百万的高考考生一样，准备填报高考志愿。有句未经考证的话说“填报志愿是人生中的第二次高考”，可见填报志愿在人们心目中的地位有多高。当很多人都还在迷茫，不清楚自己未来将要从事什么行业的时候，那时的他却已经有了明确的答案。虽然那时的金融行业还没有像近几年这样炙手可热，但许式晓在家乡外贸行业的耳濡目染下渐渐了解了外贸和金融行业的前景和重大意义。

当时的许式晓看着家乡的外贸汽车配件做得如火如荼，便觉得做外贸赚钱很容易。这个目标似乎并不远大也没有那么高尚，但是，现实生活就是如此，没有那么多的浪漫，能在未来的日子里给自己求得一席生存之地就已很好。虽说目的和众人一样，但是许式晓却有他的难能可贵之处，就是一旦决定了方向，便只管风雨兼程。当时填报志愿时他意志坚定地确定了专业的大方向:金融和国贸！在要决定最终选择哪个专业的当口，一位重要的人物出现了:他的表哥,同样毕业于金融专业,以一个过来人的身份给了他建议。

“金融是一个不会差的行业”,这是学长的原话。“纵使是大熊市,金融业也依然有生存的空间。”当然,事实也证实了学长的看法,如今的银行业、证券业等,哪个不是应届毕业生挤破头都想进去的行业?看如今银行过着日进斗金、躺着也能赚钱的幸福日子,纵使是普通人见了也想去分一杯羹,更何况在选择专业的时候。

不仅是在填报志愿的这一步,在大学里,许式晓也在为自己的未来做人生规划。自进入大学起,他就不断地学习、锻炼。从最初跟着室友小额试水,进行实盘操作,亦玩亦学,到后来参加模拟炒股大赛。不仅如此,在大二和大三,他就开始了实习,还不断投递简历、参加面试,想进入证券行业一试身手。

大学里实践最重要

在访谈中,许式晓学长多次向我们强调,大学期间最重要的就是锻炼自己的能力。他自己也坦言,大学期间他最大的收获就是锻炼了自己的实践能力。作为班长,他经常组织各种活动。作为一个组织者,他自己深有体会,清楚地了解到组织者的不易。组织活动的过程中,大家总会不断地产生分歧和矛盾,而领头人就要努力去解决这些问题,协调多方利益的平衡,才能让大家都参与进来。

在现在的工作中,许式晓也经常组织一些活动,比如部门联谊、节日庆祝等,在大学中积累的经验为学长现在的工作提供了不少帮助,以至于他一直在感叹以前的大学生活很有价值。因此,在交谈过程中他也不断地向我们强调要注重实践能力。他认为,在大学期间,学习不是最重要的,在学习之余要多多参加部门、社团以及学校的活动。偶尔出去做做兼职,尝试以后可能要去的岗位也是不错的选择。身为公司多年的老员工,许式晓现在每年都要招收新人,他坦言在大量的求职简历中,他们看中的还是社会实践那一栏。社会是很复杂的,不像学校,没有丝毫准备就开始工作往往会被现实打击得措手不及。职场不仅仅要求你有足够的实力,还要能够与同事、上司和谐地相处。恰当的处理方法不但能提高自己的工作效率,还能在一定程度上保证工作质量。而这所有的经验,都要在实践中积累。这也算是他给我们的一个忠告吧。

不仅是在个人能力上积累实践经验，许式晓在专业能力上也在积累经验。抱着想要从中积累一些操作经验的态度，他在大学期间就跟室友开始了炒股。说起炒股，大多数人都会觉得能挣很多钱，其实不然，这也是需要经验和能力的事。初入股市，并没有想象中那么容易。这都是许式晓在亲身经历之后的体会。当时就有这么一位温州的同学，他自小就受家人熏陶，对炒股非常有天分，并且在一年的时间里就实现了资产的翻番。我问许式晓，看人家轻轻松松就能挣那么多钱不会羡慕吗？他坦然地说自己并不羡慕，并说那个同学的钱也是借来的，他是冒着那么大的风险挣的，整个过程中承受了巨大的压力。的确，在金融行业确实不乏一夜暴富的。大多数人的目光都聚焦到了那些暴富的少数人，只看到这个行业光鲜亮丽的一面，却不曾注意到光鲜亮丽的背后有着许多惨痛的故事，只有赔了钱，亲身经历过才会知道。许多人都以为金融是很赚钱又轻松的行业，但其实不然，跟其他行业一样，只有脚踏实地才能稳步向前。

工作中学会自我调整

大学将要毕业，学长也已经开始了他的求职经历。刚刚迈出校门的他，并不是一帆风顺便求得了这么好的一个职位，他也曾迷茫过、无助过。那时的他去过上海、去过杭州，也曾因为无处留宿和同学一起“蜗居”过。但最终的结果都是那么的不尽如人意，或是职业不合适，或是薪酬不合适，或是离家太远、太过孤独。求职，注定是一段艰辛的旅程。在尝试过银行、证券等许多与金融相关的行业后，许式晓终于找到了现在这个适合他自己的岗位。

本以为偌大的证券公司会有许多员工，许式晓进来之后才发现，正式员工只有十几个，大多都是编外证券经纪人。虽然是这样，但是他并没有轻言放弃，反而坚定了自己的决心，并为之更加努力地奋斗。

在进公司前，许式晓以为在证券公司工作应该很轻松地就能获得很多的内幕消息，方便自己炒股。可现实并非如此。公司里没有内幕消息，更没有成功的捷径，甚至当初自己所在的公司要上市的时候，学长和整个营业部都没有预先得到任何的消息，白白看着自己公司借壳上市的股票一路高涨却不知所以然。如此巨大的落差，对谁都是一次打击，但是只有接受现实努力适应，才能更好地走下去。

在最初当柜员的日子里，许式晓每天都面对形形色色来办理业务的客户，包括开户、买卖等，每天都有大量的资金进出。当我们谈及面对赔钱的股民有什么感受时，他说："也会为他们感到惋惜，但是也只是惋惜，作为股民就应该明白股市潜在的风险。"虽然公司也有很多人在关注着市场，也会做些研究，也会有各种风险预警，会及时地将消息发送到客户的手上，但是市场是无法预测的，每个人的投资方式、投资理念差别也很大。所以，很多事都不是自己能左右的。听到此处，我们终于明白了以前在交易大厅看到的那句"股市有风险，入市需谨慎"原来充满无奈的意味。多年以来，我们都觉得这是证券公司的免责条款，现在才发现，这更是他们的无奈。

从最初的前台职员，到现在的部门骨干，许式晓经历了很多，也收获了很多。让他感触最深的就是无论做什么，都要有创新精神，要有上进心。如果没有上进心，那你进了再好的公司也很难有什么发展前途；如果没有创新精神，上司也很难看到你与众不同的一面。记得有一次公司需要派人去温州筹建营业部，竟然指名许式晓学长前去。这让他多少有点惊讶，因为自己才进公司不久，对很多业务都不是很了解，公司领导怎么会指名要自己去呢？后来，经过多方了解才得知，由于在不久前的演讲比赛上自己表现比较突出，演讲的内容非常新颖，得到了公司领导层的认可，领导就决定将此次重任交给他，也算是对新人的锻炼。许式晓深感现在金融业的发展日新月异，创新的精神更是不可或缺。从最初的股票交易，到后来期货期权的交易，再到现在融资融券业务的拓展，证券公司的业务正在不断地创新发展。纵使现在已经有了这么多的业务，在自己的公司里仍然经常有新项目的推出，也有新的投资方式的推出，这都需要创新型的人才为此做出努力。证券公司也跟普通的公司一样，并不是需要你有强大的市场预见性，而是需要你的创新与努力。

现实与理想的诸多不同，只有在经历了之后才能真正明了，也只有在明了之后及时调整自己，才能让自己更好地工作下去。这就是许式晓想要告诉我们的。

金融将迎来新篇章

从事这个行业这么多年，许式晓也给我们分析了金融行业的现状和前景。从过去蓬勃发展的银行业，到现在后来居上的证券业、保险业，时代的步伐在向我们述说着金融强大的生命力。行业是在不断地发展着的，证券业创造出的各种融资渠道，以较高的收益率冲击着银行业的生存空间，也让银行倍感压力。当然，现实也是在不断变化着的，金融的变化自然更快。在这个以创新和速度著称的行业里，在证券业冲击着传统银行业的同时，互联网金融的加入又引发了一次新的革命。

许式晓

许式晓认为，类似于阿里巴巴和腾讯这样的大型互联网公司，他们的进入确实给金融行业带来了巨大的冲击。虽然之前出现的余额宝在开始的火热之后慢慢趋于平静，但是它带来的影响是深远的。就像马云说的那样："如果银行不改变，那么我们就去改变银行。"虽说目前使用余额宝的还只是一些年轻人，但是余额宝的迅速发展，让我们意识到了互联网金融相对于传统金融不可比拟的优越性。互联网金融拥有巨大的客户资源，有庞大的推送平台。一旦出现一个新的投资方式，它便可以以最快的速度推送到大众的手中。更何况阿里巴巴这样的网络巨头拥有雄厚的资金实力，只要它想，就完全可以轻而易举地收购或者成立一家自己的银行，收购天弘基金便是一个很好的例子。这种种迹象都让我们无法小看金融行业这颗冉冉升起的新星。

在采访的最后，许式晓希望我们以后也能够从事金融行业。就像他说的，金融是个不会差的行业。远观国际金融市场，便知道随着经济的发展金融的地位会越来越高，与我们生活的联系也将越来越密切。既然选择了，为何不坚持继续着走下去呢？

我们也想对许式晓说："这么多年来，学校也在不断发展，学校的格局也有了很大的变化，风景也越来越美了。学长，这么多年没有回来了，有空就来看看吧，看看学校是否也跟金融行业一样日新月异。"

采访学生：

叶晨晨　金融学 2012 级 1 班

吴盼贤　金融学 2013 级 1 班

给步枪装好子弹

——王心心访谈录

王心心

王心心　浙江省台州人，现定居杭州，金融学专业2003级优秀毕业生，中共党员，已有7年工作经验，现任中信证券市场营销部财富总监。

打开电梯门，映入我们眼帘的是一位优雅干练的职业女性。她一身橘色连衣裙修饰着娇小的身躯，妆容精致的脸上带着和蔼亲切的笑容，从她那清澈而又坚定的眼神中似乎能看到她娇小身躯背后的大能量。她就是我们今天的采访对象——王心心学姐。

今天的采访地点选在了王心心的办公室。即使想象过无数次学姐办公室的场景，也不能描绘出我们当时走进里面后看到的景象。大大小小的盆景布满了整个房间，桌上、窗户上到处都是，仿佛进入一片绿色的海洋，徜徉其中，我们开始询问起端倪来……

忆往昔峥嵘岁月稠

回忆起自己的大学时代，王心心感慨道："真怀念那时候单纯的自己啊！"令她印象最深刻的是大学里的团体活动。记得那时的"寝室四人帮"经常聚在寝室打牌，搬四张椅子来做桌脚，一个抽屉做桌面，还要放上一大堆零食，就这样度过一个悠闲的午后。不过这样的欢愉总会付出代价：肥胖。"毫不夸张地说，那时已经胖到回家时连我妈妈都认不出我了。"讲到这里，王心心不禁笑了起来。说到班级活动，她也滔滔不绝。那时因为班级男女生之间关系都很好，所以经常一起骑自行车外出郊游聚餐。"也不知道是谁和食堂阿姨关系那么好，连三轮车、炒锅什么的都能借到……"大学生活之丰富令此时此刻的王心心像是个话匣子，总有说不完的话可以讲。

王心心在大学里是名副其实的学霸，经常泡在图书馆看一些自己感兴趣的书籍。大学期间她曾多次获得奖学金，期间也成了一名优秀的共产党员。由于专心学业，她舍弃了参加各种各样社团活动的机会，唯一没有舍弃的就是金融理财协会，这也是她的兴趣所在。她坦言："在大学里能做一些自己感兴趣的事情是人生弥足珍贵的体验。"

谈到毕业那一刻的感受，王心心感觉相比自己毕业，看着别人毕业的感想会更多些，真正轮到自己的时候反倒坦然了。每一段青春都会有一群人的陪伴，每一段旅程的终点都会有分别，那些经历的点点滴滴会温暖你的记忆，面对现在和未来，应该用积极的心态去迎接，青春不需要忧伤的色彩。王心心一边讲着一边拿出了她当年的毕业照，她说最近看到毕业照，总会有万千思绪，也许是因为自己也上了年纪吧。照片的背景是学校的图书馆，以前每天睁开眼就能拥有的风景在离开时却只能以照片定格。那一张张笑容灿烂、青春洋溢的脸庞，定格的何止是校园一隅，还有满满的四年回忆。王心心说自己和校园是相互眷恋着的，想起经贸学院毕业晚会时的一些场景，就有一种说不清的不舍。但是，离开是为了更好的出发，青春绝不会随着离开校园而散场，四年来所有同学的友情、老师的鼓励、母校的期盼、自己的梦想，太多太多，想着这些，感伤也就淡了，因为还有许多事等着自己去做。

说起自己大学时和工作后的不同，王心心认为最大的区别就在于工作后不能像以前那样单纯活泼、自由自在了，因为工作后要面对的是你的客户、上司，你要表现得沉稳干练些才更能获得别人的青睐。王心心说人年纪大了之后总会变得容易怀旧，她现在经常回想起大学无忧无虑的生活，希望我们能好好珍惜大学的美好时光。

咬定青山不放松

毕业后的她就一直在中信证券工作，一做就是七年。“我是 2007 年 3 月份开始在中信证券实习的……”回忆起当时的工作经历，她若有所思地跟我们说：“我一直觉得自己很幸运，当时金融是个热门行业，又恰逢银行和证券合作的好时机，所以才能在这个行业一直发展下去。”

相比其他人艰难的求职之路，王心心可谓是顺风顺水。大四就在中信实习，毕业后就顺理成章地进入到中信证券工作。但生活的一帆风顺毕竟是个伪命题，每个人都难免遇到挫折、都会经历失败。在 2008 年的金融危机中，王心心遭受到了工作以来的第一次失败。

“金融危机的时候我刚刚参加工作不久，那时真的觉得自己很失败啊!”学姐感叹道，“2008 年的时候，金融行业遭受重创，手中管理的基金缩水了近一半多，自己觉得很愧疚，心里很不是滋味。那时候觉得资金亏损对于客户来说是很过意不去的事情，甚至想宁愿自己亏钱也不要让客户亏钱，但现在觉得这些想法都是多余的。资本市场充斥着尔虞我诈的利益争端，这些正是金融危机爆发的根源。客户投入资金也是利益的驱使，金融危机更是不可避免的市场常态。当时的基金投资回报率高达180%，可想而知这么高的利益背后的风险有多大，但自己却一直在钻牛角尖，难过了好久。”在被问及如何走出困境时，王心心说是母亲讲的一句话帮助她走了出来，母亲说：“亏了钱你难过是人之常情，难过归难过，但不要太自责。当时市场行情那么好，这些投资者不在你这里买也会在别人那里买的。”正是母亲的这番话让当时的她有了些许的安慰。

说到金融与自己的渊源，大概要追溯到孩提时代。因为爸爸一天到晚看股评，被他潜移默化地影响，所以王心心从小就对金融产生了浓厚的兴趣。她对这个兴趣一直有着自己的坚持，她打小就知道自己要什么，高考志愿填报金融学专业也是她自己做的决定。她觉得金融能带给她美好的憧憬，带来无限的可能。但驰骋在金融行业这么多年她却不曾炒过股票。她说：“炒股不是我追求的东西，因为我不喜欢一天到晚对着电脑查阅枯燥无味的数据和图表，我喜欢和别人交流，这也正是我选择目前工作岗位的原因。”

当我们问起这一路走来是什么让她坚持到现在。她说：“因为我喜欢现在的工作，所以我愿意为它效劳。而假使你不喜欢这个行业，你就会觉得自己在做一些很无聊的事情，也就不可能发自内心地去做这些事情，结果自然差强人意。所以说兴趣是最好的老师。”每当有消极的念头产生时，她就会想到自己连金融危机都扛过来了，还有什么坎走不过来？

谈及工作中的经验，学姐认为是贵在坚持。当然，这个坚持是在看准方向的前提下，在错误方向上的错误坚持只会使自己离成功越走越远。刚开始的工作不要以赚钱为目的，要以立足平台为目的，为以后的道路打下坚实的基础。公司往大的选，多吸收正能量的东西，少关注些负面的新闻。有些新闻打击人的积极性，影响心情，那就不要去关注它，坚持你认为是正确的东西。不要让生活磨平你的棱角，不要放弃自己的坚持。跳槽也许是一个全新的体验，但当你走到这一步的时候你就会发现，其实你之前的努力已经被清理得一干二净了。王心心还举了一个她们公司员工的例子。那些在公司“服役”很久的老员工拥有扎实的客户基础，年薪都有几十万，工资最高的人年薪和老总差不多。而那些老是换工作的，月薪却只有千把块，这就是差距。她说，不管从事哪一行，只要坚持做，行行都能出状元。

活到老，学到老

“如果现在要上战场打仗，没有子弹，你就扛着个步枪怎么跟别人打，你连打仗的技能都没有，怎么打？所以你得先把技能学会，把子弹装好，才能瞄准敌人发动攻击。”

实践固然重要，但学习也必不可少，一个人如果真的想上进，就一定要不断地学习。特别是金融这个行业，变化太快了，你不能一直靠以前学的知识，不学习新的业务就跟不上时代的节奏。她说：“像我们这样的证券公司进来可能比较简单，但是想要存活下来就比较困难。不但要有专业知识做支撑，而且要具备各种各样的能力。”

在王心心看来，情商比智商重要，但是金融行业又比较特殊。金融行业是一个比较全面的行业，它更需要多面手，不仅情商要高，你的专业知识、专业技能也要丰富、熟练，所以要学的东西自然会多一些。很多专业知识是工作以后才学的，新的业务出来了，公司会将业务介绍发到你的邮箱里，然后就要不断地自学，有的时候公司也会进行一些培训。她一直坚持“活到老，学到老”这个理念，而这个理念不仅体现在业务处理上，还体现在与人相处中。

与人相处之道自古以来就是个重要的话题，王心心总结了自己的心得和经验与我们分享。首先，在与客户相处的时候要学会调整好自己的位置，不要太谄媚，也不要太高调，要与他们站在同一高度，让他们知道我们是合作关系，这样他们也会多尊重你一些。如果你把自己的位置放低了，他们就会觉得你像保险推销员，反而会有排斥的心理。有些人就是这样，你追得他越紧，他越会摆出一副爱理不理的态度。然后，你要保持优雅的谈吐，让人感觉你是有礼貌、有修养的。和企业打交道的话，有两点需要注意，一个是你的形象，一个是你的谈吐，因为你要见的都是一些老总级别的人。但要做到这些需要有一个过程，学习不可能一蹴而就。

说起自己的学习经历，王心心显得很释然。“我刚开始也是从理财经理做起的，然后慢慢有了客户基础，也慢慢积累了经验，不停地学习，不停地总结失败的经验……工作7年以来，我经历过大大小小的熊市、牛市，有过成功也有过失败，只有你年轻的时候经历过这些，心态才会渐渐平稳下来。”她鼓励我们年轻的时候要多学习、多闯荡，即使失败了也无关紧要，年轻就是资本。

“要学会接受批评，这是激励你进步的途径。”这是王心心学姐给我们的人生忠告。“如果领导老是找你谈话，说明你还有用，如果领导整天都不来找你，让你自生自灭，说明你已经没戏了。”话虽糙理却不糙，这就与上学读书一个道理。如果你的成绩还有上升空间，老师会来找你谈话，分析你的现状，激励你进步。但如果你成绩已经差到老师都不来找你了，那说明你已经没救了。所以要学会接受别人的批评并及时改正，这样才能沿着正确的轨道继续前行。

微笑着面对整个世界

“我要微笑着面对整个世界，当我微笑的时候全世界都在对我笑。”这是美国著名作家乔吉拉德的名言，同时也是王心心对待生活的态度。

聊到生活，王心心脸上洋溢起幸福的笑容，愉悦地和我们分享起了自己的生活。她家里有一个爱自己的老公，还有一个可爱的宝宝，已经七个月大了。关于宝宝，她更是关爱备至。每当下班回家，看着儿子那双清澈而又可爱的大眼睛，一天的工作压力和不开心仿佛都融化在了他那如棉花糖般柔软的目光中，整个人都开朗了起来。

王心心喜欢种一些小花小草，这是她的业余爱好之一。每当看到种子发芽她就很有感触。当看到一颗颗种子卯着劲儿往上冲、想要挣脱束缚的时候，那种不放弃的精神深深打动了她，让她体会到了生命的顽强。相比之下，自己生活中遇到的困难就不算什么了。对于她来说，种植花草也是释放压力的一种方法。对于从事证券行业的人来说，工作强度并不算大，业绩压力才是令人头痛的事情。它遵循“优胜劣汰”的竞争规则，你随时都有可能面临淘汰。在这种高压下，王心心选择用种花草的方式来排减压力不得不说是一种一举多得的好方法，给自己减压的同时，也净化了空气，陶冶了情操。

王心心养的植物

“在单位照顾小花小草，把它们养好，我就很开心。回到家照顾儿子，看到儿子开心，我也就很开心。他们都说我怎么一天到晚都这么开心，我说是啊，开心的人心情好，不易老。”这就是王心心乐观的生活态度。

当我们正仰慕她的乐观时，她却带有一些小任性地说："也不完全是这样，自己有时也会有悲观的时候。我是相信人性本善的，所以我会把每一个人都想得很善良。如果某人让我觉得不舒服，我就不会和他打交道。"曾经就有一个这样的人，让乐观的王心心都不想与之打交道。那是公司另一个营业部的员工，当时他带着王心心的一个客户来到她的营业部要求注销账户，原因是他要拉这个客户在他那里开户。这事闹到了老总面前，使得王心心大为恼火，这也是她工作7年来唯一一次在公司发火。老总为了平息这场争端，便做了一个折中的决定：保留账户，但业绩归那一个同事。"当时我把同事都吓坏了，大家都以为我是个性格温和、不会发火的人，没想到会发这么大火，这件事情发生之后就再也没有人挑战过我的底线。"王心心事后回想说。

父亲从小就教育她吃亏是福，命运掌握在自己手中，虽然这都是一些通俗易懂的道理，但能真正做到的人却没有几个。她说自己也不能完全做得到，但希望积极地向父亲教导的那个方向靠拢。每当在工作、生活中遇到一些不公的事情，她就会抱着这样的态度去面对，就会想着"退一步海阔天空"，心里自然变得坦然起来。正是由于父亲的影响，王心心养成了现在这样乐观开朗的性格。

培养自学能力

王心心认为在大学里最重要的不是考试成绩，大学里要学会培养自学的能力，这个东西或许能让你受益一辈子。这就需要自律。要学会自觉地学习，而不是像高中里一样，被逼迫着学习。除了自律，还要懂得合理安排自己的时间，什么时候该学习，什么时候该休息，都要有自己的计划。她还拿自己做例子："我这个星期就会想下个星期要做什么，如果不知道要做什么我心里会很慌。一旦手里没有安排好相关事宜，我就会变得很没有安全感。"

关于支不支持考研这件事，王心心说这要看个人的选择。考研的话会少一些工作经验，不考研的话学历就没有那么漂亮，心仪的工作可能会难找些，具体的就要看个人的取舍了。

"最后，当然是祝愿母校能越办越好，让每个理工学子都骄傲于'我是理工人'。"王心心学姐微笑着说。

采访学生：

袁文华　金融学2012级2班

何倩若　金融学2013级2班

平凡人活出不平凡

——陈俊杭印象记

陈俊杭　浙江金华人。2011 年毕业于金融学专业。毕业后就职于银河证券、浙江金利华电气股份有限公司,并于 2013 年出任该公司的证券事务代表。

陈俊杭在珠峰大本营留念

听闻要采访的陈俊杭学长是业界精英,我们在兴奋之余不免有些紧张。在我们的想象中,作为上市公司的证券事务代表、高级白领,似乎应该是西装革履,神情认真严肃。但真实地出现在我们面前的陈俊杭一身休闲装扮,活力十足,顿时让人倍感亲切,并非想象中的那样。

这个老师印象中沉默寡言、上课总喜欢坐在角落里的男生,这个明明年纪不大却喜欢自嘲老了的年轻人,他的变化让人不禁好奇,究竟是什么改变了他,到底是什么造就了如今的他呢?

金融与梦想同行

对于陈俊杭来说,与金融结缘是个奇妙的过程。当初选择大学专业时,家里人并不支持他的选择。主要还是为陈俊杭的就业考虑,家族里正好有人从事贸易相关工作,在他们看来学习国贸专业的话未来更具有保障。而陈俊杭并没有妥协,就算要冒险他也要尝试,依然坚持了自己的选择。他把自己的未来作为赌注,单凭那份简单的兴趣就选择了金融专业,虽然当时的他对金融并没有太多了解。

凭借兴趣选择金融专业的陈俊杭起初并不喜欢炒股,甚至可以称得上很讨厌,他认为股票的盈利有点不义之财的感觉。但大二参加的炒股比赛让他彻底改变了这一观点。那段炒股经历带给陈俊杭的改变是巨大的,自此他不再觉得炒股是一条获取不义之财的渠道,反而让他深刻体会到股市作为资本市场运作轴心的作用。

"行进在金融的大道上就应该要有自己的梦想。"这是在他心目中永恒不变的主题。从就业角度看,人们就业追求的最理想境界是能将自己的兴趣与工作结合起来,只是碍于种种主客观原因,很少有人最终达到这一境界。对多数人来说，自己的未来或者说人生规划并不明确。大多数人都只是顺其自然地活着、理所应当地过着。只是，如此得过且过，如此漫无目标、庸庸碌碌，生命又有何意义？人生命的长度终究是有限的，而梦想却是这段生命的宽度，让有限的长度无限延伸。“所以说人要有自己的想法和追求。不管你是否创业，总要找到一点事是你真正愿意全身心投入的，有兴趣去干的。”在陈俊杭眼中，无论怀抱何种目的进入金融行业，只为养家糊口也好，想要发家致富也罢，没有明确的梦想与动力，不管做什么工作，都只会感到枯燥乏味、疲惫不堪。

大学与欢笑相伴

回首大学时代，每个人都有属于自己独一无二的回忆，但是流露出的情感都是相同的，那就是怀念。

大学时期，陈俊杭所在的班级很优秀，得过很多荣誉。不过他也有些羞愧地表示那些荣誉和他基本扯不上什么关系。比起男生，班里的女生更为积极上进些，可能她们更加成熟，所以这些荣誉都是她们的功劳。陈俊杭对所在的大学班级感情很深厚，他入学时的理工学院采用的是浙大的教学模式，设置了经济学这一大类专业，到了大三后才正式进入细分专业。当他迈入大三时，他之前所在的那个班级幸运地保存了下来，班里只有个别的同学选择去了其他专业。几乎依然是原来的那个团体，一起度过了大学四年的风风雨雨，彼此间也建立了深厚的友谊。

课业是作为学生的我们逃不开的话题，每个人都有自己喜爱的课程，而陈俊杭最喜欢的要数投资类课程。当时“证券投资分析”课是由朱孟进老师教授的，在他看来朱老师讲课的最大特点就在于实战性强，这也归功于朱老师的个人经历。由此引发了陈俊杭对股票投资、对证券行业的极大兴趣，并在毕业后选择了与此相关的工作。

问及大学里什么事情觉得最遗憾，陈俊杭微微一笑说“没有交女朋友”，然后还笑言这样会不会太“屌丝”了。当被追问有没有想过在大学里找女朋友时，陈俊杭表示自己也曾想过，只是漂亮女生不喜欢他，还直呼那个时候的自己太“矬”，若是以现在的姿态回去那还差不多。回顾大学时代的自己，陈俊杭觉得自己以前就是那种非常不讨女生喜欢的类型，没什么突出的地方，无论是学习还是各种兴趣爱好，就算是打游戏也只是马马虎虎而已。

“那你最擅长什么？”我们对此感到十分好奇。“最擅长的事情就是股票投资。”说起这个，陈俊杭脸上洋溢着些许自信。陈俊杭的炒股经历是从大二开始的。当时他买的第一只股票叫“中金黄金”，当时一共买了300股。买进时的价位是30元，当价位攀升至40元的时候陈俊杭将其尽数抛售，除去手续费后也赚了不少钱。这些钱对于上大学的他来说是一个不小的数目。那时的他在等待股价上涨的过程中备受煎熬，终于赚到了人生中的第一桶金。与那些辛苦打工赚取些许零花钱的同龄人相比，陈俊杭以一种相对轻松的方式达到了同样的目的，内心的小念头迅速膨胀，股票对于他来讲似乎变得更具吸引力了。不过，他也很坦率地说那个时候炒股完全是瞎炒，买股票也只是凭直觉。

回忆起来，陈俊杭觉得自己的大学生活真的很平淡，并且笑称自己是个学渣。和其他男生一样，大学时代的陈俊杭也喜欢打游戏，玩的就是当时很火的网络游戏Dota。不过即便是网游，也可以从中学到一些东西。Dota与时下热门的网游“英雄联盟”一样，同属竞技类游戏。在这类游戏中，玩家需要学会审时度势和团队配置，整体上来说就是讲究团队协作。对比在工作中，建立一个工作团队其实和游戏中的方式也差不多的。当我们问起他觉得自己在工作团队中扮演什么角色时，陈俊杭笑称自己只是辅助，董事长才是leader。回忆起大学，陈俊杭在讲述的时候总是面带笑容，充满怀念，因为那是属于他的独特的青春记忆，虽然有时有点颓废，但谁的青春没有缺憾？不完美的青春才是真实的。

陈俊杭（左）和我们在一起

虽然大学里陈俊杭没有取得傲人的成绩，也没有收获一段刻骨铭心的爱情，但是他树立起了正确的人生价值观。从大二开始，陈俊杭就明白自己这一生可以为之奋斗的目标是什么，在证券这条路上他将一直走下去。

失败与成长相随

大学时期的陈俊杭不懂炒股的理论与技巧，更不用说有一套自己的投资方式了。当初赚到的第一桶金也或多或少存在运气的成分。可惜好景不常在，毕业后他在银河证券工作的那段时间里基本上炒什么亏什么。迷茫的他选择去书中寻找答案。恰巧他所在的公司有一个很大的图书馆，那里的书籍成了陈俊杭当时的精神慰藉。每当从书中学习到一种新的方法、新的理论，陈俊杭就将它付诸实践。只是每一次的勇于尝试并没有带来好的结果，失败还在延续。直到投身股市的第五年，陈俊杭才明白兵无常势、水无常形，没有任何一种方法是完全正确的，在股场中根本没有永远的真理，而所谓的经验也只是在特定的时间、在大盘某一个特定的阶段才有效。

在总结与反思过后，陈俊杭有了自己的炒股心得，那就是要学会空仓。学会空仓就是学会等待，平日里他只买些稳定的理财产品，一旦市场有看好的趋势就马上杀进股市，而不需要每日频繁地进行交易。在证券公司工作的一年里，陈俊杭曾经每天频繁交易，但基本上是赚少亏多，后来离开证券公司，他反思了自己的投资方式，觉得有两点不足：一是交易太频繁，这一年算下来，光手续费就有五六万元钱；二是急于追求短期利益，有一点点利润就抛，赚不到大钱。他提到中国的投资者大多是散户，而他们投资的特点一般都是满仓，这样一来就很容易被套牢，从而导致很少有人能赚到钱。

陈俊杭还说起自己在证券公司从业时只遇到过一位客户经常空仓。那位客户只盯着一只叫作“华润双鹤”的股票炒，对于这只股票他已经观察了有三五年了，非常熟悉。每次当股票价位跌得差不多了，客户就会将全部的钱都转入账户进行交易，然后等它慢慢爬升到一个相对较高的价位时，客户就会抛售，把钱转走。“他每次进来就做这么一票，其余时间仓位都是空的。”说到这位客户，陈俊杭很佩服。

“就像徐加老师那个时候传授的投资方式。假使一次投资能赚 10 万元，你就转 5 万元钱走，剩下的那 5 万元作为风险投资金。现在你们可能体会不大，但当你们自己真正炒股的时候就会体会到控制风险的重要性。”陈俊杭的老练也源于他失败的投资经历。他亏损最多的时候差不多有近 10 万元，几乎是他所投入本金的三分之一。谈到自己亏损的时期，陈俊杭颇有感触。值得庆幸的是当初的亏损现在基本上扳回了，而他也花了大概 5 年时间才慢慢了解这个市场。“很多事情失败过才会知道。”陈俊杭如是说。

工作与责任并重

“跳槽”已经不再是一个新鲜的词汇了，这是当下许多年轻人的选择。这其中的缘由诸多，或许是希望有更好的薪酬待遇，或许是并不喜欢原有的工作。而陈俊杭也不例外，因为对之前的工作缺乏兴趣，就选择辞职到了现在的公司。

毕业后的一年里，陈俊杭一直在银河证券做投资顾问。投资顾问听起来高端神秘，可是实际上跟业务员没什么差别。他认为自己在证券公司没有发展前途,这里也不是他的志向所在。“证券公司只是一个转移价值的地方,没办法创造价值,而我只倾向于能创造价值的东西。”

因此,陈俊杭选择了辞职,加入了现在的公司。但令他万万没有想到的是,公司并没有安排他从事金融方面的工作,而是将他分配到了外贸部,负责外贸装柜发货的监督工作,平时得和工人一起睡在一个小房间里。印象中有一次周末公司需要通宵发货,当时屋外下着瓢泼大雨,丝毫没有想要停下来的意思,这无疑给他们的工作造成了很大的困扰,发货的进程格外缓慢,等到发货结束已是凌晨1点多钟,离上班只有几个小时的时间了。那天晚上他彻夜未眠,脑海中不断浮现这样一个问题:这难道是自己想要的工作吗?显然不是。这样的日子持续了近三个月,他觉得自己是时候做一下抗争了。凭着一股莫名的勇气,陈俊杭冲到公司管理层的办公室,向领导表达了自己的想法。最终他的抗争以成功收尾,管理层同意了他的请求,把他调到了公司的证券事务部做助理。一年后,陈俊杭升任证券事务代表。他回忆道:“后来自己想想也觉得挺不可思议的,去和上司讲调职的事情毕竟是要冒很大风险的,弄不好就会被开除,但这也是自己当时必须做出的选择。”这是陈俊杭职业生涯中具有转折意义的一笔,不是每个人在这种情况下都会有类似勇气,多数人会选择逆来顺受,无条件接受上级安排的工作,陈俊杭的选择体现了他的反叛精神。

现在的他不但找到了自己的兴趣所在,而且在自己事业的道路上也已经小有成就。从这个角度来讲,他是人生赢家,毕竟能做自己喜欢的工作的人不多。这份工作对陈俊杭而言能够发挥他的特长,虽然休假日不多,特别是每当季末或年底的时候格外忙碌,但他还是很喜欢,把它当作事业而不是谋生的手段来对待。他还强调,自己工作的压力和责任都很重大,做这一行的得学会谨言慎行。

未来与希望同在

谈到证券公司,陈俊杭认为现在证券公司就跟保险公司一样,都在争抢客户、比拼佣金的高低,然后就一个劲儿地宣传产品。这种营销模式让他感到很厌倦,在他看来,这种形式和传销似乎没什么差别。他曾经和自己的老板提起过关于证券公司发展趋势的问题。随着证券公司数量的增多,证券行业竞争日益激烈,证券公司想要进一步发展,单靠原来的老客户和固有的业务模式是不够的。“真正的大券商时代应该是做全面的资本管理,从最专业的角度帮客户做理财规划。”不过他也说到,现在的证券公司并不具备相应的资质,因为整个公司基本上很少有人真正懂相关方面的技术。“从另一个角度来说，大券商时代的证券公司可能就像现在私人银行一样，它给你设计一个全面的家庭理财方案什么的。比如现在证监会推出了一种新的大一统的证券账户，用户可以用它来消费，甚至还有网上支付功能。这可能就是未来的发展方向，到那时用户拥有的就不仅仅是一般意义上的证券账户了，而是大理财账户。”陈俊杭还向我们介绍了他了解到的国外一些混业经营银行。客户可以使用这些银行发行的卡购买股票、基金、期货等一系列的金融产品，甚至是私人定制个人理财计划，只要一张卡就可以搞定，而不是像国内一样，购买不同的产品只能开设相应类型的账户。他认为在未来，中国金融业或许会真正实现混业经营。

从国内金融行业混业经营来看，陈俊杭认为现在做得比较好的只有中国中信集团公司，金融业是该公司的重点发展方向，涉及银行、证券、信托、保险、基金等多个领域，门类齐全。其中最为人们所熟知的就是中信银行。陈俊杭提到中信银行推出了一种理财宝卡，此类借记卡目前全面实现一卡多户，集储蓄、消费、投资理财于一体。陈俊杭觉得国内金融业有突破传统分业经营的趋势，不过以现在的制度体系来讲还需要些时日。他同时也强调了目前中国似乎仍旧不具备完全混业经营的基础，因为它对从业人员的素质要求非常之高，需要从业人员有较好的职业操守，有超出金融领域的知识和经验。而且，为了规避道德风险，相关的软件设施也要跟得上。但从中国证券市场开放到现在也才二十几年，所以还需要时间来发展金融基础设施和提高人员素质，以匹配混业经营的需求。相信未来的市场前景一定很不错。

陈俊杭说自己未来的规划就是安心过日子，走一步看一步。他觉得生活本来就很平淡，以前自己觉得再光彩耀人的事情，再回首看也只是平凡。在他看来，从事金融行业关键还是看人际关系和情商，也希望学弟学妹们能多注重这方面能力的培养，为将来做准备。

采访学生：

章吟爽　金融学 2012 级 2 班

顾玲丽　金融学 2013 级 2 班

投机是最好玩的游戏

——曹高伟学长访谈记

曹高伟 祖籍温州,2009级金融学专业学生,在校时十分喜爱股票和投资。目前在温州一家投资公司做基金经理,主要负责股票的运作。

曹高伟

浓密的黑眉毛下面有一双炯炯有神的大眼睛,一张笑起来露出一排洁白牙齿的大嘴巴,再搭配上一头黝黑的短发,拼凑在一起,就是曹高伟学长给我们的最初印象。不同于那些高高大大的人会给人一种强大的气场和安全感,他给我们的一个最直观的感受就是充满力量。深色T恤搭配简单的牛仔裤,工作之余的他显得放松和随和。最让我们印象深刻的就是学长那双会发光的大眼睛,感觉很有精神,或许是因为更注重眼神交流,直视人成了他的一个习惯。健谈的曹高伟和陌生的我们交谈了起来,过程并没有想象中那么困难。

兴趣是做一件事情最重要的动力

高考之后的那个假期,人生中新的抉择更紧张地展开,参加完高考的学子们都在忙碌地填报志愿。对于他们之中的每一位而言,选择合适的专业尤为重要。而选择专业不外乎是对以下几种因素的考量:一是就业前景,专业要对自己以后的就业有帮助;二是父母的期望以及跟自己家族事业的相关性;三是家庭其他成员的意见和建议;四是自己的兴趣爱好。毋庸置疑,曹高伟在选择的过程中充分考虑了自己的兴趣所向。

曹高伟说兴趣是一个良好的开端,到了中后期它更是一种鞭策力,做事如果没有兴趣就很难持之以恒。经济学是他最喜欢的专业,曹高伟一心只想通过学习金融来提升和完善自己的兴趣。这一路走来,有过困难,有过挫折,曹高伟的金融之旅还是略显波折。正所谓"乘风破浪会有时,直挂云帆济沧海",刚进入宁波理工学院的时候学长并没有被金融学专业录取。由于高考的分数不足以进入金融学专业,所以他退而求其次,先选择了计算机专业,之后如愿转专业进入了自己梦寐以求的金融学专业。

大学期间,学长培养了不少兴趣。他常常讲:"兴趣是做一件事情最重要的鞭策力。"篮球成了学长课余时间必不可少的东西,他对篮球的兴趣近乎狂热。从学长的口中得知，他曾是高中校篮球队的一员，虽然他个头不高，但这更凸现出他的天分。上了大学，曹高伟的课余时间基本上都花在了打篮球和看 NBA 上。他不喜欢对着电脑打游戏，这是和很多男孩子不一样的地方。对他而言，打游戏是一件十分无聊而且浪费精力的事情。而篮球带给他的却是另一番意义，篮球不仅成为学长放松、发泄的方式，而且带给了他健康的体魄。

曹高伟大学时打篮球的照片

曹高伟的兴趣爱好使自己的大学生活有着和同龄人不一样的精彩。对于刚进入大学的大多数学生而言，他们会选择参加很多学生社团和学生干部组织来扩大自己的交际圈、锻炼自己的能力。但这些对他来说却没有丝毫的吸引力，自然也就不曾尝试。在之后的大学生活中，曹高伟渐渐喜欢上了健身、钓鱼和看电影。这些兴趣的培养不仅丰富了学长的课余生活，也陶冶了情操、提升了各方面的能力。

享受和提升自己的大学生活

大学一直是很多人都羡慕和期盼的象牙塔，这里应该是精彩、丰富和充实的。曹高伟坦言自己很喜欢逝去的大学生活，很留恋大学带给他的精彩和磨炼。他说大学最重要的无非就是一段爱情和一生友情，还有自己所学到的东西和所得到的锻炼。他的言谈让我们觉得他很真实、很坦诚，他把他的所思所想都毫不避讳地讲述了出来。

大学的爱情教会了曹高伟大胆。大胆的男孩子才能够追到自己心仪的女孩，大胆的男孩子才能够在职场上越走越远。通过一段不太舒心的故事，我们知道了学长的感情经历。通过他的言语我们发现，他曾经也是个很腼腆羞涩的男生。大学开放与包容的环境使他变得自信，并且在以后的道路上即使遇到技不如人的时候也丝毫不会怯场。追女孩的经历让他在受挫中更好地成长，使自己拥有更大的胸怀去面对以后更大的挑战。

大学的友情是弥足珍贵的兄弟情。曹高伟很庆幸有几个好兄弟陪着自己度过大学四年的起起伏伏，使自己这一路走来并不孤单。喝酒是他们大学时代的共同爱好，只要他们空闲下来，三五个人就会聚在一起在外面喝点小酒，谈谈人生，如此惬意的生活至今记忆忧新。平时他们有时间了也会一起打打篮球，在篮球场上一起挥洒汗水和呐喊。双休日的时候他们还一起报了健身班，去健身房锻炼身体。曹高伟说着，时不时翻转自己的手机，或用手托着下巴，沉浸在了那一段已经逝去的美好时光中。

最让他记忆深刻的学习时光是和王培老师、朱孟进老师、刘平老师相处的那段时间。这些老师，有的教数量金融类课程，有的教证券投资类课程，还有的教财务会计类课程。学长语重心长地告诉我们，这些课程很有实用价值，要好好学习，将来即使你不从事金融行业，这些知识也会对你的未来有所帮助。除了在校的课程之外，最令曹高伟记忆深刻的学习生涯应该就是大四的实习经历了。大三那年的暑假他就开始了自己的寻梦之旅，后来他找到一家位于宁波南部商务区的投资公司，在那里实习了将近一年。他觉得，自己没有研究生学历，所以实习经历就尤为重要。从他的言语中，不难看出这次实习经历让他成长了不少，真正体会到了社会的现实与残酷。以前他是在学校从一个学生的视角来看社会的，实习之后他开始学着用社会人的视角来直视这个社会。实习磨炼了他的个性和眼光，以至于他在面试第一份工作的时候，尽管简历并不出众也照样被录用了。至于面试，按照学长的个人见解，就是要有一份拿得出手的实习经历，还要有不慌不忙、有条有理的谈吐，以及能运用自如的专业知识。

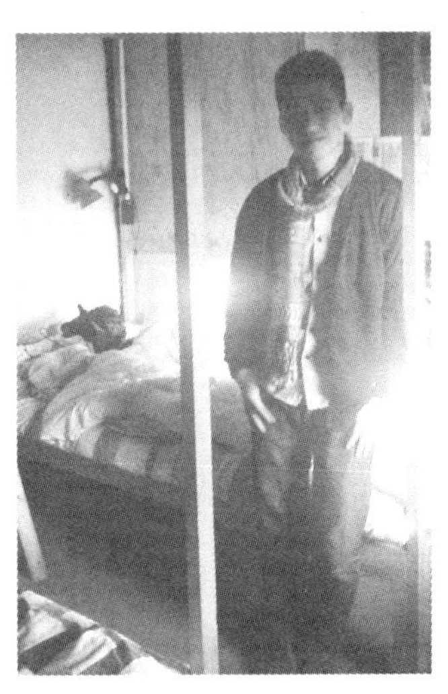
曹高伟

时光不能倒退，却可以留下流年的痕迹——不变的友情和记忆。且行且珍惜，只有珍惜才能够有难忘的回忆拿来诉说。大学就是拿来享受和提升自己的，曹高伟庆幸自己不曾荒废和虚度四年时光。

相信一切皆有可能

温州人遍布世界各地，比较讲求实干，敢于冒险。曹高伟说温州的地理环境四面环山，让人觉得很压抑，会使人窒息。也许是出于这个原因，再加上温州人大胆，擅长做生意，比较会赚钱，使得温州人打小就喜欢出来闯荡。

曹高伟说他打从心底喜欢杭州这座诗情画意的城市。而且在杭州，他的朋友很多，这更坚定了他到杭州发展的决心。曹高伟对自己的未来很有信心，而信心来自于中国金融行业的巨大发展前景。他相信风来了连猪都可以飞起来，看来他还挺幽默诙谐的。他向我们解释道："风就是机遇，每一个人都需要有与众不同、适合自己的机遇。但最重要的是如何抓住机遇，只有抓住机遇才可以飞得更远。猪也只有掌握了流体力学才能够飞得更远，不然就算可以飞起来也飞不了多远，终究挣脱不了重力的束缚，落地之后才发现自己离起点不远。"

曹高伟向我们说起自己未来的规划，自信满满地讲述自己想要开公司的意愿，然后希望借助母校找一些有实力的学弟学妹一起经营公司。对于自己，他表示，自己身上还有很多缺点需要克服，有时候自己的情绪很难控制，总是会被外部的事物所干扰。"想要当一个管理者，情绪的克制至关重要。"曹高伟边讲边憧憬，时不时会有微笑在嘴角浮现。

一个人的时候，他喜欢窝着看书。但是这些书并不是我们所想的经营公司的理论性书籍。曹高伟不喜欢理论性的东西，觉得太空洞，而且别人的东西不一定适合自己。他看的都是我们想象不到的书籍，例如《论语》《孙子兵法》《易经》等古籍。他开玩笑说自己总是有些老年人的爱好。其实，我们反倒觉得看这一类书可以修身养性，从心灵上远离这个浮躁的尘世。平日里他也喜欢钓鱼，他觉得钓鱼可以锻炼一个人的耐性，而耐性也是在商场上打拼的基础。

投机是最好玩的游戏，没有之一

股票就是一个投机游戏，一群人里面总会有赢家。曹高伟坦言自己并不是什么股神，只是自己肯花时间，再加上运气也不错。既然是投机游戏，谁都可能是胜利的那一方，但即便是游戏也会有自身的规则。对于游戏，很多人好胜心强，很可能就会输得很惨。炒股，慢性子的人比较适合，心态也要好。其次，要有兴趣、有感觉，不然坚持不了多久，一时的赚钱也只是运气使然。从失败到稳定是一个过程，一个持续漫长的过程，度过了这个过程才能够游刃有余。大部分人在这个过程中选择退出，而他却不同，他把投机称作是最好玩的游戏，可见他的兴趣之浓厚。

投机游戏，风险和收益并存。曹高伟打了一个比方，假使风险＋收益＝1，那么风险和收益就是相对的，一旦相对的两个东西碰在了一起，就要压制一方提高另一方。所以投资者要尽可能控制风险进而提高收益，而控制风险又是一门深奥的学问。在控制风险的过程中止损居于首位，其次要有自己的投资原则。盈利模式开启之后，必须找到一个适合自己的特定投资模式。如果你要在众人之中脱颖而出、拔得头筹，必须要有适合自己而不同于别人的模式。当然这些都要靠自己摸索，道听途说只会让你无所适从、不知所终。最后还要会判断趋势。趋势有大势和小势之分，这两者又是不一样的。要借助势头，顺势而为，这样可以更加有效和省力，这就是借势。普通投资者无法准确地预测价格，只有通过判断趋势，以买低卖高的方式使自己盈利。股票市场永远充满未知，这也正是这个游戏最吸引人的地方。

身为投资者，要学会价值判断，然后才能做出下一步的决定。例如你投10元的本金，从中你可以稳赚4元，也就是说投资回报率是40%。又如你投入的本金也是同样的10块钱，你可能从中获利10元，也可能将所有的本金都亏光。相比前面的那种情况，这种情况似乎投资回报率更高，高达100%，但却要冒很大的风险，那么你又会做出怎样的选择？这就要从你自身的实际出发，选择适合自己的投资模式了。

投机是最好玩的游戏，没有之一。这是一个斗智斗勇的游戏。在一个点位上，每个人的选择不一样，最终出来的结果也有千万种。投机充满了未知性，没有人知道接下来会发生什么，他喜欢的就是这样一个充满未知的感觉。这其中充满刺激与诱惑，会让自己热血澎湃。

曹高伟在谈业务

在工作的时候，成交量是考核业务最直接的方式。公司里的很多员工都会争先恐后地去抢夺客户，他们之中甚至不乏磨破嘴皮地介绍公司业务的。而他却丝毫不担心自己的业绩，他心中正在谋划着一个更大的计划。他相信现在的工作只是他未来道路上的一个驿站。而他现在要做的就是在工作中不断锻炼自己，不断开阔自己的眼界，建立更好的人际关系网络。他强调，面对如今的社会现实，没有交际圈很难走出去。

能力的培养胜过学历

学历固然重要，但相比于能力的出众，学历就有些黯然失色了。现在社会对于金融人才的需求无非就是两种：一是技术型，技术型更偏向于理论和实际的结合，要求应聘者能够较好地将理论知识运用于实际操作。这就需要学校提升学生的实践能力，让他们在实践中学习理论。二是交互型，简单地讲就是跑业务的人。跑业务最重要的当然就是和客户沟通，这需要人际交往能力比较强的人来担当，业务员具备相当的沟通表达能力也就显得非常重要。总的来讲，公司在面试的时候还是更看重能力的体现，学历只是其中一个很小的考虑因素而已。对于学校，学长希望能够加强对学生专业实战的培养。“我建议学院有能力的话，可以采取小组培养的形式，有相同兴趣和发展方向的人可以安排在一起进行术业专攻。不过说起来容易，要真正实施还是有难度的。”这些是曹高伟对母校的期望，希望母校在未来的日子里越办越好。

采访学生：

姚丽萍　金融学2012级2班

陈渊渊　金融学2013级2班